京師

中国传媒智库

[第三辑]

喻国明　张洪忠　陆先高 / 主编　张　蔚 / 副主编

中国传媒大学出版社
·北京·

图书在版编目(CIP)数据

中国传媒智库．第三辑/喻国明，张洪忠，陆先高主编．--北京:中国传媒大学出版社,2020.4

ISBN 978-7-5657-2602-6

Ⅰ.①中… Ⅱ.①喻… ②张… ③陆… Ⅲ.①传播媒介-产业发展-研究-中国 Ⅳ.①G219.2

中国版本图书馆 CIP 数据核字(2019)第 227098 号

中国传媒智库[第三辑]

ZHONGGUO CHUANMEI ZHIKU [DI-SAN JI]

主　　编	喻国明　张洪忠　陆先高
副 主 编	张　蔚
责任编辑	张莉莉　曾婧娴
特约编辑	裴向敏
封面设计	拓美设计
责任印制	李志鹏

出版发行	中国传媒大学出版社	
社　　址	北京市朝阳区定福庄东街 1 号	邮编:100024
电　　话	86-10-65450532　65450528	传真:010-65779405
网　　址	http://cucp.cuc.edu.cn	
经　　销	全国新华书店	

印　　刷	北京玺诚印务有限公司
开　　本	787mm×1092mm　1/16
印　　张	14
字　　数	251 千字
版　　次	2020 年 4 月第 1 版
印　　次	2020 年 4 月第 1 次印刷

书　　号　ISBN 978-7-5657-2602-6/G·2602　　**定　　价**　59.00 元

目 录

第三章　中国20年特大事故大数据分析研究报告

北京理工大学大数据搜索与挖掘实验室
赛飞特工程技术集团有限公司
灵玖中科软件（北京）有限公司

第四章　“四有好老师”奖励计划成果发布

喻国明　杨　雅　潘佳宝 等

方增泉　祁雪晶　李　君

第一章 《世界形象地图——中国网民眼中的多元世界》系列报告

人民网舆情数据中心
人民网新媒体智库

■ 构建新时代国际传播能力体系的实践
——论我国互联网国际舆论场趋势与对策

刘鹏飞　曲晓程　何睿敏

■ 基于互联网舆论的国别形象研究

张　力

■ “一带一路”国际媒体合作机制与规律研究

刘鹏飞　杨卫娜　曲晓程

构建新时代国际传播能力体系的实践①

——论我国互联网国际舆论场趋势与对策

刘鹏飞 曲晓程 何睿敏

近年来，随着中国特色社会主义迈入新时代，全球移动互联网发展突飞猛进，我国新闻传播事业也进入了新的国际国内环境，迎来了新的挑战和机遇。2013 年 8 月 19 日，习近平总书记在全国宣传思想工作会议上指出："要精心做好对外宣传工作，创新对外宣传方式，着力打造融通中外的新概念新范畴新表述，讲好中国故事，传播好中国声音。"

在 2015 年 5 月，习近平总书记就《人民日报》(海外版)创刊 30 周年做出重要批示，希望海外版"用海外读者乐于接受的方式、易于理解的语言，讲述好中国故事，努力成为增信释疑、凝心聚力的桥梁纽带"。这是我国领导人对国际传播，特别是对外宣传工作做出的重要指导，对国际舆论场研究也具有重要意义。中国媒体、企业、驻外机构和数亿网民成为"讲好中国故事"的核心群体和推动者，国际新闻中的中国身影以及中国新闻的国际反馈则是国际舆论场的重要热点。

2016 年 2 月 19 日，在视察人民日报社、新华社和中央电视台之后，习近平总书记在党的新闻舆论工作座谈会上指出："要加强国际传播能力建设，增强国际话语权，集中讲好中国故事，同时优化战略布局，着力打造具有较强国际影响的外宣旗舰媒体。"这就使我们对于加强国际传播能力建设，有了更准确的判断和定位，工作目标与方向更加明确。

今天，国内、国外舆论相互渗透的现象越发明显。新媒体不仅扩展了国际舆论信息流通的带宽，也在不断开拓新的传播路径。"向世界传播中国""向中国报道世界"已经不仅是通讯社以及传统媒体承担的任务，新媒体在扩展国际舆论信息流通的同时，也肩负起了"传播中国，报道世界"的责任。回顾近年我国互联网国际舆论场的发展，国内网民在关注国际新闻的同时，不仅更加关注世界如何看待中国，同

① 本文为 2016 年度教育部哲学社会科学研究重大课题公关项目"大数据时代国家意识形态安全风险与防范体系建构研究"(编号 16JZD006)子课题"国家意识形态安全体系建构与大数据策略运用研究"的阶段性成果。

时也更加关注国际社会的变化即将给中国带来的诸多影响。本文试以此为背景分析互联网国际舆论的特征、挑战及对策,结合习近平系列重要讲话精神与新闻思想,努力探索构建新时代国际传播能力体系的实践路径。

一、我国互联网国际舆论场发展趋势

(一)资本:全球传媒资本洗牌

2015 年 7 月,英国培生集团以 12.9 亿美元的价格将英国《金融时报》出售给日本媒体《日本经济新闻》。此外,英国培生集团控股的《经济学人》杂志也传出被收购的消息。另据《华尔街日报》报道,南华早报集团有限公司于 2015 年 12 月 14 日表示,阿里巴巴集团将出资 20.6 亿港元收购其媒体资产,包括该公司旗舰产品《南华早报》。在新的国际舆论形势下,我国资本在国内乃至国际传媒产业和互联网信息产业中的作用,不仅左右着我国整个传媒行业的发展,也成为影响互联网国际舆论场发展的重要力量。

(二)技术:新媒体的国际影响更直接

2015 年 1 月初,美国联合通讯社通过自动化系统发布了题为《苹果第一季度营销超华尔街预测》的报道;2015 年 7 月,腾讯依靠机器人系统撰写了标题为《8 月 CPI 涨 2%创 12 个月新高》的报道。包括我国在内的全球多家新闻机构以及互联网公司都表示正在试行机器人写作。新技术在信息供给侧方面将逐渐释放影响力,而不仅仅局限于内容完成后的传播与再创作过程。此外,无人机拍摄、全景记录、智能穿戴等高新科技,都对内容的制作产生巨大影响。同理,中国互联网国际舆论场的内容由谁来制造、如何制造,成为基础层面最值得关注的问题。

(三)产业:国际产业化趋势加快

诞生于日本的"二次元"文化,已经通过漫画、动画、游戏、视频弹幕乃至日常网络沟通的表情符号等多个方面,打造出完整的产业链,对中国互联网环境中的年轻一代产生了巨大影响。这也是全球化过程中文化交流与传播的结果之一。中华民族的传统文化能否在海外发扬光大,能否形成有价值与影响力的文化产业,中国互联网国际舆论场便是试金石。

(四)受众:国际受众范围不断扩大

参与我国互联网国际舆论互动的大众一方面具有热情的互动风格,另一方面也具有传统的国际新闻受众的保守特征,其独立性、互动性以及广泛性都越发显著。网民对新闻的选择越发具有主观性，而且在信息获取渠道逐渐丰富的情况下，主流媒体在国际舆论场的议程设置能力将受到挑战。此外，微信、微博乃至我国媒体的海外发展，也促使更多海外华人、留学生以及国际人士参与到互联网国际文化交流和公共外交中来。

（五）政治：国际秩序的"不确定性"

2016年"黑天鹅事件"频现，全球形势出现诸多不稳定因素。2017年，特朗普政府的政策走向、德法等欧洲国家的选举情况、中东局势的不稳定等，在民粹主义、贸易保护主义以及逆全球化浪潮下，可能会进一步在全球引发连锁反应。

在"一个中国"的原则上，"南海争端""香港占中""钓鱼岛问题"等国际热点事件频发，外交部新闻发言人的发声引发了网民的一系列点赞。2017年，中国特色的外交政策面临周边"不确定性"的挑战，国际舆论场对相关议题的讨论又会形成新的热点。

（六）多边："一带一路"朋友圈扩大

2013年"一带一路"设想提出，2014年"一带一路"成为国家倡议之一，2015年"一带一路"完成顶层规划设计，2016年"一带一路"进入全面落实阶段。2017年1月，国家发改委同外交部、环境保护部、交通运输部等13个部门和单位共同设立"一带一路"PPP工作机制，旨在与沿线国家就基础设施等领域加强合作，积极推广PPP模式，鼓励和帮助中国企业走出去，推动相关基础设施项目尽快落地。

2017年2月，中国共产党中央委员会对外联络部、中国社会科学院、国务院发展研究中心和复旦大学联合发起的"一带一路"智库合作联盟召开第三届会议，提出建立沿线国家智库合作联盟的年度规划，重视"民心相通"和文化交流，获得了社会各界的广泛关注。

同时，联合国设立联合国海陆丝绸之路城市联盟（UNMCSR），马来西亚、新加坡等多国均设立"一带一路"专门机构，马来西亚华人工会对华事务委员会设立"一带一路"中心，新加坡联合早报与新加坡工商联合总会设立"一带一路"专网。2017年5月，中国发起并主办了第一届"一带一路"国际合作高峰论坛，这是继APEC峰会、G20峰会之后又一次重要的国际会议，将成为"一带一路"国际合作的关键节点和重要的沟通平台。

（七）科技：人工智能或成为主流

2015年，机器人写作成为国际舆论场关注的焦点，无人机技术、全景拍摄以及可穿戴设备等科技新领域也备受关注。2016年，科技发展迅猛，人工智能逐渐登上历史舞台，人工智能技术的应用也成为诸多开发商关注的焦点。目前，全球四大AI巨头——谷歌、百度、Facebook和微软在人工智能、语音识别等技术上的研究都已经取得了突破性进展。

目前，我国也已经拥有了世界领先的语音和视觉识别技术。2016年11月17日，华为公司的Polar Codes（极化码）方案，最终成为国际无线标准化机构会议上确定的5G控制信道eMBB场景编码方案，这是中国核心通信技术第一次占领技术制高点。此外，在VR、网络直播、无人机、可穿戴智能设备等新技术领域，我国涌现出一大批企业、平台和智能产品成果，或将为移动互联时代的国际传播带来更多便利。随着中兴事件和中美贸易争端在2018年的爆发，更多有关核心技术的深度探讨引发人们关注，也影响到国际舆论生态与国际传播应用层面。未来中国社会各界将更加重视科技创新与核心技术的突破。

二、国际舆论传播面临的挑战与问题

尽管近年来我国媒体的国际传播能力建设不断取得新的成果和进步。但是，从国际舆论场的整体来看，“西强我弱”的总体格局并未改变。无论从主流媒体、市场化媒体，还是互联网新媒介形态来讲，都存在巨大的上升空间。据统计，全球最大的300家传媒企业中，144家是美国企业，80家是欧洲企业，49家是日本企业，美国及其他西方发达国家控制了全球90％的媒体。未来一段时期，我国国际话语权的构建需要克服这一巨大挑战。

（一）海外社交媒体布局加快

《人民日报》于2011年5月在Facebook注册账号，共有“@人民日报 People's Daily”和“@People's Daily，China”两个账号，分别用中文繁体和英文进行内容发布。新华社于2012年2月9日开设Twitter账户“@XHNews”，2015年3月新华社在海外社交媒体平台的官方统一账号“New China”正式运营。此外，活跃在Facebook上的中国媒体还有中央电视台、新浪网、《中国新闻周刊》等。未来，在国际舆论竞争中我国媒体账号需要不断提升粉丝量、活跃度和运营能力。

（二）海外媒体运营能力欠佳

近年来，有不少研究者做了大量国际新媒体报道的比较研究。比如，有文章以2013年4月20日四川雅安芦山县7.0级地震在Twitter上的传播情况为研究对象[①]，对比了新华社官方账号和 BBC 官方账号的信息传播情况。后者原创推文的转发评论量超出了新华社微博。

为此，综合相关论述，我国媒体境外账号的运营之所以表现较弱，其原因可能包括：第一，在境外社交媒体舆论场上，西方主流媒体得天时地利，公信力和影响力遥遥领先；第二，传统媒体如果仍在新媒体中沿用较为落后的新闻报道模式，将造成“刻板印象”而失去粉丝；第三，媒体工作者不适应境外舆论场语言逻辑。在境外社交媒体上发言、与网友互动、吸引粉丝等行为的前提，是对西方文化的理解，若不能恰当处理中外文化间的差异和冲突，其传播内容就很难在境外媒体上引起共鸣。

（三）国际经验的学习不够

鉴于互联网对传统媒体的冲击，以及利益冲突、意识形态差异等诸多因素，国际媒体发展模式更为复杂多样。同时，境内外舆论和资本互通的趋势也越发明显，媒体与互联网企业国际化趋势不断加强。总体来看，我国媒体融合对国际传媒发展经验、教训的研究和学习仍不足。批判借鉴和学习优秀的国际媒体成功经验，对增强我国媒体国际竞争力、改善国际社会对中国的正确认识都大有裨益。我国媒体可以通过不断总结、取长补短，迅速提高新闻工作者的策划报道能力和新媒体技术专业素养，增强我国国际话语权、自信心，树立良好的国家形象。

三、如何提高海外传播能力

（一）进一步加强境外媒体布局

目前，境外媒体中具有一定影响力的社交账号大多由政府开设或者主流媒体开设。除了官方社交账号外，政府或主流媒体也可以适当开设相关子账号，如央视在 Twitter 上的账号除@CCTV 外，还有@CCTV_America、@cctvnewsafrica、@CCTVNEWS、@CCTV_Travelogue 等。同时，应积极鼓励和扶持非官方媒体、机构、组织以及有一定影响力的个人开设海外媒体社交账号，全方位、多层次“讲好中国故事”。

此外，要重视 Facebook 和 Twitter 以外的多元化、立体式的境外社交媒体。除了 Facebook、Twitter 外，还应在 Instagram、Snapchat、Periscope、Medium 等不同社交媒体中积极开拓，更好地展现中国多元化的美好形象，让国外受众更全面准确地认识中国，引导国际舆论走向。当前，国内比较重视的境外社交媒体是 Face-

---

① 李韧，李玲．中国媒体对外传播的“推特方案”[J]．青年记者，2014(11)．

book 与 Twitter,但清华大学相关学者的调查发现,LinkedIn 也是亚洲地区华语青年较常使用的社交媒体。因此,应扩展对 LinkedIn、Instagram 等境外社交媒体的重视程度,鼓励国内相关机构开设账号,从而更好地进行舆论引导和形象传播。

境外社交媒体上国内声音的微弱,使得大量负面信息和负面评论不断滋生。加强新媒体对外传播能力建设,首先要积极推动体制内政府部门、机构、媒体、企业以及重要人士在境外社交媒体开设账号,建设专业运营团队,形成持续、稳定发布的态势,并逐步形成独特风格,拥有数量可观、增长稳定的粉丝群体,尤其是在各类重大突发事件中形成合力,推动真实声音的传播,对冲偏见,抵制谣言。

(二)主场传播有助于提升形象

我国国际传播正呈现向主场传播转变的趋势。G20 峰会、冬奥会、金砖峰会、"一带一路"国际合作高峰论坛、世界互联网大会、亚信峰会等,都成为主场外交的重要场合。比如,G20 峰会全媒体报道将文字、图片、视频、音频、H5 等多种形式进行整合,从外交、经贸、金融、文化等领域扩展到旅游、惠民成果,同时会内会外联通报道,打破高层会议神秘感,多平台直播 G20 文艺晚会,点燃中国人的爱国热情,将民族自豪感推到新高度。在 G20 杭州峰会开幕式上,习近平的会议致辞引发海内外舆论热议,提出"中国方案",传递"中国力量",树立"国家信心"。韩联社就习近平开幕式致辞报道称:"美欧日等西方发达国家多数首脑在场的情况下,习近平主席提出改善全球经济治理结构,实际上就是要强调反映国际现实的国际秩序重塑。"

再如,2016 年末的珠海航展,作为我国唯一由中央政府批准举办,以实物展示、贸易洽谈、学术交流和飞行表演为主要活动的国际性专业航空航天展览,是世界最具国际影响力的五大航展之一。中国自主研制的新一代隐形战斗机歼-20 的首次亮相,无疑点燃了全国乃至全球军事迷的热情。与历届航展相比,有 50%的机型首次公开亮相。路透社报道表示:"中国航展给中国提供了一个展示其民用航天雄心和强调其国防雄心的机会。"

(三)吸引境外舆论场新生力量

境外舆论场中的年轻队伍是境外社交媒体布局的有力支撑和补充。海外留学归国人员、留学生、海外华人华侨、喜欢中国的外国人士等,都是国际舆论场的重要人群。有调查显示,Facebook 境外社交媒体在中国留学生中流行度颇高,是他们进行社交的重要平台。留学生们回国后,仍会登录境外社交媒体。且有数据显示,超过 81%的留学生登录 Facebook 等境外社交媒体的主要目的是与朋友互动，具有很大的话题潜质和能力，能够传播更加真实、生动的中国人的日常生活。因此，要吸引具有境外社交媒体使用经验和兴趣的部分青年和留学生加入国际传播事业，与体制内账号形成互动，共同传播我国真实的形象。

（四）生产适销对路的传播内容

近年来，网上出现了不少让不同国家的民众与网友喜闻乐见的新闻产品和微视频。比如，2015 年“复兴路上工作室”推出的习近平主席出访之万隆篇、巴基斯坦篇、俄罗斯篇、美国篇、英国篇、非洲篇等，选题与呈现方式屡屡突破常规思路，受到国内外舆论的颇多好评。对此，我们首先要善于运用适合新媒体平台的传播元素。其次，还要善用适合新媒体平台的呈现方式，如高清图、GIF 动态图、小视频、H5 页面等网友们喜闻乐见的传播形式。

此外，传播方式与境外网民需求亟待平衡。目前，我国的对外网络传播内容主要包括国计民生、时事要闻、领导人外交活动等。从内容上看，应针对不同国家和地区，把握本土化和贴近性内容，加强新闻信息服务的“供给侧改革”，与普通网民生活非常贴近的体育、娱乐和文化类的信息提供须持续加强。海外传播“欲速则不达”，不求“大水漫灌”，而应追求“润物细无声”。同时，应根据所在国当地语言、价值观、文化历史传统特点等，积极吸引当地机构和人才，进行本土化、多层次和多媒体的传播。

（五）善于创新形式提升互动效果

在海外媒体账号运营方面，国内相应技术融合滞后，传播方式较为传统。但从国内舆论场的反馈来看，创新式传播手段得到了一致好评。理论上来说，直播、短视频、高清动图、表情包、H5 页面等一系列新媒体方式有利于提高传播效果。但由于语言文化、表达方式的差异，善于戳中国内网民“笑点”的表情包或许并不能引起国外网民的共鸣。此外，每种社交软件主打的主题不同、所覆盖地区不同、适用人群不同、技术支持不同等方面都会影响传播方式的运用。因此，国际网络传播新方式的运用要灵活恰当。

（六）支持国内社交媒体走出去

在全球社交媒体传播方面，截至 2016 年上半年，微信已经支持 100 多个国家的 22 种语言，Facebook 已经可以提供约 140 种语言。据 CNNIC 报告显示，我国社交媒体的主要使用人群为青年。据皮尤研究报告显示，国外社交媒体如 Facebook、Instagram、Twitter 的使用人群也相对年轻，海外华人华侨、留学生等使用境外应用的频率也高于国内人士，且趋于本土化，接近目标地区的使用习惯。

在使用新媒体进行对外传播的过程中，港澳台地区网友的使用习惯是不能忽视的方面。微博、微信等社交媒体在港澳台地区的推广，促进了反映内地真实情况的讯息的推送，有利于逐步消解偏见，构建和谐的对外形象。新浪微博 2012 年底在我国台湾推出繁体版，以减少网友的使用障碍；微信从 3.0 版本开始支持繁体字的使用。同时，微信（wechat）、微博（weibo）等社交媒体拥有庞大的国内外用户数量，其英文版在境外的推广，有利于提升中国话题的热度，构建更为多元与合理的国际社交媒体格局。因此，推动国内社交媒体走出国门，是提升新媒体对外传播能力的重要举措。

（七）加强国际传播效果评估体系

提高新媒体对外传播能力，离不开传播策划与效果评估。要想新媒体对外宣传能力得以提升，可依托第三方专业机构，加强对我国新媒体境外传播力评估分析，提升新媒体海外传播策略。我国已有不少专业机构投入研究力量，这有利于我国新媒体及时把握海外舆论场的动态变化，针对不同事件、不同舆情提供应对策略。比如，境外社交媒体上中国形象的构建情况，包括境外主要媒体对中国形象的报道情况、对中国新媒体使用情况的报道和舆论反馈等。在技术方面，新媒体依托最先进的大数据分析平台，依托成熟的短文本聚类技术、多语种分析技术、情感识别技术等，迎合人工智能的发展趋势，建立国际传播影响力智能分析评估体系。

（八）培养多语种国际传播人才

目前，我国对外传播以英语为主，这与现今英语的国际强势地位有关。据《华盛顿邮报》统计，目前全世界以英语为官方语言的国家仅有 35 个，但全世界学习英语的人数多达 15 亿，这 15 亿人平均分布在 101 个国家。从我国机构对外传播语言的使用情况来看，中国国际广播电台和官网国际在线是目前使用语种最多的中国网站，共使用 65 种外语，上海外国语大学官网是使用语种最多的大学网站，共使用 22 种外语。

我国在推进海外传播的过程中，应重视青年团体的力量，选用熟识海外社交软件运营规则的年轻人参与对外传播，借鉴国内外的成功运营经验，组建一支专业化、多语种的团队进行对外传播建设。此外，随着中国综合国力的不断提升，学习汉语的人越来越多，因此，各类外语人才的培养将成为下一阶段对外传播能力建设的重点。

新媒体时代，组织在国际传播过程中的“把关人”角色弱化，新媒体信息传播的碎片化、无序化不断加强。要提升新媒体对外传播能力，完善国际媒介素养教育体系势在必行，必须培养一大批国际传播人才和管理人才。同时，我国不仅需要针对大学生设置国际媒介文化公共课，还需要积极鼓励媒体、政府和企业在职人员学习国际文化与传播技巧，努力推动新形势下我国国际传播事业的不断进步与发展。

基于互联网舆论的国别形象研究

张　力

我国是全球网民最多的互联网大国，综合国力和地位都在不断上升，中国正在走向世界舞台中央。8亿网民所在的互联网是全球最大的舆论场，“一带一路”成为我国新时代的名片。在大国外交的背景下，互联网上的国际舆论场有着怎样的风云变幻？我们又应该如何“讲好中国故事”？透过人民网新媒体智库最新著作——《世界形象地图》，您将看到中国网民眼中的多元世界。化解偏见，民心相通，搭设“数字丝绸之路”，本书以全新的视野，透过新闻、微博、微信、热帖、搜索、淘宝、豆瓣等大数据，勾勒出中国网民对美、英、法、俄、日、德、意等国家的国别网络画像。

一、研究背景与意义

本研究所产生的报告在领导人出访、金砖国家会议报道期间提供了一些重要的信息，报告分析了互联网数据、国别网民画像、网络热点话题以供大家参考。只有进行深入研究，才能把握不同国家民众的真实心理。

我们也分析了南海话题、钓鱼岛话题在越南、菲律宾和日本等网民中的意见表达，以此帮我们还原一个真实的民意构成。这样的研究提供给海洋局等机构，非常有利于机构在议题传播中把握好尺度，扩大互利合作和相互理解，最终实现民意相通和共享共赢。（刘鹏飞）

二、分析方法、思路与技巧

本研究的分析方法、思路与技巧如下。

①数据：自有数据、百度指数、腾讯指数、微指数、淘宝指数、网络视频指数。

②平台：百度、微博、淘宝、豆瓣、马蜂窝。

③领域：经济、政治、社会、文化、人文、国际关系。

④维度：热度、印象、评分、地域、人群、行为、年龄、偏好。

⑤例子：热文、热帖、电影、电视剧、书籍、目的地。

三、有趣的发现

（1）网民关注：邻国＞欧美

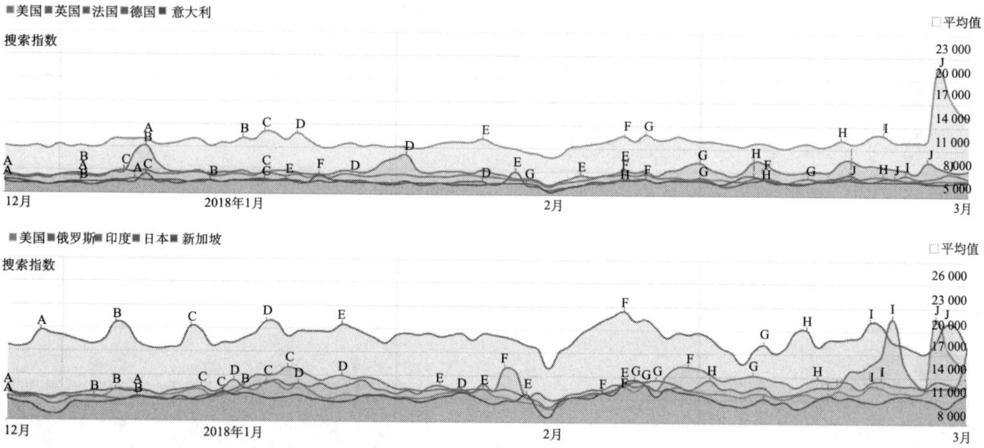

图 1－1　网民对邻国与欧美国家的关注度

（2）首都：一个国家国际形象的核心议题

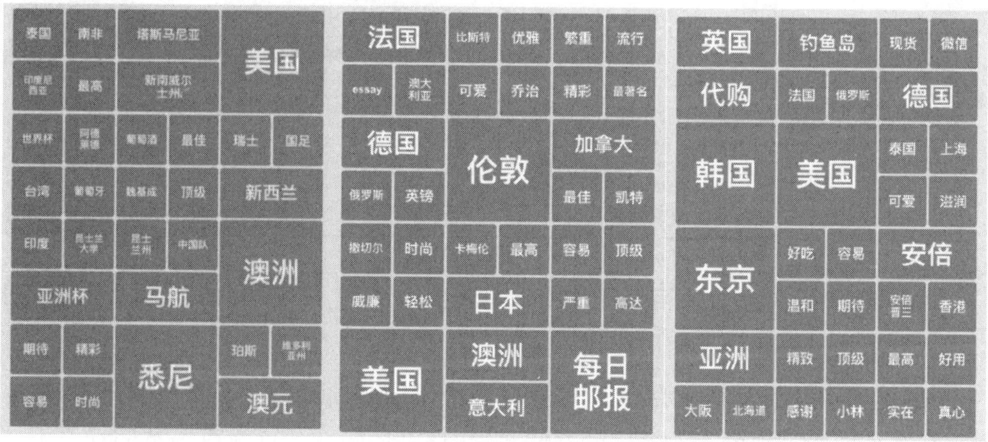

图 1－2　不同国家国际形象的核心议题

(3)人:一个国家、一个民族形象的最重要名片

图 1-3 不同国家、地区、民族形象的重要名片

(4)领导人与政要:个个都是微博网红

图 1-4 各国领导人与政要的微博信息截图

作为英国历史上最为年长且在位时间最长的君主,伊丽莎白二世的“超长待机能力”总被中国媒体以及网民津津乐道。

尽管已经九十多岁高龄,在中国互联网中伊丽莎白二世的形象依旧是尽职、亲和,甚至是活泼可爱的。在英国的某些关键时刻,英国女王总会成为英国社会上下的精神支柱。

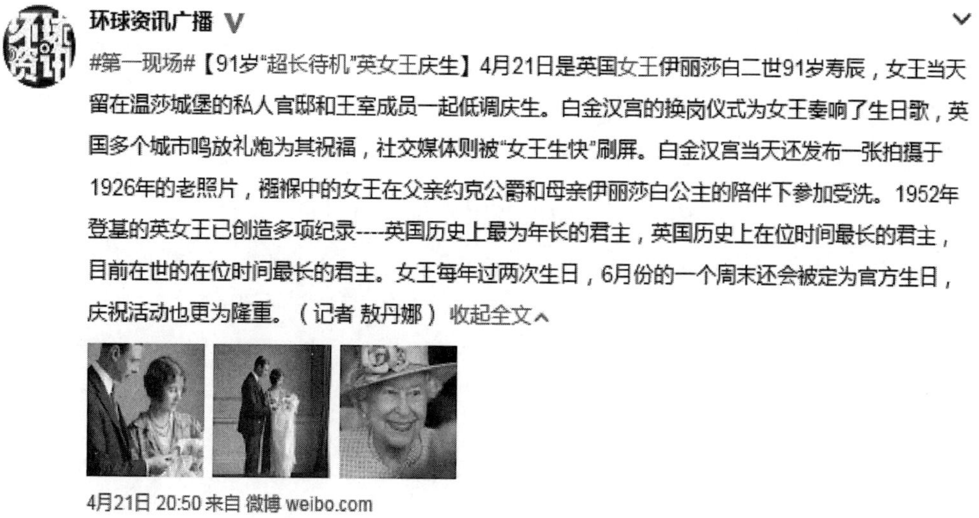

环球资讯广播 V

#第一现场#【91岁"超长待机"英女王庆生】4月21日是英国女王伊丽莎白二世91岁寿辰，女王当天留在温莎城堡的私人官邸和王室成员一起低调庆生。白金汉宫的换岗仪式为女王奏响了生日歌，英国多个城市鸣放礼炮为其祝福，社交媒体则被"女王生快"刷屏。白金汉宫当天还发布一张拍摄于1926年的老照片，襁褓中的女王在父亲约克公爵和母亲伊丽莎白公主的陪伴下参加受洗。1952年登基的英女王已创造多项纪录----英国历史上最为年长的君主，英国历史上在位时间最长的君主，目前在世的在位时间最长的君主。女王每年过两次生日，6月份的一个周末还会被定为官方生日，庆祝活动也更为隆重。（记者 敖丹娜）收起全文

4月21日 20:50 来自 微博 weibo.com

图 1-5　新浪微博上关于伊丽莎白二世 91 岁寿辰的新闻

(5)"硬汉"普京

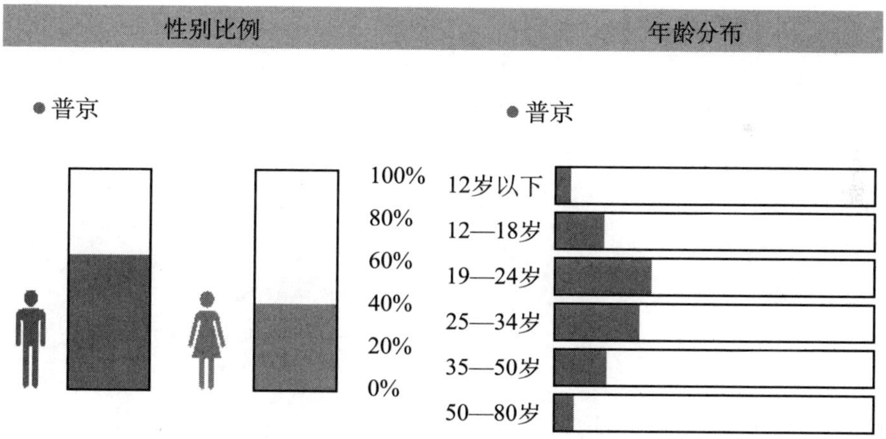

图 1-6　微指数"普京"关注人群分析

国内网络舆论场对普京的政治作风、外交言论、生活爱好，甚至私生活都表现出了极大的热情。网友尊称其为"普京大帝"，俄罗斯歌曲《嫁人要嫁普京这样的人》在中国也很流行，强硬的作风和犀利的言辞成为普京形象的最大特点。

近年来，"强悍"语录、普京"表情包"等风靡网络，普京已然成为中国"网红"。

(6)"政热经冷"

2013 年，习近平主席选择俄罗斯作为就任后的首访国家。截至 2016 年 6 月，习近平主席 5 次访问俄罗斯，同普京总统举行 17 次会晤，在双边层面创下了两国

元首会晤的纪录。为了推动民间交流交往，10 年间中俄举办了“国家年”“文化年”“语言年”“旅游年”“青年年”“媒体年”等系列活动。“习普会”历来被外界津津乐道，媒体也常用“第×次”表明中俄元首之间的频繁交往。不乏网友和媒体用“蜜月”描述两国关系，这是政治上的“热”。

表 1－1　中俄两国元首会晤记录

序号	时间	地点	事件
1	2013 年 3 月 22 日	俄罗斯莫斯科	国家主席习近平出访俄罗斯
2	2013 年 3 月 27 日	南非德班	金砖国家领导人第五次会晤
3	2013 年 9 月 5 日	俄罗斯圣彼得堡	二十国集团领导人第八次峰会
4	2013 年 9 月 13 日	吉尔吉斯斯坦比什凯克	上海合作组织成员国元首理事会第十三次会议
5	2013 年 10 月 7 日	印度尼西亚巴厘岛	亚太经合组织第二十一次领导人非正式会议
6	2014 年 2 月 6 日	俄罗斯索契	习近平出席索契冬奥会开幕式
7	2014 年 5 月 20 日	中国上海	亚洲相互协作与信任措施会议第四次峰会
8	2014 年 7 月 14 日	巴西福塔莱萨	金砖国家领导人第六次会晤
9	2014 年 9 月 11 日	塔吉克斯坦杜尚别	上海合作组织成员国元首理事会第十四次会议
10	2014 年 11 月 9 日	中国北京	亚太经合组织第二十二次领导人非正式会议
11	2015 年 5 月 8 日	俄罗斯莫斯科	习近平出访俄罗斯并出席纪念卫国战争胜利七十周年庆典
12	2015 年 7 月 8 日	俄罗斯乌法	习近平出席俄罗斯乌法“双峰会”
13	2015 年 9 月 3 日	中国北京	普京出席中国人民抗日战争暨世界反法西斯战争胜利七十周年纪念大会
14	2015 年 11 月 15 日	安塔利亚	金砖国家领导人非正式会晤
15	2015 年 11 月 30 日	法国巴黎	习近平出席巴黎气候大会期间与普京举行双边会晤
16	2016 年 6 月 23 日	乌兹别克斯坦塔什干	中俄蒙元首第三次会晤
17	2016 年 6 月 25 日	中国北京	俄罗斯总统普京出访中国

(7)“政冷经热”

相对于印度国情而言，中国媒体更侧重于对印度经济发展情况的聚焦报道。在网络媒体报道量方面，提及印度经济的报道是印度政治相关报道的大约三倍。

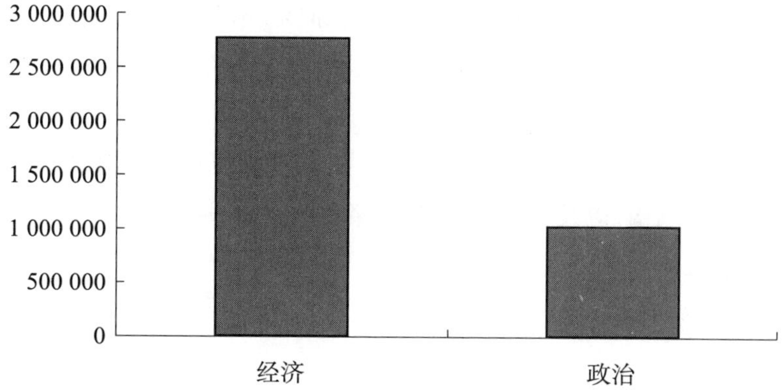

图 1-7 中国网络媒体关于印度“经济”与“政治”新闻报道量对比

对于印度经济的发展前景，我国网络报道整体传递出“看好”的情绪。网络报道对于印度经济乃至综合国力发展的看好，引发了舆论的延伸讨论——“印度是否会赶超中国”或者“21 世纪的龙象之争”。但对于印度经济现状，中国互联网舆论认为还是“较为落后”，特别是在基础设施建设方面。

(8)高质量的影视作品是短时间内获取关注的有效媒介

图 1-8 英剧《唐顿庄园》《黑镜》《IT 狂人》《神探夏洛克》

与美剧、韩剧相比，英剧的观众虽然数量少但是相对高端，易观国际的《中国英剧视频市场受众调查研究》显示，英剧收视群体具有学历较高、家庭月支出较高等特征。

《唐顿庄园》《神探夏洛克》《IT 狂人》《黑镜》等热播剧，展示出鲜明的英国文化特征、严谨的叙事结构，以及精良的制作与深刻的主题，引发了中国观众的追捧和业界的高度认可。

(9)电影：颠覆刻板印象

图 1-9　印度电影《摔跤吧！爸爸》

2017 年 5 月 5 日，由阿米尔·汗主演的印度电影《摔跤吧！爸爸》在我国上映并收获大量好评。人民网舆情监测室数据显示，截至 2017 年 5 月 22 日，有关《摔跤吧！爸爸》的话题新闻达 25 097 篇，微信文章 36 861 篇，新浪微博＃摔跤吧，爸爸＃话题引发阅读量 4 亿次，评论 25.6 万次。

《三傻大闹宝莱坞》《我的个神啊》等流行影片的意义在于，逐步颠覆了中国观众对宝莱坞电影的刻板印象——帅哥美女加歌舞升平。人民网舆评称，一直在追随好莱坞的中国国产电影或许能以《摔跤吧！爸爸》的成功经验为借鉴，寻找更多有真实情感的故事题材，更有态度地讲好故事。

（10）传播“美”需要社交媒体

表 1-2 澳大利亚各旅游局的微博账号信息

微博账号	认证性质	认证信息	粉丝量	微博量	关注数
澳大利亚黄金海岸旅游局	机构认证	澳大利亚黄金海岸旅游局	85 万	2 829	225
澳大利亚旅游局	机构认证	澳大利亚旅游局	53 万	6 486	256
南澳大利亚旅游局	机构认证	南澳大利亚旅游局官方微博	23 万	5 264	929
澳大利亚昆士兰旅游局	机构认证	澳大利亚昆士兰州旅游及活动推广局官方微博	6 万	4 579	346
澳大利亚北领地旅游局	机构认证	澳大利亚北领地旅游局	4 万	2 872	606
西澳大利亚州旅游局	机构认证	澳大利亚西澳大利亚州旅游局官方微博	4 万	1 365	90

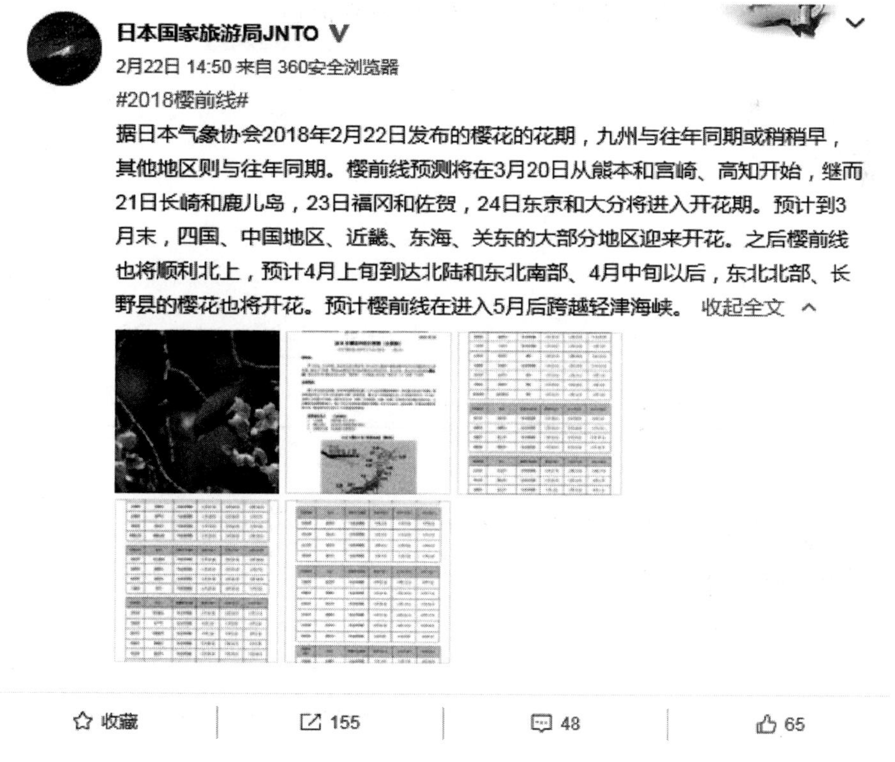

图 1-10 日本国家旅游局微博信息

（11）吃：永恒的热议话题

新加坡印象

血拼971 花园877 夜景677

海鲜576 肉骨茶533

海南鸡饭448 美珍香59 咖喱38

日本印象

温泉1522 美食1506 樱花1206

名产1165 寿司827 药妆727

天妇罗249 滑雪176 棒球109

越南印象

料理越南美味1272

一览水上越南1230 当地海鲜1213

热带水果1026 越南米饭963

享别样夜生活768 定制奥黛539

英国印象

茶叶437 酒吧428 哈利·波特423

足球286 英式下午茶264

炸鱼薯条188 英式早餐164

英国骨瓷143 美妆护肤136

图 1-11 人们对新加坡、日本、越南、英国印象的热议话题

（12）运动：从前至今一直都是国际交流的良性话题

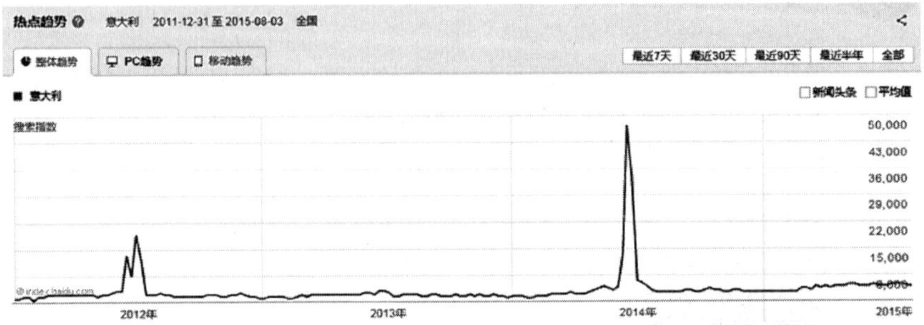

图 1-12 关键词“意大利”的百度搜索趋势

图 1-13 拜仁慕尼黑足球俱乐部微博信息

图 1-14 运动类目的热议话题

(13)女性网民:“买买买”与“玩玩玩”

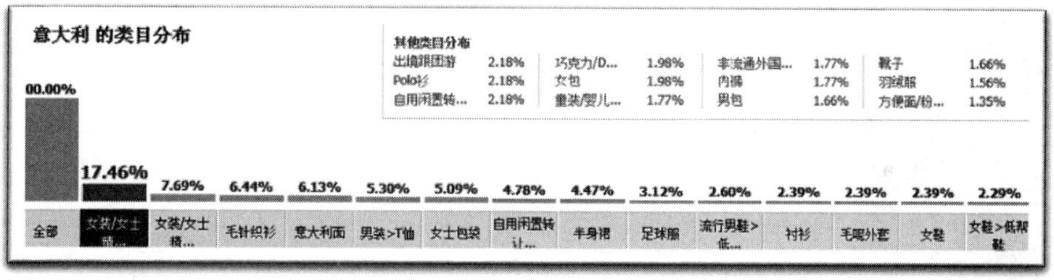

图 1-15 “意大利”各类目消费的淘宝指数

通过淘宝指数我们可以发现,意大利的服装、包袋是网民消费的重点。服装中尤以女性服装居多,高达 17.46%的购买行为集中发生在意大利连衣裙方面,除了各式男女服装外,意大利的包袋成为占比 5.09%的重点消费品。

四、思考

(1)国家形象如何走向立体?

在政治经济交往频繁及互联网不断发展的背景下,中国和意大利在文化层面开展了更为丰富且密切的交流。不仅大量关于意大利的历史知识被写进课本,意大利旅游越发受到青睐,选择留学意大利的中国学生也日益增加。中国舆论中的“意大利”不仅从政治走向民间,也从平面图片变得立体。

图 1－16　意大利风景照片

（2）经典是否值得重视？

图 1－17　法国文学作品《小王子》的豆瓣评分

图 1－18　《歌剧魅影》海报

源自法国的文学成果丰硕，法国也是拥有获得诺贝尔文学奖作家数最多的国家。在豆瓣读书中，法国作家安尼·德·圣埃克苏佩里的《小王子》更是引发近 19 万网民的评论，豆瓣得分高达 9.0 分。

(3)不了解是偏见形成的土壤？

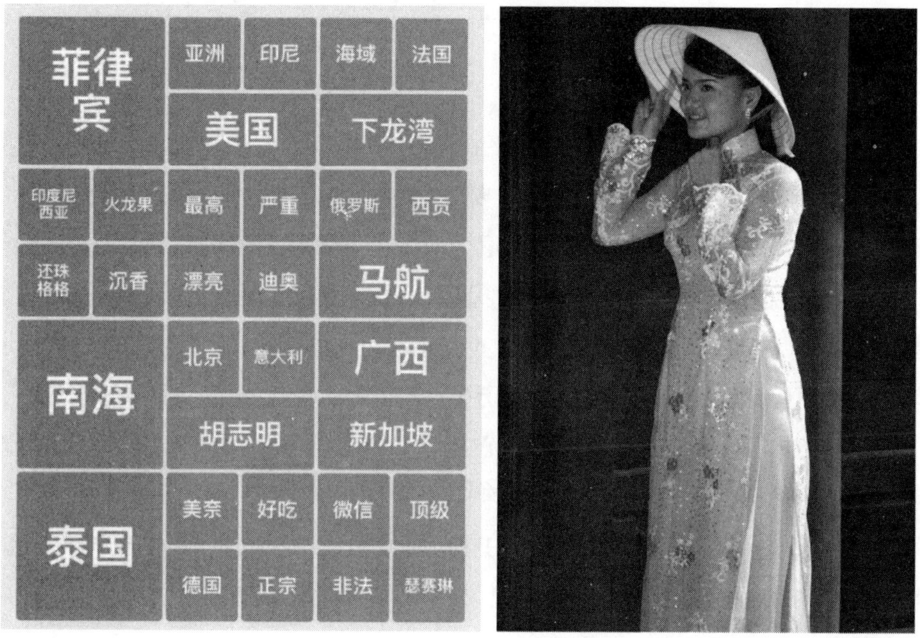

图 1－19　网民对越南形象的核心议题

目前，中国网络舆论中的越南形象较为复杂，网民对越南的了解稍显不足，网民印象受中越历史以及外交、政治等因素影响较多。与日益火爆的越南旅游相比，网民对越南社会发展状况、越南人的了解相对滞后，民间存在误解与摩擦发生的可能性。

“一带一路”国际媒体合作机制与规律研究①

刘鹏飞　杨卫娜　曲晓程

2013 年 9 月 7 日，国家主席习近平在哈萨克斯坦纳扎尔巴耶夫大学发表题为《弘扬人民友谊　共创美好未来》的重要演讲，提出共同建设“丝绸之路经济带”。2013 年 10 月 3 日，习近平主席在印度尼西亚国会发表重要演讲时表示，中国愿同东盟国家共建 21 世纪“海上丝绸之路”。2015 年 3 月，国家发展改革委、外交部、商务部联合发布《推动共建丝绸之路经济带 21 世纪海上丝绸之路的愿景与行动》。“一带一路”这一对中国和世界具有非凡意义的历史遗产，又焕发出新的无限生机与活力。

“国之交在于民相亲，民相亲在于心相通。”媒体作为历史的记录者、现实的见证者和未来的瞭望者，在促进国家间连接和交往中发挥着至关重要的纽带作用。“一带一路”的建设同时也是一项系统工程，加强相关国家间的媒体合作与交流，以此增进各国相互了解，在“一带一路”倡议的格局中占据十分重要的地位。

一、“一带一路”国际媒体合作综述

（一）政策基础的逐步搭建

媒体作为信息传播的使者，在“一带一路”的文化交流中发挥着不可替代的作用。2015 年国务院多部委联合发布的《推动共建丝绸之路经济带和 21 世纪海上丝绸之路的愿景与行动》中，提到“民心相通是‘一带一路’倡议的社会根基，传承和弘扬丝绸之路友好合作精神，广泛开展文化交流、学术往来、人才交流合作、媒体合作等，为深化双多边合作奠定坚实的民意基础”。文件还指出：“加强文化传媒的国际交流合作，积极利用网络平台，运用新媒体工具，塑造和谐友好的文化生态和舆论环境。”由此可见，媒体合作不仅是“一带一路”区域合作共赢的重要内容，也是推动“一带一路”建设的重要助力。

① 文章改编自《一带一路国际媒体合作蓝皮书（2013—2017）》，原报告在人民日报社 2017 年 9 月主办的“一带一路”国际媒体合作高峰论坛（2017）上发布。

2016 年 7 月，由人民日报社主办的“一带一路”媒体合作论坛在北京召开，国家主席习近平发来贺信并特别指出，媒体在信息传播、增进互信、凝聚共识等方面发挥着不可替代的重要作用。“一带一路”媒体合作论坛为各国媒体对话交流、务实合作提供了一个平台。希望各国媒体利用好这个平台，在推动国家关系发展、沟通民心民意、深化理解互信方面积极有为，并在“一带一路”倡议中发挥积极作用。

近年来，在各国政府间良好关系的促动下，“一带一路”相关国家相继与我国政府、通讯社、媒体签订了相关宣言、协议、计划、备忘录等，为国际媒体合作提供了基本保障。

2017 年 5 月 14 日至 15 日，中国举办的“一带一路”国际合作高峰论坛在北京举行，论坛提出多项措施助推国际合作。围绕“一带一路”倡议，各国媒体携手搭建起让各国人民增进了解与信任的桥梁，夯实民意基础，实现强声共振，做出新的贡献。

(二)话语体系的不断完善

近年来，我国媒体(尤其是中央媒体)在“一带一路”传播话语体系建设方面的技术力量逐步提升。根据 Factiva 数据库的资料，自 2016 年 1 月 1 日至 2017 年 8 月 15 日，中国媒体涉及“一带一路”的相关英文报道超过 1 万篇，报道量大幅提升，话题覆盖政治、经济、文化、社会等多个领域。人民网、新华网、央视新闻、环球网、中国日报网等在对外传播方面发挥着重要作用。

值得注意的是，2016 年 4 月之后，中外媒体涉及“一带一路”议题的报道热度趋势呈现一定程度的相似性。中国媒体在“一带一路”方面的报道影响力、议程设置能力在稳步提高。在中外报道热度，所提及国家、城市以及议题等方面，中外媒体的报道也具有一定的相似性。

我国媒体积极参与“一带一路”倡议的对外传播，既发出中国声音，同时又提升国际话语权和文化软实力。我国媒体努力讲好相关国家的故事，是推动“一带一路”国际媒体合作、推进与“一带一路”相关国家民心相通的重要动力。

二、“一带一路”国际媒体合作发展态势

民心相通是“一带一路”倡议的社会根基，它以互联互通的社会网络替代界限分明的民族国家，支撑起“一带一路”的区域合作架构。中国人民大学重阳金融研究院执行院长王文 2017 年 5 月在《人民日报》(海外版)撰文中称，很多国家渴求知道“一带一路”的真实故事与实际情况，中国的思想供给和对外传播任重而道远。我们要拓宽媒体合作的内容与形式。据相关研究显示，目前最常见的合作形式包

括以下几个方面。

（一）国际媒体合作主要形式

近年来的媒体合作方式经历了从座谈交流到联合采访，再到产品衍生的递进过程。合作规模由小到大，覆盖范围由点到面，领域扩展由浅入深。媒体合作不仅将中华文化的精髓带到“一带一路”沿线相关国家，同时也将相关国家的风土人情“引进”中国，真正做到“民相亲”。

通过梳理2013年至2017年国际媒体合作的重要案例，我们可以发现目前媒体之间的合作形式主要有六个方面。

1. 会议会谈

媒体论坛、座谈会等形式是目前国际媒体合作交流的主要形式。2014年7月3日，40家“一带一路”相关国家主流媒体负责人，签署了丝绸之路经济带媒体合作论坛联合宣言，这标志着丝绸之路经济带沿途国家媒体合作进入了一个全新阶段。

2015年，“一带一路”相关会议会谈活动急速增长，国际型会议和定向型会议均取得丰硕成果，为之后的合作发展奠定了坚实基础。例如，第二届世界互联网大会、2015“一带一路”媒体合作论坛、博鳌亚洲论坛-媒体领袖圆桌会议等。

2016年，中外媒体合作举办的大型论坛趋于常态并迈向系列化。2016年2月23日，中国共产党中央委员会对外联络部、深圳市政府、复旦大学联合举办“一带一路”国际智库合作联盟研讨会。2016年7月26日，人民日报社主办2016“一带一路”媒体合作论坛。2016年9月26日，国务院新闻办公室主办2016“一带一路”国际研讨会。2017年5月14日至15日，“一带一路”国际合作高峰论坛在北京成功举行，国际合作进入“互联互通，深化推进”的新阶段，该会议具有里程碑意义。

2. 联合采访

国际媒体合作经历了从“走出去”到“引进来”的过程。2014年7月11日，人民日报社启动大型“共享丝绸之路”主题采访活动，走访国内外50余个城市，推出“共享丝绸之路特刊”的整版新闻报道版面40余期。2016年6月17日，新华社“‘一带一路’全球行”启动，采用全媒体和VR技术，完整呈现丝绸之路全貌。

2014年至2017年，国际媒体间的交流采访方式不断转型，更多境外媒体深入我国境内采访，用外媒的声音诉说“一带一路”的优秀成果。例如，2016年7月28日，来自亚洲、欧洲、非洲的32个国家主流媒体的46位社长、总编辑、专栏主持人、评论员走进敦煌。

媒体之间在联合采访方面的合作，有助于加强各国之间的经济联系。例如，

2016 年 10 月中旬，由 9 个国家 12 家媒体组成的采访团聚焦湖南制造业及湖南对接“一带一路”发展成果。2014 年人民网组织多路记者，带着大量专家和文化学者走访巴基斯坦、老挝、哈萨克斯坦等数十个国家。

近年来，中外媒体人士采访报道的成果日增。比如 2016 年 6 月 24 日，宁夏大学举行“一带一路一席”高端访谈暨《国外媒体看“一带一路”(2016)》新书发布会，提升了国际媒体笔下的中国形象。据《欧洲时报》报道，2017 年 7 月 BBC 记者从浙江义乌出发，沿丝绸之路途经哈萨克斯坦、波兰等国后，最终抵达英国，一路采访报道，讲出了一系列精彩、鲜活、动人的故事。

3. 影视制作

相比新闻动态，影视作品更能让人全方位地了解、还原相关国家的民族面貌、社会文化、生活习俗。同时，影视作品也有利于将中华文化介绍到世界各地，消除不同国家民众之间的“陌生感”，致力于“民亲而国交”。

2017 年 6 月，上海国际电影节上来自“一带一路”沿线 47 个国家的电影人和电影机构共申报了 1 016 部影片，占到总申报影片数量的近四成，数量更是超过历年，这重新定义了观众对沿线国家的想象。《功夫瑜伽》《熊猫与小鼹鼠》等中外合拍故事片更加深了不同国家之间的文化情感。

国家新闻出版广电总局出台了一系列政策，推动中华文化“走出去”，这其中包括丝绸之路影视桥工程、丝路书香出版工程、经典中国国际出版工程等。该工程自 2014 年 3 月启动以来，已经将《北京青年》《舌尖上的中国》等近 60 部中国优秀影视作品推广到俄罗斯、约旦、土耳其等 25 个国家。2014 年创办的“丝绸之路国际电影节”已经成为弘扬新时代丝路精神的“光辉符号”。

4. 联盟协作

2015 年 4 月 8 日，“一带一路”智库合作联盟理事会成立会议暨专题研讨会在北京召开。我国 50 多家智库和研究机构的代表成立了“一带一路”智库合作联盟理事会，该理事会的国际合作网络迄今已经覆盖 100 多家国内外智库。

2016 年 4 月 18 日，由国务院新闻办公室发起，五洲传播中心联合相关国家媒体代表、文化使节、文化机构共同成立的“一带一路”媒体传播联盟，发布了“丝路电视”跨国联播网等合作项目。中国与全球 17 家媒体机构代表签署了“一带一路”联盟倡议书，致力于国际传播，并形成了互利共赢新局面，共同弘扬丝路文化和丝路精神。

2016 年博鳌亚洲论坛期间，来自 8 个国家的 13 家中外媒体及机构共同提出了成立“亚洲媒体合作组织”的倡议。2017 年 3 月 23 日，10 家中外媒体机构宣布成为第二批发起成员。中国国际广播电台台长王庚年表示：“亚洲经济一体化为亚洲媒体合作提供了多元平台，亚洲经济社会的稳步发展对亚洲媒体传播力提出了新的要求。”

5. 研修交流

媒体是增进国家间相互了解的重要渠道，而媒体人则是增进两国友好关系的建设者、促进者和推动者。2015 年 11 月，国务院新闻办公室副主任郭为民会见了北美华文媒体“一带一路”倡议研究考察团。北美华文媒体希望通过联合采访、信息互换、共同制作节目等形式与中国媒体开展合作。2016 年 7 月 25 日，第五次中国东北地区与俄罗斯远东地区媒体交流座谈会举行，该座谈会为两国两地区之间的媒体交流合作再次架起了桥梁。2017 年 8 月 16 日至 20 日，中国记协组派新闻代表团访问了坦桑尼亚媒体，并建立起更加完善的长期合作机制。

6. 媒体产品研发

随着国际媒体交流合作的进一步深入，相关实体建设也在一步步加强。2015 年 7 月 16 日，新华社发布“新华丝路”信息产品，着眼于服务“一带一路”建设，有利于改善信息不畅通、不对称的情况。

2017 年 3 月 21 日，由国家推进“一带一路”建设工作领导小组办公室指导、国家信息中心主办的“一带一路”官网（中国“一带一路”网）正式上线运行，并同步开通微博账号、微信公众号，以多语言版本覆盖全球大部分地区，建立国内 30 多个国家机关部委与机构、各省区市、各个沿线合作国家的信息联络机制，提供 PC、手机等多终端访问入口。

2017 年 7 月 4 日，在习近平主席访问俄罗斯之际，由中俄两国元首倡议举行的第三届中俄媒体论坛在莫斯科举行，两国相关部门负责人、75 家媒体代表 120 余人出席了论坛。双方在论坛上签署了 17 项新闻领域合作协议。

当天，人民日报社旗下《环球时报》与《俄罗斯报》交换协议，双方未来将合作出版《透视俄罗斯》中文专刊。中国国际广播电台与“今日俄罗斯”国际新闻通讯社共同推出的“中俄头条”新闻客户端也将上线。2017 年 7 月 5 日，中国经济日报社与俄罗斯消息报社联合举办的《新对话 · 中国经济特刊》举办首发仪式。

此外，出自中国媒体的影视新闻创意方面，中国日报社策划出品的《艾瑞克讲睡前故事》（*Belt & Road Bedtime Stories*）通过国外主流视频网站进行传播并引起了广泛关注，《卫报》《时代周刊》和法新社等媒体都表达了采访主创人员的意愿。

（二）国际媒体合作发展的特点与趋势

1. 国内媒体资源不断整合，开拓“一带一路”传播新篇章

据不完全统计，在 2014 年具有较高影响力的“一带一路”媒体间重要活动有 10

多起,此后的重要活动数量快速增长。2015 年,国际媒体间活动超过 50 场。如 2015 年 4 月,各大中央主要新闻媒体同时启动推进"一带一路"建设采访活动,组织记者赴国内有关地方和相关国家开展采访报道,结合各自特色开设专栏,形成矩阵化强势传播。

2016 年以来,国内媒体合作进入常态化,2016"一带一路"媒体合作论坛、亚欧互联互通媒体对话会、首届"南方丝绸之路发展论坛"、"一带一路"旅游城市媒体联盟成立大会、第二届"一带一路"网络媒体责任论坛相继举办,进一步搭建了常态化平台框架。2017"一带一路"国际合作高峰论坛的成功举办,标志着"一带一路"建设迈上新台阶,进入"互联互通,深化推进"的新阶段。

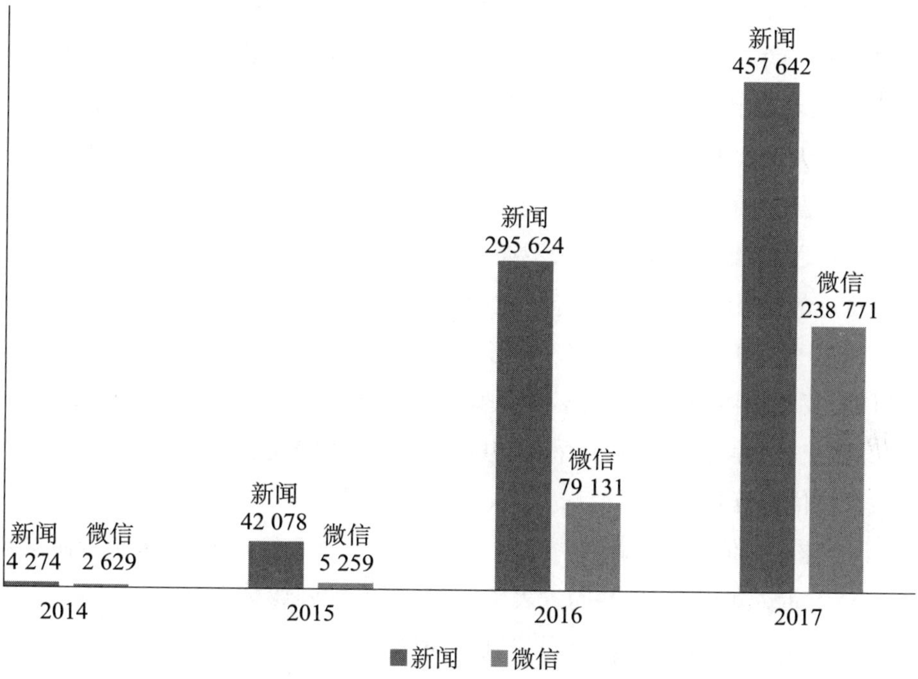

图 1-20 近年国内有关"一带一路"媒体合作的关注走势

(单位:篇/月,时间:2014 年 1 月 1 日—2017 年 8 月 31 日;数据来源:人民在线)

2. 国家间媒体合作迈入新纪元,国际传播影响不断增强

以中国和俄罗斯的媒体合作为例。2015 年 5 月,中俄两国领导人决定,将 2016 年和 2017 年确定为中俄媒体交流年,这为两国媒体进一步拓展合作提供了新的机遇和动力。从探讨"全媒体时代下如何做好国际传播"到思考两国战略对接下的"中俄媒体交流合作",再到共商"中俄合作新未来与媒体使命",3 年来越来越多的共识在中俄两国媒体界形成。

2017年7月4日，由中国国家新闻出版广电总局与俄罗斯联邦通讯与大众传媒部共同举办的“2016—2017中俄媒体交流年”成果展在莫斯科举行。中俄媒体交流年自2015年启动以来，双方确定了227个合作项目，目前共有189个项目已经顺利完成或正在积极推进。2017年4月18日，环球网与俄罗斯卫星通讯社签署了合作协议，双方将交换中英文信息和分析资料。早前，俄罗斯卫星通讯社也与新华社、中国国际广播电台、中国日报社等建立了新闻互换机制。

3. 我国媒体“走出去”与外国媒体“走进来”形成良性互动

近年来，随着国内媒体与境外媒体的合作不断升级，围绕“一带一路”建设的中外媒体报道活动日趋活跃。据不完全统计，仅在2015年和2016年，国际媒体集体“走进来”重大报道活动达到20多起。2015年8月，来自东盟国家的主流媒体以及世界其他地区的50余家海外媒体齐聚广西南宁，与中国媒体一道开启采访之旅。

与此同时，国内媒体还积极“走出去”。新华社于2016年6月启动“‘一带一路’全球行”大型报道活动，活动地域横跨两洋四大陆，新华社动用在海外的180个分社，开展文字、图片、视频等全方位报道。《人民日报》(海外版)则在“一带一路”提出三周年之际，组织记者前往俄罗斯、波兰、德国等国家进行采访，他们沿着中欧班列的轨迹前行，讲述了“一带一路”主题下的见闻和故事。

4. 媒体合作形式走向多层次、多形态

目前，我国媒体与“一带一路”相关国家主流媒体初步建立起常态化的合作机制，在媒体交往、内容互换、联合采访、共办研讨、技术交流、培训合作等方面实现了资源共享与优势互补。高峰论坛方面，仅2016年我国媒体就举办了11次国际论坛，其中全球性媒体合作论坛举办6次。2017年6月7日至8日，来自金砖国家的27家媒体负责人集聚北京，共同发表了《金砖国家加强媒体合作行动计划》。2017年6月23日，“2017金砖国家电影节”也在成都开幕。

三、人民日报社在“一带一路”国际媒体合作方面的探索

人民日报社一直对国际媒体合作方式进行积极探索，先后举办10＋3媒体合作研讨会、中日韩名记者圆桌对话会、中日经济研讨会等国际会议，多次组织亚洲主流媒体考察团，借助多种形式努力增进合作交流。

自2014年以来，人民日报社连续举办了三届“一带一路”媒体合作论坛活动，这一盛会已经成为由中国主流媒体主办的规模最大、参与国家最多、参会外媒最多、最具广泛代表性和影响力的全球媒体合作论坛。该活动对于增进各国之间的了解，促

进媒体间的交流，推动媒体在“一带一路”建设中扮演更加重要的角色，具有非常重要的意义。

人民日报社社长杨振武呼吁媒体应做好三方面工作：一是凝心聚力，讲好丝路故事；二是开放包容，传扬丝路精神；三是深化交流，推进丝路合作。希望各国媒体朋友继续关注、支持和参与“一带一路”建设，为共建“一带一路”加油鼓劲。

在此期间，人民网、南非时代传媒集团、韩国中央日报、巴西红网、俄罗斯自由媒体网站等全球16家媒体集团成立“一带一路”国际新媒体联盟，通过新媒体增进多元文化共融，逐步建立共享机制。

围绕“一带一路”，人民日报社在媒体合作领域综合发力，还包括以下方面。第一，推动信息资源共享。例如，2016年5月27日，人民网与澳大利亚新闻频道签署合作协议。第二，加强跨境采访协作。继2014年举办“龙江行——中俄主流媒体大型联合采访活动”后，2016年6月25日，人民日报社与俄罗斯塔斯社又启动了以“俄中边界——和平与合作的边界”为主题的2016年中俄主流媒体边境口岸城市联合采访活动。第三，扩大技术协作交流。人民日报社及旗下30家社属报刊，以及374家包括网站、客户端、微博、微信公众号、海外社交媒体等的分支机构，与国外协作媒体建立了广泛的合作关系。第四，总结传播经验规律。2017年5月18日，由人民网主办的“‘一带一路’对外传播研讨会”召开，揭示了人民网社交媒体传播、合作传播、融合传播的三个特点。

四、“一带一路”下媒体合作面临的挑战与建议

“一带一路”倡议已经赢得了相关国家和国际组织的积极响应，这将有力增进相关国家与各国人民的福祉，促进世界和平发展与合作共赢。

（一）面临的挑战

1. 相关国家制度、意识形态与语言文化差异

“一带一路”相关国家多数位于世界文明的冲突区，不仅宗教形态不同，在意识形态方面也存在着明显的差异，需要在中西互融、文明互鉴方面突破发展障碍，聚同化异，降低合作的难度，鼓励各国媒体肩负推动历史发展进步的职责。

2. 相关国家媒体处于弱势地位

“一带一路”相关国家在媒体发展上还处于弱势地位，媒体技术相对落后、媒体从业人员素质参差不齐。另外，受社会体制和环境影响，各国间的潜在差异需要经历一个更加细致的融通合作的过程。

3.“民心相通”发展相对缓慢

在当前的“一带一路”建设中，“民心相通”方面发展较慢。20世纪70年代末以来，包括中国在内的沿线主要国家对少数西方发达国家的了解要远远多于其他国家。随着世界经济格局的变化，各国之间官方层面的合作逐渐增多，而民间多层次、全方位的交往也需要深化。

4. 信息时代给传统媒体带来的冲击

信息时代下新技术的发展、信息的多元化给媒体带来了挑战。年轻一代更喜欢数字化、虚拟化的信息世界。传统媒体需要革新理念、技术和工作方式，运用“互联网＋”思维打造信息传播矩阵。

(二)合作发展建议

目前，“一带一路”相关国家之间的媒体合作多集中于研讨会、座谈会、论坛等理论研讨活动。中国人民大学新闻学院教授赵永华认为，“一带一路”建设的具体情况存在差异，媒体之间的合作应贴合实际情况，对“一带”和“一路”要结合当地实际有所区别。

国家文化软实力研究协同创新中心主任张国祚认为，“一带一路”的核心是和平合作互利共赢，“只有文化的碰撞才能让心贴得越来越近，有了友谊一切都好办”。中国翻译协会常务副会长黄友义认为，传播“一带一路”倡议和当地的媒体合作也要细分，笼统宣传解决不了我们所面对的挑战。

影视剧合作方面大有可为。近年来，在中国-东盟博览会框架下，中国与东盟国家在广播影视领域开展了一系列富有成效的合作，相互引进影视剧作品取得成效，受到了观众的欢迎。2016年由中宣部、国务院新闻办“纪录中国”传播工程重点立项的央视《一带一路》剧集一经播出，就引起社会各界的热烈反响。

在2016年“一带一路”媒体合作论坛上，人民日报社新媒体中心主任丁伟表示，在推进媒体融合的过程中，既要深刻认识技术、资金、渠道、用户的重要性，更要紧紧抓住内容建设这个根本。

在人民网“‘一带一路’对外传播研讨会”上，清华大学新闻与传播学院副院长史安斌教授表示，应该更多打造平台媒体，把内容生产和推送结合起来，让各国沿线媒体和民众积极参与。同时要注重信息可视化，突破语言、文化等障碍，扩大朋友圈。

第二章　网民对图书奖项的认知与评价调查报告

国家新闻出版广电总局重点实验室
“新闻出版大数据用户行为跟踪与分析实验室”项目组

项目研究团队成员：秦艳华　曹仁杰　汪慧林　李一凡　孙　琳
兰美娜　王畅颖　石　坤　陈　天　郁丹霞

一、研究背景与方法

（一）研究背景与目的

根据国家统计局发布的统计数据可以看出，近十年图书出版数量保持持续增长态势，图书市场不断壮大。图书市场的繁荣，为读者提供了丰富的“精神食粮”，有力地促进了全民阅读的展开。特别是十八届五中全会把“倡导全民阅读”“推动国民素质”和“社会文明程度显著提高”列为“十三五”时期的重要任务以后，全民阅读蔚然成风。第十四次全国国民阅读调查报告显示，2016 年我国国民人均图书阅读量为 7.86 本，较 2015 年增加了 0.02 本。

“好读书，读好书”是社会的共识、出版的责任、读者的期望。那么，如何去确定一本好书呢？认定好书的各种方法之中，各种图书奖项的推荐评选是一个重要方法。尽管范围有别、标准不一，但一个作家、一部图书如若入选一个重要奖项，即会受到读者高度关注，这的确是一个不争的事实。譬如，历年诺贝尔文学奖结果公布后，获奖者的作品一般都会在图书市场形成一个销售高峰。除诺贝尔文学奖外，其他国际图书大奖还有美国国家图书奖、法国龚古尔文学奖、英国红房子图书奖、西班牙塞万提斯奖、意大利诺尼诺国际文学奖、日本芥川奖等，中国的图书奖项还有中宣部五个一工程奖、中国出版政府奖、中华优秀出版物奖、茅盾文学奖等，这些奖项也会引起读者关注。

那么，各图书奖项中的入选图书是否就是网民心目中的好书呢？网民对这些奖项的认知、评价如何？网民心中理想的图书评选标准又是怎样的呢？

为了回答这些问题，北京师范大学国家新闻出版广电总局重点实验室“新闻出版大数据用户行为跟踪与分析实验室”首先针对读者阅读图书、购买图书情况，以及对图书奖项的认知、对图书奖项的评价等展开调查，以此为基础，围绕读者心目中的好书标准与国内外图书奖项的关系做出数据统计和分析。这一调查研究结果，将有助于出版机构把满足读者需求作为第一要务，多出精品力作，繁荣图书市场，另外，对推动全民阅读活动的开展，对促进我国出版产业的发展也具有一定的指导意义。

（二）研究方法

2018 年 1 月 31 日，中国互联网络信息中心（CNNIC）发布的第 41 次《中国互联网络发展状况统计报告》显示，截至 2017 年 12 月，我国网民规模达 7.72 亿。网民是个庞大的图书阅读群体，本次调查采取网络问卷调查的方式进行。

1. 研究框架

人类认识、理解世界往往遵循由表及里的认知逻辑，中国网民对图书奖项的认知理解也不例外。因此，本次调查主体分为两大部分：第一部分研究网民对图书奖项的认知情况，重点在于考察网民是否了解图书奖项，横向考察奖项的传播广度；第二部分研究网民对图书奖项的评价，重点在于了解网民的态度倾向，纵向挖掘奖项的传播深度。

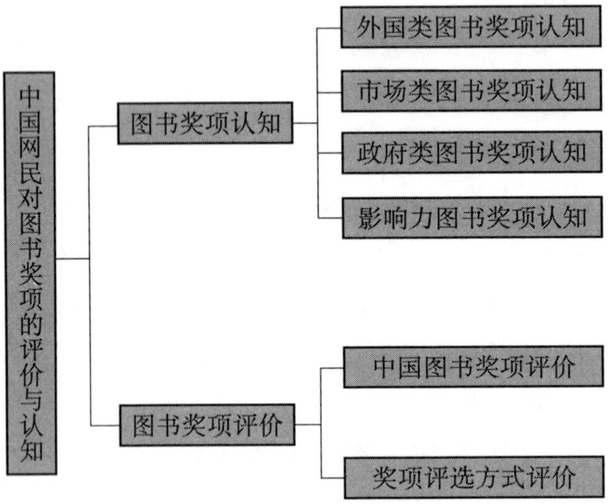

图 2－1　中国网民对图书奖项的评价与认知研究框架

在第一部分的图书奖项认知调查中，调查组对数据进行 KMO 和 Bartlett 检验，通过因子分析，将国内外 35 个具有影响力、代表性的图书奖项简化为 4 个因子，即外国类图书奖项、市场类图书奖项、政府类图书奖项和影响力图书奖项。4 个因子经过正交旋转后的方差贡献率分别为 21.557％、18.987％、16.434％和 10.689％，累积方差贡献率为 67.667％，共同度全部超过 0.5，达到了因子分析的要求。对因子的信度进行检验，其 Cronbach's α 值分别为 0.948、0.946、0.931、0.855，因子信度良好。

外国类图书奖项是指在国际上知名度比较高、有代表性的图书奖项，如英国布克文学奖、法国龚古尔文学奖、德国图书奖、美国国家图书奖等；市场类图书奖项是指国内以市场为导向的、有一定代表性的奖项，包括京东文学奖、新浪年度好书榜等；政府类图书奖项是由政府单位主办的、有一定代表性的、全国性的奖项，包括中国出版政府奖、“三个一百”出版原创工程等；影响力图书奖项则包括国内外影响力较大、广受读者关注的、有一定代表性的图书奖项，如诺贝尔文学奖、茅盾文学奖等。

在第二部分的图书奖项评价调查中，调查组首先对中国本土具有代表性的图书奖项评价展开研究，探寻中国网民对本土奖项的态度评价与认可情况。其次对奖项推荐评选方式进行探讨，旨在通过优化图书奖项推荐评选方式，提升国内图书奖项评选的科学性、权威性，增强奖项影响力，提升奖项认可度。

2. 数据采集

本次调查采取网络调查问卷的方式，主要涉及网民对图书奖项的认知、对中国图书奖项评选的评价等内容，共回收 5 262 份有效问卷。样本分布符合人口学变量的基本规律，抽样方法科学合理，所得结论具有较强的代表性、解释力。

3. 样本构成

本研究采集数据以后，剔除无效样本，最终收回有效问卷 5 262 份，具体构成如下(详见表 2-1)：

表 2-1　样本构成　　（单位：%）

性别构成	男	53.30
	女	46.70
年龄构成	25 岁以下	10.30
	26—35 岁	37.80
	36—45 岁	33.70
	46—55 岁	13.80
	56 岁以上	4.40
收入构成	2 000 元以下	7.50
	2 000—5 000 元	30.60
	5 001—8 000 元	30.30
	8 001—10 000 元	18.60
	10 001—20 000 元	9.80
	20 000 元以上	3.20
文化构成	初中及以下	3.30
	高中、中专	14.60
	大专	23.60
地区构成	北京	10.10
	天津	2.30
	上海	11.10
	重庆	1.80
	河北	3.70

续表

文化构成	大学本科	50.60
	硕士及以上	7.90
地区构成	河南	3.70
	云南	0.70
	辽宁	2.90
	黑龙江	1.50
	湖南	2.00
	安徽	3.20
	山东	6.90
	新疆	0.30
	江苏	9.20
	浙江	6.40
	江西	2.30
	湖北	4.10
	广西	2.30
	甘肃	0.40
	山西	1.80
	内蒙古	0.60
	陕西	1.70
	吉林	0.80
	福建	3.40
	贵州	0.40
	广东	12.20
	四川	3.80
	宁夏	0.10
	海南	0.20
	香港	0.10

表 2－1 中的样本构成呈现以下特点：

(1)地域分布

样本涵盖我国内地省份、直辖市、自治区(青海、西藏仅有一个样本，占比低于0%，在表 2－1 中无法显示)，港澳台地区中所采集样本只涵盖香港。

(2)人口特征

①性别特征。CNNIC 第 41 次《中国互联网络发展状况统计报告》显示，截至

2017 年 12 月，中国网民男女比例为 52.6∶47.4，截至 2016 年底，中国人口男女比例为 51.2∶48.8，网民性别结构与人口性别比例逐步接近。在本次调研样本中，男女比例较为均衡，男性（53.30％）占比略高于女性（46.70％），与我国网民性别结构基本接近。

②年龄特征。被调查者年龄在 26—35 岁者占比最多（37.80％），其次为 36—45 岁（33.70％），56 岁以上占比最少（4.40％）。CNNIC 第 41 次《中国互联网络发展状况统计报告》统计，截至 2017 年 12 月，我国网民中 20—29 岁年龄段的网民占比最高，达 30.00％，30—39 岁群体占比为 23.50％。由此可见，本次调研样本与我国网民年龄结构基本一致。

③学历特征。被调查网民学历为大学本科者最多，占比 50.60％，其次为大专学历者，占比 23.60％，初中及以下学历者占比最低，仅为 3.30％。

④收入特征。被调查者的月收入被分为 6 档，分别为 2 000 元以下、2 000—5 000 元、5 001—8 000 元、8 001—10 000 元、10 001—20 000 元、20 000 元以上。其中，收入在 5 001—8 000 元者最多，占比 30.30％，高收入者（20 000 元以上）占比 3.20％，低收入者（2 000 元以下）占比 7.50％。

二、网民对图书奖项的认知

国内外的各种图书奖项很多，本次调查选取了较有影响力和代表性的 35 个国内外图书奖项，进而了解网民对图书奖项的认知情况。

较有影响力和代表性的 35 个奖项如下：诺贝尔文学奖，国际安徒生奖，美国普利策奖，美国国家图书奖，法国龚古尔文学奖，法国菲米娜文学奖，英国布克文学奖，英国红房子图书奖，德国图书奖，西班牙塞万提斯奖，意大利诺尼诺国际文学奖，日本芥川奖、直木奖，中宣部五个一工程奖，中国出版政府奖，中华优秀出版物奖，“三个一百”原创出版工程，国家图书馆文津图书奖，全国优秀儿童文学奖，全国优秀科普作品奖，全国优秀外国文学图书奖，输出版、引进版好书评选，茅盾文学奖，鲁迅文学奖，庄重文文学奖，陈伯吹国际儿童奖，冰心儿童图书奖，京东文学奖，年度中国好书，年度“桂冠童书”奖，年度影响力好书，深圳“年度十大好书”，新京报年度好书，新浪年度好书榜，南都年度十大好书，豆瓣读书年度好书推荐排行榜。同时，本次调查设置量表形式 3 个分值，即 1 分、2 分和 3 分，供网民打分，分值越高，表明网民对图书奖项的认知度也就越高。

(一)茅盾文学奖、鲁迅文学奖和诺贝尔文学奖的认知度最高

数据显示，网民对图书奖项中总体上认知度最高的三个奖项是茅盾文学奖、鲁迅文学奖和诺贝尔文学奖。其中，对国内奖项认知度最高的前三个分别是茅盾文学奖、鲁迅文学奖和全国优秀儿童文学奖；对国外奖项认知度最高的前三个分别是诺贝尔文学奖、国际安徒生奖和美国普利策奖。总体来看，网民对国内图书奖项的评价高于国外图书奖项（详见图 2－2）。

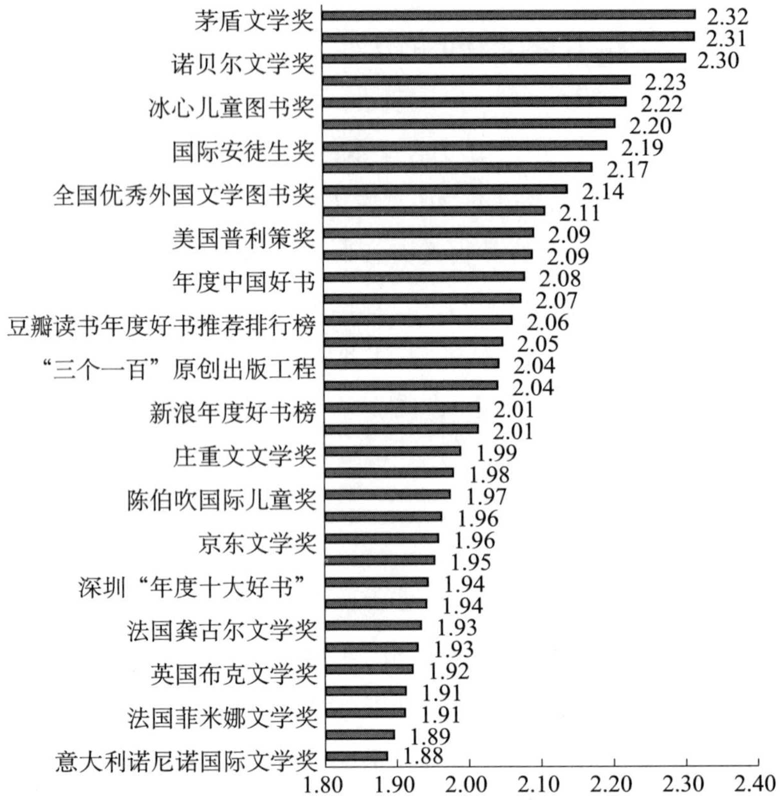

图 2－2　网民对图书奖项的认知

(二)网民对图书奖项认知的人口特征分布

网民人口特征主要指性别、年龄、学历、职业、收入等指标。

1. 女性比男性认知度略高

通过调查数据可以发现，女性对奖项的总体认知度评分均值为 2.06，男性为 2.04，女性比男性对图书奖项认知的评分略高。将男女对不同奖项认知的评分按从高到低排序，可以看出男女在对图书奖项的认知度中差别不大。比较而言，女性对豆瓣读书年度好书推荐排行榜的认知度位次较男性高 6 位（详见表 2－2）。

表 2-2 不同性别对奖项认知排序

性别	男	女
鲁迅文学奖	1	2
茅盾文学奖	2	1
诺贝尔文学奖	3	3
全国优秀科普作品奖	4	7
全国优秀儿童文学奖	5	4
冰心儿童图书奖	6	5
国际安徒生奖	7	6
中华优秀出版物奖	8	8
全国优秀外国文学图书奖	9	9
美国普利策奖	10	13
中国出版政府奖	11	14
中宣部五个一工程奖	12	15
年度影响力好书	13	10
年度中国好书	14	11
“三个一百”原创出版工程	15	19
国家图书馆文津图书奖	16	17
输出版、引进版好书评选	17	16
豆瓣读书年度好书推荐排行榜	18	12
美国国家图书奖	19	20
新浪年度好书榜	20	18
庄重文文学奖	21	22
陈伯吹国际儿童奖	22	24
年度“桂冠童书”奖	23	21
京东文学奖	24	26
新京报年度好书	25	25
英国红房子图书奖	26	23
法国龚古尔文学奖	27	30
深圳“年度十大好书”	28	27
南都年度十大好书	29	28
英国布克文学奖	30	31

续表

性别	男	女
西班牙塞万提斯奖	31	29
法国菲米娜文学奖	32	32
德国图书奖	33	33
意大利诺尼诺国际文学奖	34	35
日本芥川奖、直木奖	35	34

2. 年龄对图书奖项认知度的影响

年龄不同，对于图书奖项的认知度不同。受访网民的年龄段分 5 个阶段，分别为 25 岁及以下、26—35 岁、36—45 岁、46—55 岁、56 岁及以上。这几个年龄段的网民生活的时间背景、受教育程度不同，其对图书奖项的认知度也存在着差异性。在对外国图书奖项认知中，不同年龄段的网民之间差别不太大，整体来看，对外国奖项的认知度得分排序都比较靠后（详见表 2－3）。

表 2－3 不同年龄段网民对图书奖项的认知度排序

年龄	25 岁及以下	26—35 岁	36—45 岁	46—55 岁	56 岁及以上
鲁迅文学奖	1	1	2	2	3
诺贝尔文学奖	2	2	3	3	2
茅盾文学奖	3	3	1	1	1
冰心儿童图书奖	4	4	5	5	7
国际安徒生奖	5	7	7	8	10
全国优秀儿童文学奖	6	5	4	4	5
年度影响力好书	7	10	11	13	11
全国优秀科普作品奖	8	6	6	6	4
中华优秀出版物奖	9	8	8	7	6
全国优秀外国文学图书奖	10	9	9	9	8
豆瓣读书年度好书推荐排行榜	11	11	18	18	23
年度中国好书	12	14	15	12	11
中国出版政府奖	13	13	12	10	12
美国普利策奖	14	12	10	14	18
国家图书馆文津图书奖	15	16	17	16	14
输出版、引进版好书评选	16	18	16	17	16
新浪年度好书榜	17	17	20	20	20

续表

年龄	25岁及以下	26—35岁	36—45岁	46—55岁	56岁及以上
“三个一百”原创出版工程	18	19	14	15	15
美国国家图书奖	19	20	19	19	19
中宣部五个一工程奖	20	15	13	11	9
京东文学奖	21	27	26	24	25
庄重文文学奖	22	21	21	22	21
陈伯吹国际儿童奖	23	25	22	23	17
新京报年度好书	24	23	25	25	28
年度“桂冠童书”奖	25	22	23	21	22
法国龚古尔文学奖	26	29	28	29	31
深圳“年度十大好书”	27	28	27	27	26
南都年度十大好书	28	26	29	32	27
日本芥川奖、直木奖	29	34	34	34	33
英国红房子图书奖	30	24	24	28	30
英国布克文学奖	31	30	31	30	29
西班牙塞万提斯奖	32	31	30	26	24
法国菲米娜文学奖	33	33	33	33	32
意大利诺尼诺国际文学奖	34	35	35	35	35
德国图书奖	35	32	32	31	34

(1)46—55岁年龄段网民认知度最高

调查数据显示，46—55岁年龄段网民对图书奖项的总体认知度最高，而56岁及以上的网民对图书奖项的认知度最低。这可能是因为，56岁以上的网民出生于20世纪60年代之前，他们成长的阶段正是中华人民共和国诞生和成长的时代，同时，共和国在发展中所经历的曲折历程也不可避免地融入他们的成长记忆中。“文革”时期，整个社会对文化都不重视，经历了这个时代的人也大多未能接受良好的教育，因此对图书奖项的了解也就比较匮乏。而46—55岁年龄段网民出生于20世纪60年代至70年代，正是一个大变革的时代。在这些人的成长过程中，高考得以恢复，经过改革开放，他们有更多机会接受高等教育，文化水平也有明显提升。55岁以下年龄段网民，年龄越大，随着社会阅历的增多，对图书奖项的认知度也就越高。46—55岁年龄段网民一方面因为其所处年代的变革，另一方面则是年龄大、阅历丰富，所以成为对图书奖项认知度最高的人群(详见图2-3)。

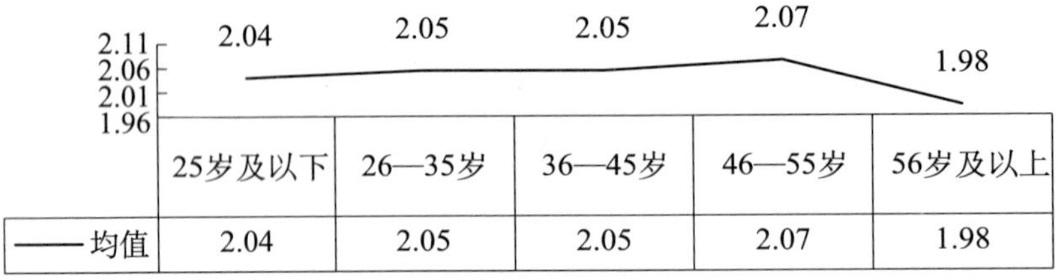

图 2－3　不同年龄段网民对图书奖项的认知度

(2)对五个一工程奖的认知随着年龄增大而上升，豆瓣读书年度好书排行榜则呈相反走势

从调查数据可以看出，不同年龄段的网民对不同奖项在全部奖项中的认知度排名有差异，甚至在一些奖项上呈现出显著差别：对属于政府类奖项的中宣部五个一工程奖呈现出年龄越大，对其认知度排序越靠前的趋势；对市场类图书奖的豆瓣读书年度好书推荐排行榜的认知度则是年纪越大，对其认知度排序越靠后，35 岁及以下的网民将其排在第 11 位，而 56 岁以上的网民则将其排在第 23 位，有很大差别(详见图 2－4)。

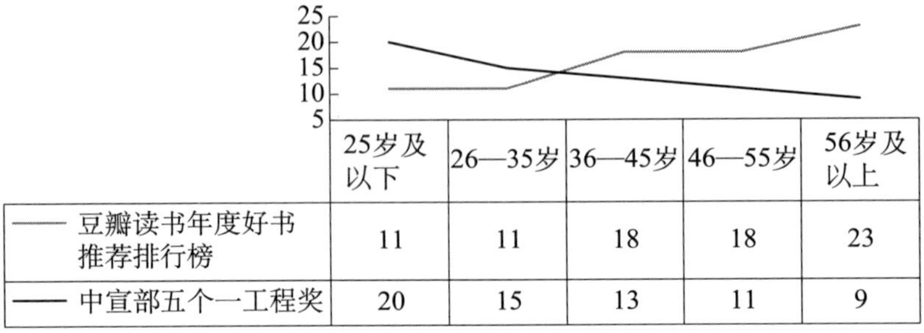

图 2－4　不同年龄段网民对个别图书奖项认知度的排名

3. 学历越高认知度越高

不同学历的网民对各奖项的认知度有所不同。在众多奖项中认知度排名前三项的鲁迅文学奖、茅盾文学奖、诺贝尔文学奖基本趋于一致。对于其他奖项，不同学历网民的认知度各有差异(详见表 2－4)。

表 2－4　不同学历的网民对图书奖项认知度排序

学历	初中及以下	高中	大专	大学本科	硕士及以上
鲁迅文学奖	1	1	3	2	2
茅盾文学奖	2	3	2	1	1

续表

学历	初中及以下	高中	大专	大学本科	硕士及以上
诺贝尔文学奖	3	4	1	3	3
全国优秀儿童文学奖	4	2	4	4	7
冰心儿童图书奖	5	7	5	5	6
中华优秀出版物奖	6	6	8	8	9
全国优秀科普作品奖	7	5	6	7	5
陈伯吹国际儿童奖	8	25	22	22	27
中国出版政府奖	9	11	12	13	13
国家图书馆文津图书奖	10	17	15	16	18
全国优秀外国文学图书奖	11	8	9	9	10
中宣部五个一工程奖	12	13	14	14	15
年度中国好书	13	12	11	15	14
输出版、引进版好书评选	14	14	16	19	16
“三个一百”原创出版工程	15	16	17	17	17
国际安徒生奖	16	9	7	6	4
京东文学奖	17	27	24	26	24
法国龚古尔文学奖	18	28	29	29	34
美国国家图书奖	19	22	23	18	19
庄重文文学奖	20	20	21	21	21
年度影响力好书	21	10	10	11	11
年度“桂冠童书”奖	22	19	20	23	25
深圳“年度十大好书”	23	23	27	30	31
法国菲米娜文学奖	24	29	33	34	33
新京报年度好书	25	24	26	24	26
美国普利策奖	26	21	13	10	8
英国红房子图书奖	27	31	25	25	23
南都年度十大好书	28	26	28	27	28
英国布克文学奖	29	30	30	31	29
日本芥川奖、直木奖	30	34	35	33	30
意大利诺尼诺国际文学奖	31	35	34	35	35
豆瓣读书年度好书推荐排行榜	32	18	18	12	12
新浪年度好书榜	33	15	19	20	20
德国图书奖	34	32	32	32	32
西班牙塞万提斯奖	35	33	31	28	22

网民学历越高，对图书奖项的认知度越高（详见图 2 - 5）。初中及以下学历的网民对陈伯吹儿童奖的认知度排在第 8 位，除此之外，其他学历的网民对这一奖项的排名都在 20 名以后，硕士及以上学历的网民将其排在第 27 位；国际安徒生奖在

初中及以下的网民中排第 16 位，但在硕士及以上网民中排第 4 位。不同学历的网民对这两个儿童类图书奖项的认知度有很大的差异。美国普利策奖在硕士及以上的网民中的认知度排序在第 8 位，而在初中及以下的网民中排序在第 26 位。市场类的图书奖项豆瓣读书年度好书推荐排行榜在初中及以下的网民中认知度很低，其评分排名位列第 32 位，但在其他学历中的认知度排名较靠前，在大学本科及以上网民中排第 12 位。此外，年度影响力好书在初中及以下网民中排名较后，在第 21 位，但在其他学历中排第 10 位、第 11 位，差异也比较大（详见图 2－6）。

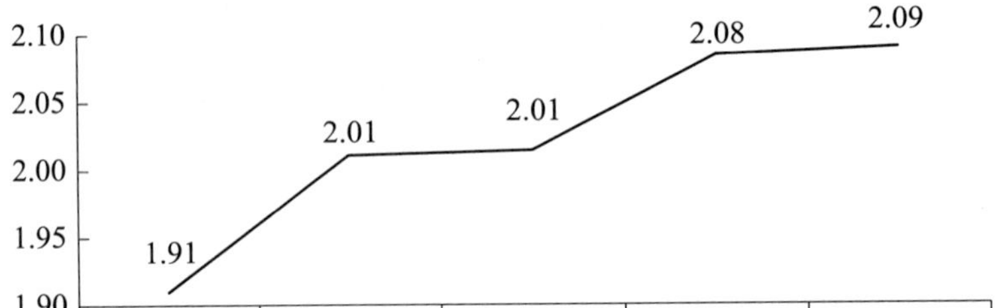

	初中及以下	大专	高中	大学本科	硕士及以上
——均值	1.91	2.01	2.01	2.08	2.09

图 2－5　不同学历对图书奖项的认知度

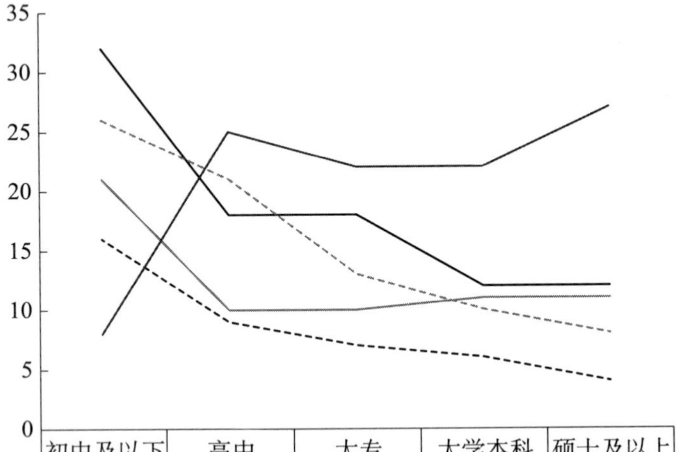

	初中及以下	高中	大专	大学本科	硕士及以上
——豆瓣读书年度好书推荐排行榜	32	18	18	12	12
-------国际安徒生奖	16	9	7	6	4
——年度影响力好书	21	10	10	11	11
-----美国普利策奖	26	21	13	10	8
——陈伯吹国际儿童奖	8	25	22	22	27

图 2－6　不同学历对个别图书奖项的认知度排序

4. 不同职业认知度不同

调查数据显示，对图书奖项认知度最高的职业是企业领导或管理人员，其次是机关、事业单位干部，专业技术人员，教师，医生，高校学生。其他类和待业、无业人员及自由职业者认知度评分比较低（详见图2-7）。

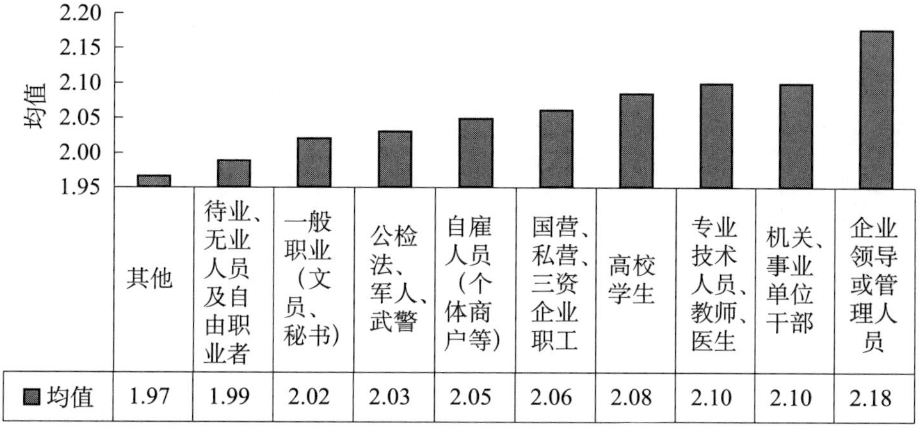

图2-7　不同职业对图书奖项的认知度

5. 收入越高对五个一工程奖、美国国家图书奖的认知度越高

调查数据显示，不同收入的网民所关注的前三名奖项鲁迅文学奖、茅盾文学奖、诺贝尔文学奖的认知度基本趋于一致，对其他奖项则有一定差异（详见表2-5）。

表2-5　不同月收入的网民对图书奖项的认知度排序

月收入	2 000元以下	2 000元至5 000元	5 001元至8 000元	8 001元至10 000元	10 001元至20 000元	20 000元以上
鲁迅文学奖	1	2	2	2	3	4
茅盾文学奖	2	1	3	1	2	3
诺贝尔文学奖	3	3	1	3	1	1
冰心儿童图书奖	4	5	5	5	7	11
全国优秀儿童文学奖	5	4	4	4	5	7
全国优秀科普作品奖	6	6	7	6	6	6
国际安徒生奖	7	8	6	7	4	2
中华优秀出版物奖	8	7	8	8	10	9
全国优秀外国文学图书奖	9	9	9	10	9	10
豆瓣读书年度好书推荐排行榜	10	14	18	16	13	20
年度中国好书	11	11	15	15	12	18

续表

月收入	2 000元以下	2 000元至5 000元	5 001元至8 000元	8 001元至10 000元	10 001元至20 000元	20 000元以上
年度影响力好书	12	10	10	12	11	19
中国出版政府奖	13	12	11	11	14	14
国家图书馆文津图书奖	14	16	16	18	18	13
输出版、引进版好书评选	15	17	17	14	20	17
美国普利策奖	16	15	13	9	8	5
“三个一百”原创出版工程	17	18	14	19	19	16
新浪年度好书榜	18	19	20	20	17	27
中宣部五个一工程奖	19	13	12	13	15	8
庄重文文学奖	20	20	21	23	31	26
年度“桂冠童书”奖	21	21	22	22	25	29
美国国家图书奖	22	22	19	17	16	12
新京报年度好书	23	27	23	24	21	32
陈伯吹国际儿童奖	24	23	25	21	24	25
深圳“年度十大好书”	25	25	27	33	30	35
南都年度十大好书	26	26	29	29	33	34
法国龚古尔文学奖	27	29	28	31	32	22
京东文学奖	28	24	24	26	28	30
英国红房子图书奖	29	28	26	27	22	15
西班牙塞万提斯奖	30	32	30	25	23	21
法国菲米娜文学奖	31	33	32	32	34	24
英国布克文学奖	32	30	31	28	29	23
日本芥川奖、直木奖	33	34	35	34	26	28
德国图书奖	34	31	33	30	27	31
意大利诺尼诺国际文学奖	35	35	34	35	35	33

网民收入越高，对奖项的认知度也就越高（详见图 2－8）。网民对一些国外图书奖项如美国国家图书奖、英国红房子图书奖，以及国内政府奖项中的中宣部五个一工程奖的认知，都呈现出收入越高对这些奖项的认知度的排名越靠前的趋势（详见图 2－9）。

（三）网民对图书奖项认知的地理空间分布

依照中国的行政区域我们将网民所在地划分为七大分区：华东地区、华北地区、华南地区、华中地区、西北地区、西南地区、东北地区。同时，我们重点关注北

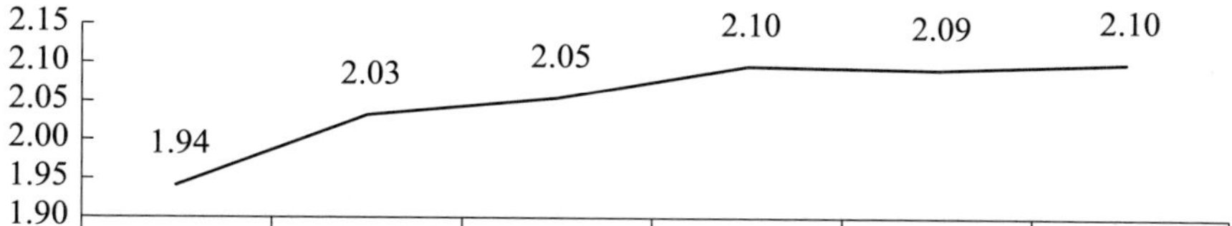

	2 000元以下	2 000元至5 000元	5 000元至8 000元	8 000元至10 000元	10 000元至20 000元	20 000元以上
——均值	1.94	2.03	2.05	2.10	2.09	2.10

图 2-8　不同月收入的网民对图书奖项的认知度

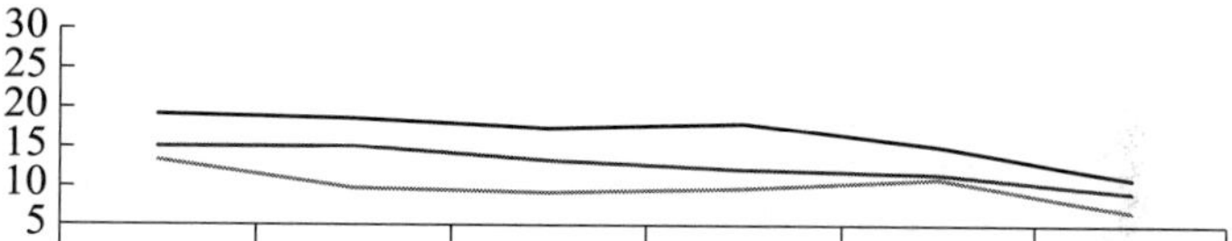

	2 000元以下	2 000元至5 000元	5 000元至8 000元	8 000元至10 000元	10 000元至20 000元	20 000元以上
——中宣部五个一工程奖	19	13	12	13	15	8
——美国国家图书奖	22	22	19	17	16	12
——英国红房子图书奖	29	28	26	27	22	15

图 2-9　不同月收入的网民对个别图书奖项的认知度排序

京、上海、江苏、广东四地网民对图书奖项的认知情况。

1. 西北地区网民认知度最高，华中地区网民认知度最低

调查数据显示，不同地区网民对各个图书奖项的认知度无明显差异（详见表 2-6）。但在对图书奖项的总体认知上，西北地区网民对图书奖项的认知度最高，东北地区、华北地区网民对图书奖项的认知度也较高，华南地区网民对图书奖项的认知度较低，华中地区网民对图书奖项的认知度最低。对图书奖项的总体认知度基本呈现北方地区高、南方地区低的趋势（详见图 2-10）。

表 2-6　不同区域对图书奖项的认知度排序

	西北	东北	西南	华北	华东	华南	华中
茅盾文学奖	1	3	1	1	1	3	1
鲁迅文学奖	2	1	2	2	2	2	2
诺贝尔文学奖	3	2	3	3	3	1	3
全国优秀科普作品奖	4	5	5	7	7	6	5
冰心儿童图书奖	5	6	6	4	6	4	6

续表

	西北	东北	西南	华北	华东	华南	华中
全国优秀儿童文学奖	6	4	4	6	4	5	4
中华优秀出版物奖	7	7	7	8	8	7	7
全国优秀外国文学图书奖	8	8	8	9	9	9	9
年度影响力好书	9	12	10	12	10	10	10
豆瓣读书年度好书推荐排行榜	10	14	16	16	15	11	14
国际安徒生奖	11	9	9	5	5	8	8
年度中国好书	12	17	12	14	13	12	11
中宣部五个一工程奖	13	10	14	11	14	15	13
国家图书馆文津图书奖	14	16	18	15	18	17	15
新浪年度好书榜	15	20	19	20	20	19	16
输出版、引进版优秀图书评选	16	15	17	17	17	16	19
“三个一百”原创出版工程	17	11	15	18	16	18	18
美国普利策奖	18	18	11	10	11	14	17
中国出版政府奖	19	13	13	13	12	13	12
庄重文文学奖	20	19	21	21	21	25	20
美国国家图书奖	21	21	20	19	19	20	23
京东文学奖	22	24	25	25	24	26	24
年度“桂冠童书”奖	23	22	24	22	23	24	22
新京报年度好书	24	26	27	27	25	21	25
陈伯吹国际儿童奖	25	23	22	23	22	28	21
南都年度十大好书	26	31	30	32	28	22	26
法国龚古尔文学奖	27	28	29	28	27	30	29
西班牙塞万提斯奖	28	34	26	26	30	31	30
深圳“年度十大好书”	29	29	31	31	29	23	28
英国红房子图书奖	30	25	23	24	26	27	27
法国菲米娜文学奖	31	32	32	35	32	33	32
英国布克文学奖	32	27	28	30	31	29	31
德国图书奖	33	33	33	29	33	32	33
意大利诺尼诺国际文学奖	34	35	34	33	35	34	34
日本芥川奖、直木奖	35	30	35	34	34	35	35

图 2-10　不同区域的网民对图书奖项的认知度

2. 北京、上海、江苏、广东四地网民对图书奖项的认知度

本次调查研究对比了居住在北京、上海、江苏、广东四地的网民对图书奖项的认知度，调查显示，不同地方的网民对图书奖项认知度的前三个奖项排序一致，在个别奖项上有差异。四地网民对外国类图书奖项认知度排名都比较靠后，但比较而言，北京地区网民对西班牙塞万提斯奖和英国红房子图书奖的认知度排名都较靠前，可见北京作为文化中心，其网民对外国图书奖项认知度更高。江苏和广东网民对西班牙塞万提斯奖和英国红房子图书奖的认知度都比较靠后，上海网民则对西班牙塞万提斯奖的认知度较靠前，但对英国红房子图书奖的认知度排名非常靠后。北京网民对南都年度十大好书的认知度排名为末位，但广东网民对此图书奖的认知度排名则较靠前，为第 21 位。原因大概是南都年度十大好书的主办单位是南方都市报，该报正式创刊于 1997 年，主要面向深圳、广州两大城市。因此，广东地区网民对此图书奖的认知度高也较合情合理。对于陈伯吹国际儿童奖而言，陈伯吹是上海人，因而上海网民对这个图书奖的认知度排名较靠前，其他地方的网民对其认知度排名则较靠后。可见不同地区的网民对与本地有关的图书奖项的认知度比较高(详见表 2-7)。总体而言，居住在北京的网民对图书奖项的认知度最高，居住在广东的网民对图书奖项的认知度最低，江苏与上海的网民对图书奖项的认知度居于中间(详见图 2-11)。

表 2-7　北京、上海、江苏、广东四地对图书奖项的认知度排序

地区	北京	上海	江苏	广东
茅盾文学奖	1	2	1	3
鲁迅文学奖	2	3	2	2
诺贝尔文学奖	3	1	3	1
国际安徒生奖	4	4	4	7
冰心儿童图书奖	5	7	6	4
全国优秀儿童文学奖	6	5	5	5
全国优秀科普作品奖	7	6	7	6
美国普利策奖	8	9	10	14

续表

地区	北京	上海	江苏	广东
全国优秀外国文学图书奖	9	10	9	10
中华优秀出版物奖	10	8	8	8
中宣部五个一工程奖	11	16	14	16
国家图书馆文津图书奖	12	18	18	15
年度影响力好书	13	11	11	9
中国出版政府奖	14	13	12	13
豆瓣读书年度好书推荐排行榜	15	12	16	11
年度中国好书	16	15	13	12
输出版、引进版优秀图书评选	17	20	15	19
美国国家图书奖	18	14	20	17
西班牙塞万提斯奖	19	22	31	31
“三个一百”原创出版工程	20	21	17	20
英国红房子图书奖	21	32	26	25
新浪年度好书榜	22	19	21	18
德国图书奖	23	30	29	32
年度“桂冠童书”奖	24	25	23	24
法国龚古尔文学奖	25	24	33	30
英国布克文学奖	26	26	30	29
庄重文文学奖	27	23	19	27
陈伯吹国际儿童奖	28	17	24	28
京东文学奖	29	29	22	26
新京报年度好书	30	27	25	22
日本芥川奖、直木奖	31	28	35	34
法国菲米娜文学奖	32	31	32	33
意大利诺尼诺国际文学奖	33	35	34	35
深圳“年度十大好书”	34	33	28	23
南都年度十大好书	35	34	27	21

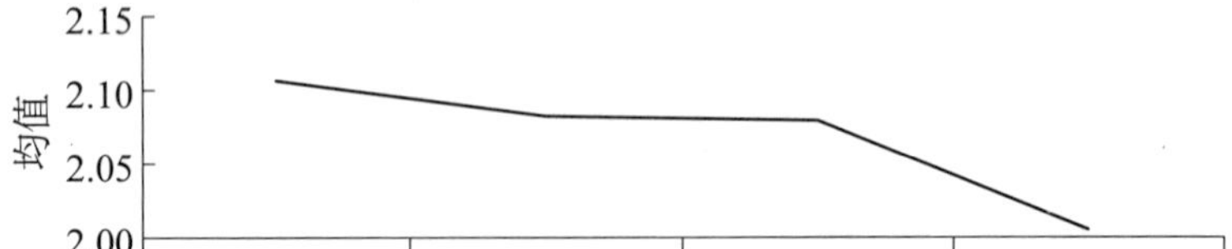

	北京	江苏	上海	广东
—— 均值	2.11	2.08	2.08	2.01

图 2-11 北京、上海、江苏、广东四地对图书奖项的认知度

(四)不同读者群网民对图书奖项的认知

本调查按照一年内的图书阅读量将网民划分为四类不同的读者群，其中读书量为 0 本的划分为非读者，读书量 1—5 本的为轻度读者，读书量 6—10 本的为中度读者，读书量 11 本以上的为重度读者。数据显示，阅读量越高的网民，对图书奖项的认知度也就越高(详见图 2 - 12)。其中，豆瓣读书年度好书推荐排行榜和新浪年度好书榜呈现出阅读排名靠前作品的读者对这两个奖项的认知度的排名越靠前的趋势，网民对其他奖项的认知度则无显著差异(详见表 2 - 8)。

表 2 - 8　不同读者群对图书奖项的认知度排序

读者群	非读者	轻度读者	中度读者	重度读者
诺贝尔文学奖	1	3	3	3
鲁迅文学奖	2	2	2	2
茅盾文学奖	3	1	1	1
全国优秀儿童文学奖	4	4	4	4
冰心儿童图书奖	5	5	6	5
国际安徒生奖	6	7	7	7
全国优秀科普作品奖	7	6	5	6
中华优秀出版物奖	8	8	8	8
中国出版政府奖	9	13	12	13
全国优秀外国文学图书奖	10	9	9	9
中宣部五个一工程奖	11	14	13	14
“三个一百”原创出版工程	12	16	18	16
国家图书馆文津图书奖	13	17	16	17
年度中国好书	14	11	14	11
年度影响力好书	15	10	10	10
美国普利策奖	16	12	11	12
输出版、引进版优秀图书评选	17	18	17	18
年度“桂冠童书”奖	18	22	23	22
京东文学奖	19	24	26	24
美国国家图书奖	20	19	19	19
庄重文文学奖	21	21	21	21
豆瓣读书年度好书推荐排行榜	22	15	15	15

续表

读者群	非读者	轻度读者	中度读者	重度读者
英国红房子图书奖	23	26	25	26
陈伯吹国际儿童奖	24	23	22	23
深圳“年度十大好书”	25	27	27	27
法国龚古尔文学奖	26	28	29	28
新京报年度好书	27	25	24	25
新浪年度好书榜	28	20	20	20
南都年度十大好书	29	29	28	29
英国布克文学奖	30	30	30	30
法国菲米娜文学奖	31	31	33	31
德国图书奖	32	33	32	33
西班牙塞万提斯奖	33	32	31	32
日本芥川奖、直木奖	34	34	34	34
意大利诺尼诺国际文学奖	35	35	35	35

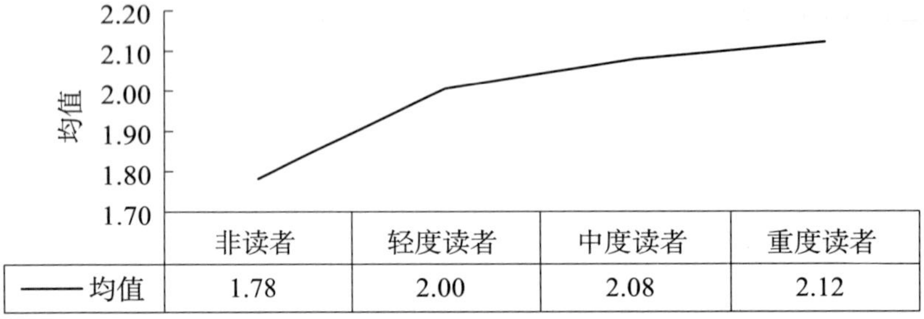

图 2-12　不同读者群对图书奖项的认知度

（五）图书奖项认知度对图书销售的影响

本研究在问卷中调查了网民一年内的图书购买量，分别为 0 本、1—5 本、6—10 本、11—20 本、21—30 本、31—40 本、41—50 本、51—100 本、100 本以上。调查数据显示，网民一年内的购书量主要集中在 1—5 本区间，购买 6—10 本图书的网民也占有一定比例（详见表 2-9）。网民的购书量受到多种因素的影响，本部分主要关注的是网民对图书奖项的认知度会对其购书量产生怎样的影响。图书奖项认知度对图书销售的影响主要从两个方面考察：第一，采用因子分析法分析 35 个图书奖项构成了哪几个维度；第二，通过回归分析探讨图书奖项认知度与网民购书量之间的关系。

表 2-9　网民一年内购书量

网民年购书量	百分比
0 本	4.18%
1—5 本	45.43%
6—10 本	24.01%
11—20 本	14.48%
21—30 本	6.05%
31—40 本	2.82%
41—50 本	1.29%
51—100 本	0.77%
100 本以上	0.97%

1. 对图书奖项的因子分析

因子分析用于对变量进行抽象和归类。通过因子分析，我们可以将原有的 35 个图书奖项进行合并，减少自变量的数量。本研究采用 SPSS19.0 软件对 35 个图书奖项进行了因子分析。

首先，本研究针对数据进行 KMO 和 Bartlett 检验，得到 KMO 值(0.979)和 Bartlett 的球形度检验在 0.000(sig=0.000)水平上统计检验显著，说明存在共享潜在因子，可以对此数据进行因子分析(详见表 2-10)。因子分析采用主成分分析法，以特征值大于 1 作为选择因子的标准，因子旋转采用最大方差旋转法。本研究通过因子分析，测量网民对 35 个图书奖项的认知度，这些奖项被简化为 4 个因子，4 个因子经过正交旋转后的方差贡献率分别为 21.557%、18.987%、16.434%和 10.689%，累积方差贡献率为 67.667%，共同度全部超过 0.5，达到了因子分析的要求。本研究将 4 个因子分别命名为外国图书奖项、市场类图书奖项、政府类图书奖项和有影响力的图书奖项。本研究对因子的信度进行检验，因子 1 的 Cronbach's α 值为 0.948，因子 2 的值为 0.946，因子 3 的值为 0.931，因子 4 的值为 0.855。由此可以看出，4 个因子信度良好。(详见表 2-11)

表 2-10　KMO 和 Bartlett 的检验

取样足够度的 Kaiser-Meyer-Olkin 度量		0.979
Bartlett 的球形度检验	近似卡方	148 888.910
	Df	595
	Sig	0.000

表 2 - 11　对图书奖项的因子分析

题项变量	最大方差旋转法后的因素负荷量				共同性
	因子 1 外国图书奖项	因子 2 市场类图书奖项	因子 3 政府类图书奖项	因子 4 有影响力的图书奖项	
英国布克文学奖	0.808				0.763
法国菲米娜文学奖	0.805				0.760
法国龚古尔文学奖	0.782				0.728
德国图书奖	0.779				0.734
意大利诺尼诺国际文学奖	0.766				0.729
英国红房子图书奖	0.755				0.698
西班牙塞万提斯奖	0.741				0.666
日本芥川奖、直木奖	0.721				0.624
美国国家图书奖	0.693				0.656
新京报年度好书		0.749			0.738
南都年度十大好书		0.744			0.740
新浪年度好书榜		0.744			0.721
深圳“年度十大好书”		0.742			0.734
年度“桂冠童书”奖		0.690			0.709
豆瓣读书年度好书推荐排行榜		0.646			0.634
年度影响力好书		0.641			0.657
年度中国好书		0.632			0.655
京东文学奖		0.629			0.632
陈伯吹国际儿童奖		0.543			0.623
庄重文文学奖		0.540			0.630
中华优秀出版物奖			0.702		0.685
中国出版政府奖			0.701		0.698
“三个一百”原创出版工程			0.662		0.691
全国优秀科普作品奖			0.660		0.684
中宣部五个一工程奖			0.660		0.642
全国优秀儿童文学奖			0.633		0.663
国家图书馆文津图书奖			0.626		0.694
全国优秀外国文学图书奖			0.598		0.640
输出版、引进版好书评选			0.524		0.614

续表

题项变量	最大方差旋转法后的因素负荷量				共同性
	因子1外国图书奖项	因子2市场类图书奖项	因子3政府类图书奖项	因子4有影响力的图书奖项	
冰心儿童图书奖				0.508	0.612
鲁迅文学奖				0.676	0.697
茅盾文学奖				0.669	0.668
国际安徒生奖				0.636	0.598
诺贝尔文学奖				0.760	0.647
美国普利策奖				0.509	0.616
解释方差	21.557%	18.987%	16.434%	10.689%	
累积解释方差	21.557%	40.544%	56.978%	67.667%	

2. 图书奖项认知度对图书购买量的影响

我们借助因子分析梳理了35个图书奖项包含的四个基本维度。以下将在此基础上探究图书奖项认知度对购书量的影响。涉及的测量指标如下：

因变量：网民的购书量。

自变量：网民对35个图书奖项认知评价的四个维度，具体包括外国图书奖项、市场类图书奖项、政府类图书奖项和有影响力的图书奖项。

控制变量：性别、年龄和学历。

回归分析采用分层回归中的强迫进入变量法，将3个控制变量放在第1层，4个因子自变量放在第2层进行回归。结果显示，在模型一中，控制变量对网民购书量的解释力为0.3%，在模型二中，增加了自变量后，解释力增加了2.4%，即自变量对因变量的解释力为2.4%。具体来看，在4个自变量中，外国图书奖项和市场类图书奖项在0.001水平上达到显著，回归系数分别是0.131和0.068，对网民图书购买量有正向影响。网民对这两个奖项的认知度越高，购书量也就越多。有影响力的图书奖项这一自变量在0.01水平上显著，回归系数为−0.042，对网民图书购买量有反向影响。网民对有影响力的图书奖项认知度越高，购书量就越少。政府类图书奖项对因变量无显著影响。在人口统计变量中，学历与购书量也在0.001水平上显著，回归系数为0.051，即学历越高购书量越多。性别、年龄对购书量无显著影响。（详见表2－12、图2－13）

表 2－12　图书奖项认知度对图书购买量的影响

阶层变量	阶层内预测变量	模型一		模型二	
		β	t 值	β	t 值
控制变量	性别	−0.004	−0.271n. s.	−0.007	−0.532n. s.
	年龄	−0.009	−0.679n. s.	0.004	0.288n. s.
	学历	0.050	3.598***	0.051	3.681***
自变量	外国图书奖项			0.131	9.564***
	市场类图书奖项			0.068	4.979***
	政府类图书奖项			0.015	1.077n. s.
	有影响力的图书奖项			−0.042	−3.053**
回归模型摘要	F 值	4.542**		20.102***	
	R^2	0.003		0.026	
	ΔF 值	4.542**		31.692***	
	ΔR^2 值	0.003		0.024	

1. 性别设置为虚拟变量男＝1、女＝0。
2. n. s. p＞0.05，* p＜0.05，** p＜0.01，*** p＜0.001。

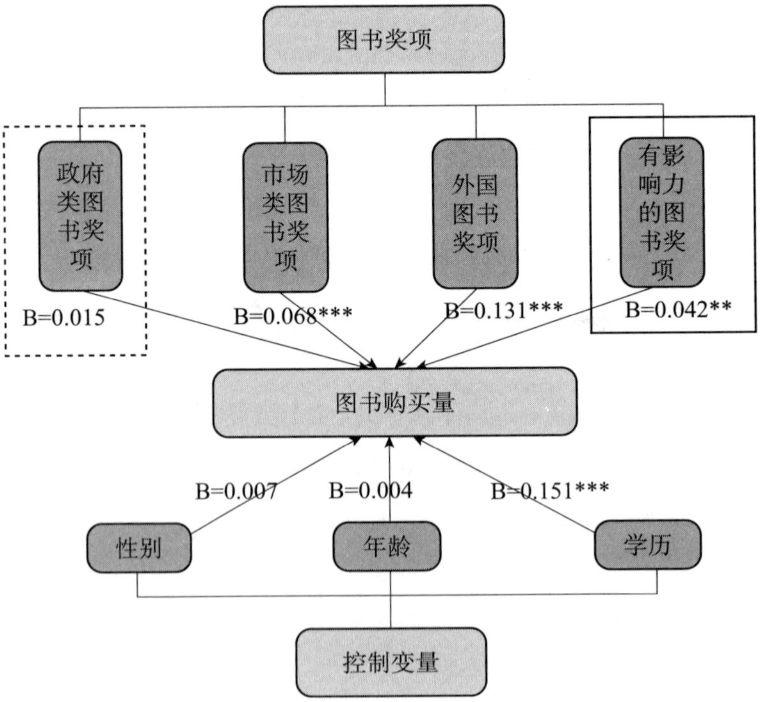

图 2－13　研究模型结构图

3. 小结

首先，数据显示35个图书奖项主要包含四个维度：外国图书奖项、市场类图书奖项、政府类图书奖项和有影响力的图书奖项。外国图书奖项是指国际上知名度比较高的图书奖项，比如英国布克文学奖、法国龚古尔文学奖、德国图书奖、美国国家图书奖等；市场类图书奖项是指国内一些以市场为导向的奖项，包括京东文学奖、新浪年度好书榜等；政府类图书奖是指政府单位主办的一些奖项，包括中国出版政府奖、"三个一百"出版原创工程等；有影响力的图书奖项则包括国内外知名的图书奖项，如诺贝尔文学奖、茅盾文学奖等。

其次，回归分析发现，外国图书奖和市场类图书奖对网民的购书量有显著的正向影响。网民对这两类奖项的认知度越高，购书量也就越多。有影响力的图书奖项对购书量有反向影响，即网民对有影响力的图书奖项认知度越高，其购书量就越低。政府类图书奖项对购书量没有影响。网民对政府类图书奖项的认知度并不会影响购书量。

最后，在人口统计学变量中，回归分析发现，学历对图书购买量有显著正向影响。学历越高，网民的购书量越多。性别、年龄则对购书量无影响。

三、网民对中国图书奖项的评价

图书是一种特殊的产品，不仅具有商业价值，而且具有文化价值。图书评奖活动不仅可以帮助大众挑选高品质的书籍，同时有助于出版界的精益求精，对社会文化风气的形成也有积极的引导作用。如何让图书奖项更贴近一般读者，评选出既有较高社会效益又能产生一定经济效益的好书，已经成为众多出版人关心的问题。中国图书奖项的评选一般由政府机构、协会、媒体组织依照一定的标准，组织相关领域的专家进行评审，这些奖项一般具有较大影响力以及较高的权威性，比如茅盾文学奖、鲁迅文学奖、中国出版政府奖等。网民对这些奖项的认知度高，是否意味对这些图书奖项的评价就高？网民心目中的好书的评选所依据的标准与专家眼中的评选规则是否一致？网民对目前中国图书奖项的评价有着怎样的特点？中国图书奖项的评选又将如何影响网民的阅读行为？下文将通过对相关数据的收集与分析，来研究以上问题。

（一）网民对中国图书奖项的总体评价

为了探究网民对中国图书奖项的评价情况，本次调查在问卷中设置了14项中国图书奖项的评判标准，分别是奖项影响力、奖项权威性、奖项知名度、奖项公正性、奖项宣传力度、获奖图书可读性、获奖图书思想性、获奖图书政治性、获奖图书艺术性、获奖图书时代性、获奖图书指导性、获奖图书实用性、获奖图书文字质量、获奖图书娱乐消遣性。在此基础上，本次调查设置5个分值的量表形式，包括：1分表示“很弱”，2分表示“比较弱”，3分表示“一般”，4分表示“比较强”，5分表示“非常强”。最后，本次调查依据网民为各个标准打分情况，做出评判。

通过对图书奖项各个评价指标的得分情况的统计我们可以看出，网民认为获奖图书政治性、图书文字质量、图书时代性、图书思想性和图书可读性是中国图书奖评选所看重的标准，其中图书政治性指标尤为明显。除此之外，网民认为获奖图书的文字质量也是奖项评选的重要指标，平均得分为3.27分。网民普遍认为奖项的宣传力度较低，平均得分为3.03分，甚至低于“获奖图书娱乐消遣性”这一评价标准。整体来看，网民认为图书奖项的评选更看重图书自身的特点，网民对奖项自身的关注度不高，认为奖项的影响力、知名度、宣传力度等都有待提升。（详见图2-14）

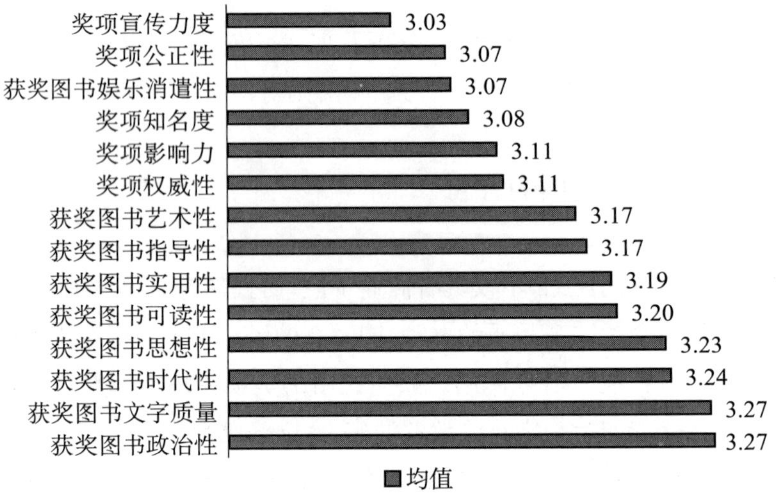

图2-14 中国图书奖项各个指标得分

(二)网民对中国图书奖项评价的人口特征分布

针对网民人口特征，我们依然从性别、年龄、学历、职业、收入等方面进行考察。

1. 女性关注图书文字质量，男性认为获奖图书政治性强

由于男女个性特征的差异，对中国图书奖项的评价也呈现明显的差异性。由图2-15可以看出，女性对中国图书奖项的评价明显高于男性，其中女性对“获奖图书文字质量”这一指标评价最高，男性则对“获奖图书政治性”这一指标评价最高。男性与女性网民均认为中国获奖图书的娱乐消遣性较弱，奖项的宣传力度也有待提升。（详见图2-15）

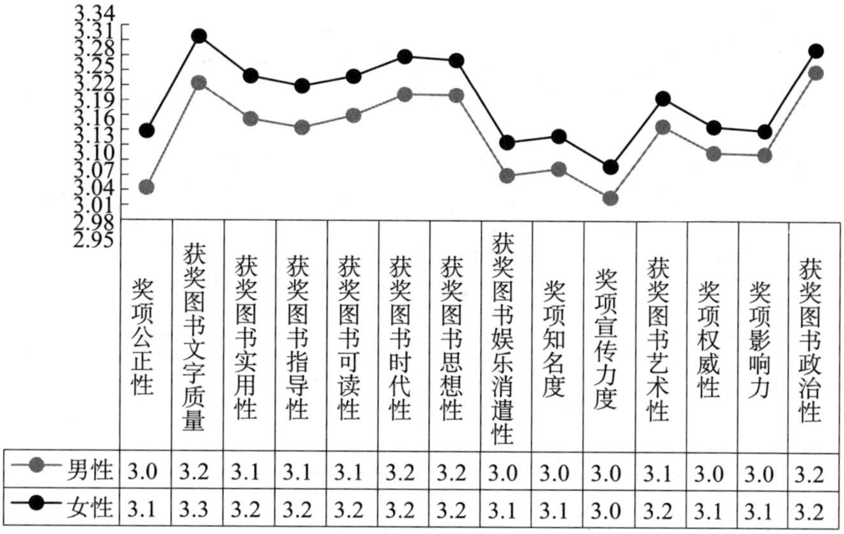

	奖项公正性	获奖图书文字质量	获奖图书实用性	获奖图书指导性	获奖图书可读性	获奖图书时代性	获奖图书思想性	获奖图书娱乐消遣性	奖项知名度	奖项宣传力度	获奖图书艺术性	奖项权威性	奖项影响力	获奖图书政治性
男性	3.0	3.2	3.1	3.1	3.1	3.2	3.2	3.0	3.0	3.0	3.1	3.0	3.0	3.2
女性	3.1	3.3	3.2	3.2	3.2	3.2	3.2	3.1	3.1	3.0	3.2	3.1	3.1	3.2

图 2－15　不同性别网民对图书奖项的评价

2. 本科学历者对中国图书奖项评价最高，初中及以下学历者评价最低

不同学历的网民对中国图书奖项的评价也呈现明显的差异性。高中、中专或职中、大专对于“图书的文字质量”评价最高，认为中国图书奖项评选的图书文字质量很高。大学本科、硕士及以上学历对“获奖图书政治性”评价最高，认为中国图书奖项的评选受政治因素的影响较大。整体来看，大学本科学历的网民对中国图书奖项的评价最高，均值为 3.2；初中及以下学历的网民对中国图书奖项的评价最低，均值为 2.96。（详见图 2－16）

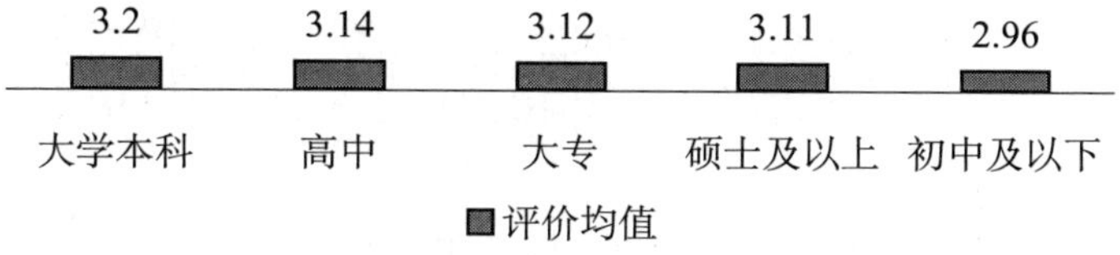

图 2－16　不同学历网民对中国图书奖项评价的均值

低学历（大专及以下学历）网民对中国图书奖项的评价整体高于高学历（本科及以上学历）网民对中国图书奖项的评价，获奖图书的思想性、可读性、奖项知名度、权威性以及获奖图书的指导性评价差别较大。无论是高学历还是低学历的网民均认为中国图书奖项的政治性较强，而奖项的宣传力度不足。（详见图 2－17）

3. 老年人关注图书的时代性，中年人关注图书的政治性

由于不同年龄层次的网民的成长环境不同，他们对中国图书奖项的评价有明显差异：35 岁以下的网民认为“获奖图书文字质量”在中国图书获奖评选中最为重

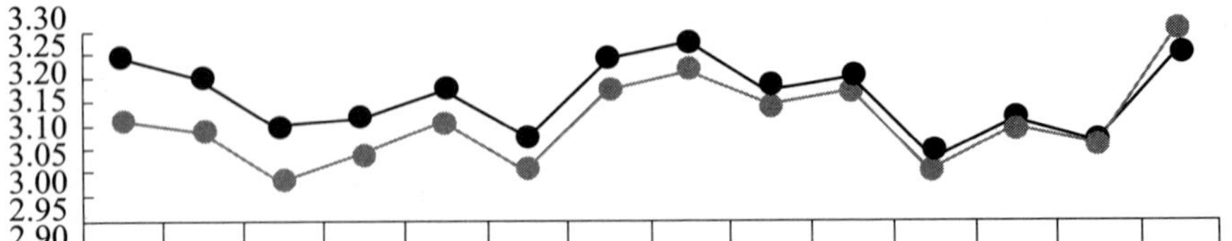

	获奖图书思想性	获奖图书可读性	奖项知名度	奖项权威性	获奖图书指导性	奖项公正性	获奖图书时代性	获奖图书文字质量	获奖图书艺术性	获奖图书实用性	奖项宣传力度	奖项影响力	获奖图书娱乐消遣性	获奖图书政治性
低学历	3.24	3.21	3.09	3.12	3.18	3.07	3.24	3.27	3.17	3.19	3.03	3.11	3.07	3.27
高学历	3.11	3.09	2.99	3.04	3.11	3.00	3.18	3.21	3.14	3.17	3.01	3.09	3.06	3.30

图 2-17　不同学历的网民对中国图书奖项的评价

要；36—55 岁年龄段网民则认为“获奖图书政治性”在中国图书奖项评选中最为突出；56 岁及以上年龄段网民则对“获奖图书时代性”评价最高。整体来看，46—55 岁年龄段网民对中国图书奖项各指标的评分较高，均值为 3.20；56 岁以上年龄网民对中国图书奖项各个指标的评分最低，均值为 3.00。无论哪个年龄段的网民，对于奖项特点的评价均低于对奖项图书特点的评价。（详见图 2-18）

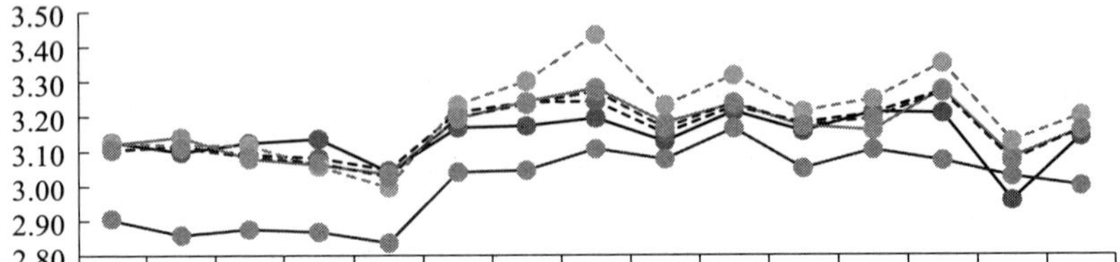

	奖项影响力	奖项权威性	奖项知名度	奖项公正性	奖项宣传力度	获奖图书可读性	获奖图书思想性	获奖图书政治性	获奖图书艺术性	获奖图书时代性	获奖图书指导性	获奖图书实用性	获奖图书文字质量	获奖图书娱乐消遣性	总体均值
25岁及以下 均值	3.13	3.10	3.12	3.13	3.04	3.17	3.17	3.19	3.13	3.21	3.16	3.21	3.21	2.96	3.14
26—35岁 均值	3.10	3.11	3.09	3.08	3.05	3.21	3.24	3.24	3.15	3.23	3.18	3.21	3.27	3.08	3.16
36—45岁 均值	3.12	3.14	3.08	3.06	3.03	3.19	3.24	3.28	3.18	3.23	3.17	3.16	3.27	3.08	3.16
46—55岁 均值	3.12	3.12	3.12	3.06	3.00	3.23	3.30	3.43	3.23	3.32	3.21	3.25	3.35	3.13	3.20
56岁及以上 均值	2.90	2.86	2.88	2.87	2.84	3.04	3.04	3.11	3.08	3.16	3.05	3.10	3.07	3.03	3.00
总计 均值	3.11	3.11	3.08	3.07	3.03	3.20	3.23	3.27	3.17	3.24	3.17	3.19	3.27	3.07	3.16

图 2-18　不同年龄段网民对中国图书奖项的评价

4. 自由职业人员对图书奖项评价最低，公检法职员对图书奖项评价波动性最大

不同职业的网民由于其学历背景、图书阅读量以及阅读图书种类的差异，对中

国图书奖项的评价也呈现差异性。企业领导或管理人员对中国图书奖项各个指标的评价最高，均值为 3.33；待业、无业人员及自由职业者对中国图书奖项的各个指标的评价相对最低，均值为 3.06。（详见图 2-19）

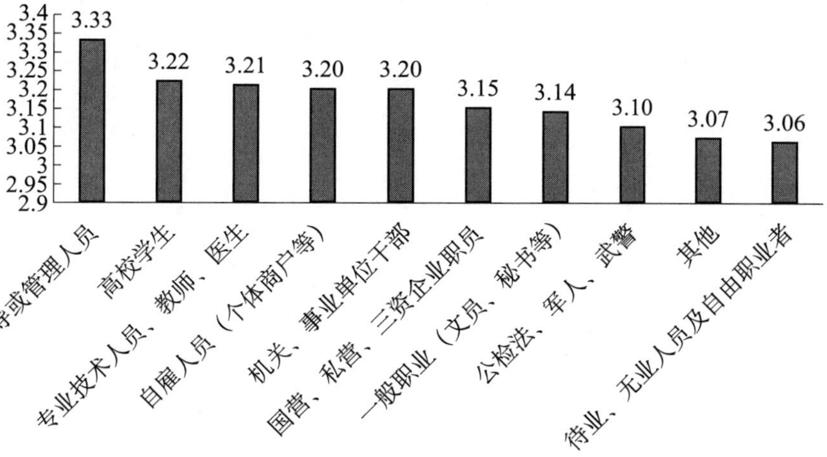

图 2-19 不同职业网民对中国图书奖项评价的均值

通过进一步分析我们发现，公检法、军人、武警对中国图书奖项的评价有着较大的波动性，认为中国图书奖项的权威性不足，待业、无业人员及自由职业者对中国图书奖项的评价变化波动最小，各个指标得分差别较小，两种职业人群均认为中国图书奖项的政治性最强。（详见图 2-20）

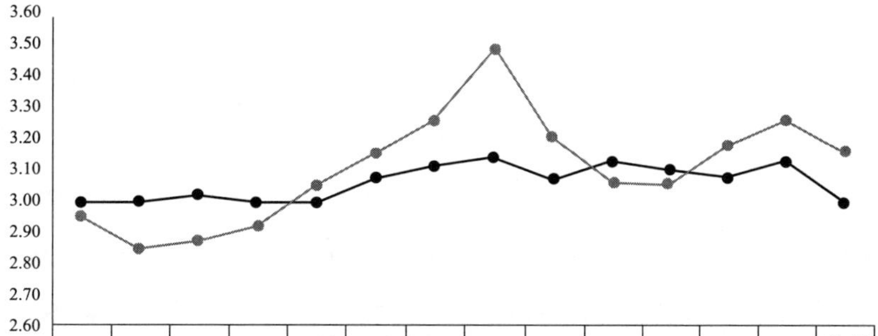

	奖项影响力	奖项权威性	奖项知名度	奖项公正性	奖项宣传力度	获奖图书可读性	获奖图书思想性	获奖图书政治性	获奖图书艺术性	获奖图书时代性	获奖图书指导性	获奖图书实用性	获奖图书文字质量	获奖图书娱乐消遣性
待业、无业人员及自由职业者	3.00	3.00	3.02	3.00	2.99	3.07	3.11	3.14	3.07	3.13	3.10	3.08	3.13	2.99
公检法、军人、武警	2.95	2.85	2.87	2.92	3.05	3.15	3.26	3.49	3.21	3.05	3.05	3.18	3.26	3.15

图 2-20 不同职业网民对中国图书奖项的评价

5. 低收入者关注图书时代性，高收入者看重获奖图书文字质量

不同收入群体由于其接受的教育水平以及从事职业的差异，对中国图书奖项的评价也不同。月收入低于 2 000 元的低收入人群认为获奖图书的时代性最强，而月收入高于 20 000 元的高收入人群则认为获奖图书的文字质量较高。无论是高收入者还是低收入者，均认为中国图书奖项的宣传力度不足。（详见图 2－21）

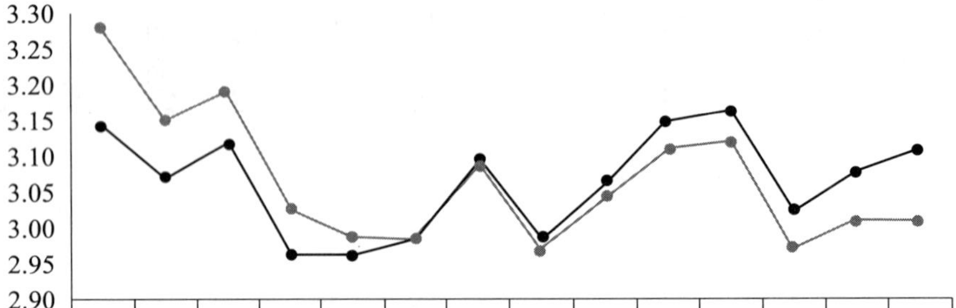

	获奖图书文字质量	获奖图书实用性	获奖图书政治性	奖项影响力	获奖图书娱乐消遣性	奖项权威性	获奖图书指导性	奖项宣传力度	奖项公正性	获奖图书思想性	获奖图书时代性	奖项知名度	获奖图书艺术性	获奖图书可读性
低收入	3.14	3.07	3.12	2.96	2.96	2.99	3.09	2.98	3.06	3.15	3.16	3.02	3.08	3.11
高收入	3.28	3.15	3.19	3.03	2.99	2.99	3.08	2.97	3.04	3.11	3.12	2.97	3.01	3.01

图 2－21　不同收入水平的网民对中国图书奖项的评价

（三）网民对中国图书奖项评价的地理空间分布

依照中国的行政区域，我们将网民所在地区划分为七大区域：华东、华北、华南、华中、西北、西南、东北。调查数据显示，不同地区网民对各个图书奖项的评价无明显差异。但在对图书奖项的总体评价上，西南地区的网民对图书奖项的评价最高，均值为 3.24，东北、西北地区的网民对中国图书奖项的评价也相对较高，华南地区的网民对图书奖项的认同度较低，华中地区的网民对图书奖项的认同度最低。华南与华中地区的网民更看重获奖图书的文字质量，其他区域的网民则认为中国图书奖项的政治性最强。不同区域网民对中国图书奖项的总体评价基本呈现西部与东部高、中部低的趋势。（详见图 2－22）

本次调查研究对比了北京、上海、江苏、广东四地的网民对中国图书奖项的评价。调查显示，北京、上海的网民对中国图书奖项的评价总体高于广东地区，上海地区的网民评价最高，总体均值为 3.21。北京与上海的网民认为中国图书奖项的评选政治性较强，上海、江苏、广东的网民认为中国图书奖项的宣传力度不够。（详见图 2－23）

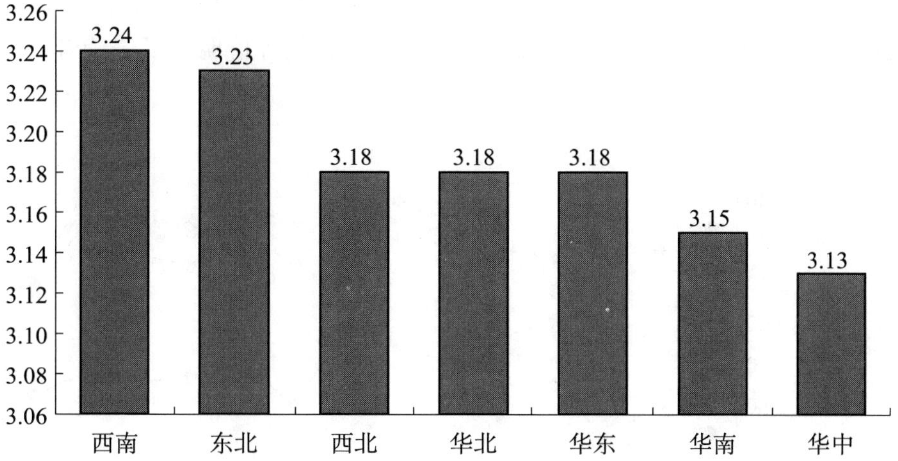

图 2-22　七大区域网民对中国图书奖项的评价

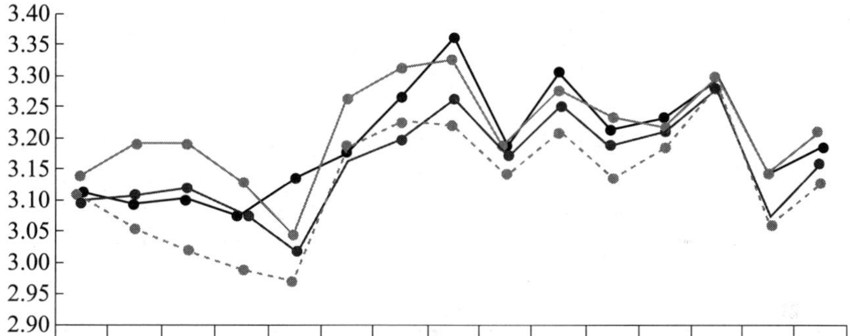

	奖项影响力	奖项权威性	奖项知名度	奖项公正性	奖项宣传力度	获奖图书可读性	获奖图书思想性	获奖图书政治性	获奖图书艺术性	获奖图书时代性	获奖图书指导性	获奖图书实用性	获奖图书文字质量	获奖图书娱乐消遣性	总体均值
北京 均值	3.11	3.10	3.11	3.08	3.13	3.18	3.27	3.36	3.18	3.30	3.21	3.23	3.29	3.15	3.19
上海 均值	3.14	3.19	3.19	3.13	3.05	3.26	3.31	3.32	3.18	3.28	3.23	3.22	3.29	3.15	3.21
江苏 均值	3.10	3.11	3.12	3.08	3.02	3.17	3.20	3.26	3.17	3.26	3.19	3.21	3.28	3.08	3.16
广东 均值	3.11	3.05	3.02	2.99	2.97	3.18	3.23	3.22	3.14	3.21	3.14	3.19	3.28	3.07	3.13

图 2-23　四地网民对中国图书奖项的评价

（四）不同读者群对中国图书奖项的评价差异

本次调查依据网民一年内的图书阅读数量将读者划分为四类，其中读书量为0本的划分为非读者，读书量1—5本的为轻度读者，读书量6—10本的为中度读者，读书量11本以上的为重度读者。数据显示，图书阅读量越高的网民，对中国奖项的评价越高，非读者对中国图书奖项的评价均值仅为2.84，而重度读者对中国图书奖项的评价均值为 3.22。此外，对中国图书奖项的评价，读者与非读者之间呈现明显差异，非读者对中国图书奖项评选各个指标的评价明显低于读者。（详见图 2 - 24）

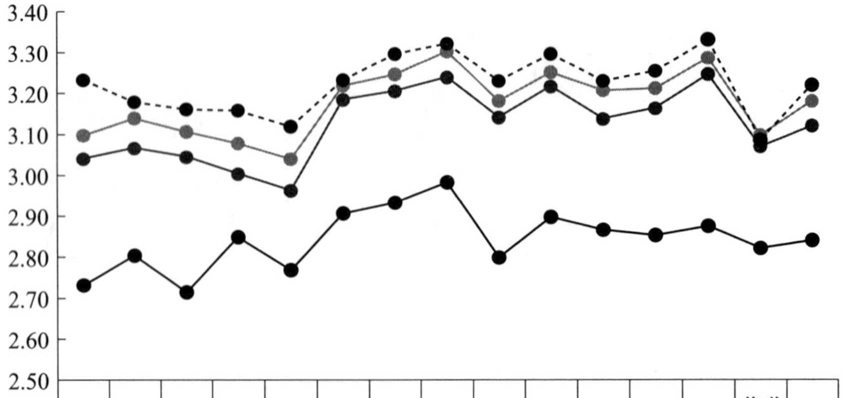

	奖项影响力	奖项权威性	奖项知名度	奖项公正性	奖项宣传力度	获奖图书可读性	获奖图书思想性	获奖图书政治性	获奖图书艺术性	获奖图书时代性	获奖图书指导性	获奖图书实用性	获奖图书文字质量	获奖图书娱乐消遣性	总体均值
非读者 均值	2.73	2.80	2.71	2.85	2.77	2.91	2.93	2.98	2.80	2.90	2.87	2.85	2.88	2.82	2.84
轻度读者 均值	3.04	3.07	3.05	3.01	2.96	3.18	3.21	3.24	3.14	3.22	3.14	3.16	3.25	3.07	3.12
中度读者 均值	3.10	3.14	3.11	3.08	3.04	3.22	3.25	3.30	3.18	3.25	3.21	3.21	3.29	3.10	3.18
重度读者 均值	3.23	3.18	3.16	3.16	3.12	3.23	3.30	3.32	3.23	3.30	3.23	3.25	3.33	3.09	3.22

图 2 - 24 不同类型的读者对中国图书奖项的评价

（五）中国图书奖项评价对图书阅读数量的影响

本次报告除了涉及网民对图书奖项的评价外，还对网民的图书阅读数量进行了调查。通过数据分析发现，读者在阅读或购买图书的时候，会参照一些图书获奖名单，网民对中国图书奖项的评价也会影响其阅读行为。下文将采用回归分析的方法探究中国图书奖项评价对图书阅读数量的影响，所涉及的测量指标如下。

因变量：图书阅读数量。

自变量：中国图书奖项评价的 13 个指标，具体包括奖项影响力、奖项权威性、奖项知名度、奖项公正性、奖项宣传力度、获奖图书思想性、获奖图书政治性、获奖图书艺术性、获奖图书时代性、获奖图书指导性、获奖图书实用性、获奖图书文字质量以及获奖图书娱乐消遣性。

控制变量：性别、年龄和学历。

回归分析采用阶层回归分析中的强迫进入变量法，将 3 个控制变量放在第 1

层，13 个自变量放在第 2 层进行回归。结果显示，在模型 1 中控制变量对网民图书阅读数量的解释力为 0%，在模型 2 中，增加了自变量后，解释力增加了 1.4%，即自变量对因变量的解释力为 1.4%。（详见表 2 - 13）

表 2 - 13 图书奖项评价对图书阅读数量的影响

阶层变量	阶层内预测变量	模型 1	模型 2
		B	B
控制变量	性别	−0.005	0.004
	年龄	−0.011	−0.005
	学历	0.014	0.013
自变量	奖项影响力		0.195***
	奖项公正性		0.068*
	奖项宣传力度		0.062*
	获奖图书文字质量		0.079*
	奖项权威性		−0.080*
	获奖图书娱乐消遣性		−0.102**
	奖项知名度		−0.006
	获奖图书思想性		−0.006
	获奖图书政治性		0.033
	获奖图书艺术性		0.038
	获奖图书时代性		−0.006
	获奖图书指导性		−0.027
	获奖图书实用性		0.018
回归模型摘要	调整 R^2	0%	1.4%
	Sig	0.886	0.000

1. 性别虚拟变量男＝1、女＝0。
2. * $p<0.05$，** $p<0.01$，*** $p<0.001$。

具体来看，在这 13 个自变量中，在置信度为 0.001 的水平上，奖项影响力对图书阅读数量具有正影响，回归系数为 0.195，即网民对图书奖项影响力的评价越高，其图书阅读数量也越多；奖项公正性、奖项宣传力度、获奖图书文字质量在 0.05 的置信水平上显著相关，回归系数分别为 0.068、0.062、0.079，即网民对以上三个指标评价越高，图书阅读数量也越高。网民在阅读图书的时候通常会选择比较知名且影响力比较大的图书，同时也会选择阅读文字质量比较高的图书。

获奖图书娱乐消遣性在置信度为 0.01 的水平上与图书阅读数量显著相关，回归系数为−0.102，这说明图书娱乐消遣性对图书阅读量具有负影响。获奖图书的娱乐消遣性越强，图书阅读数量越低。网民对图书奖项的评选更看重其思想性而非娱乐性。奖项知名度、获奖图书思想性、获奖图书政治性、获奖图书艺术性、获奖图书时代性、获奖图书指导性以及获奖图书实用性与图书阅读数量并无显著相关。可以看出，人们阅读图书更看重图书文字质量，而不是图书的娱乐消遣性，尽管人们希望通过阅读来减轻压力，但人们阅读图书更多是为了获得知识与提升个人修养。图 2－25 是中国图书奖项评价对图书阅读数量的影响模型，虚线框中的四个指标对图书阅读数量具有正影响，实线框中的指标对图书阅读数量有负影响，其中奖项影响力和获奖图书娱乐消遣性对图书阅读数量的影响最大。（详见图 2－25）

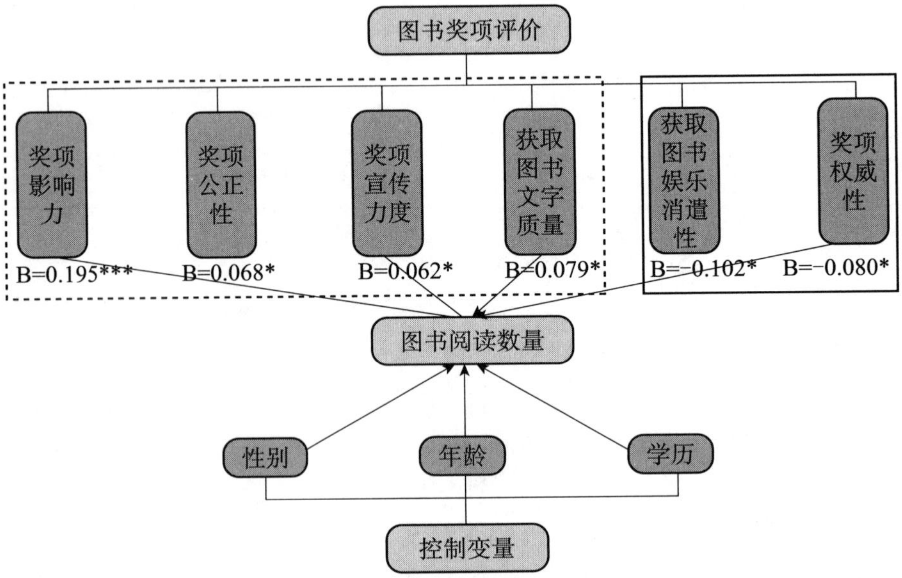

图 2－25　图书奖项评价对图书阅读数量的影响模型

（六）中国图书奖项评价对不同类型图书阅读数量的影响

为了进一步分析奖项评价对网民图书阅读数量的影响，本研究详细调查了网民阅读不同类型图书的情况，下文中图书类型被划分为文学类、科技类、社科类、少儿类、生活类、教育类和其他类型。研究发现，中国图书奖项评价会影响网民的阅读行为，不同类型的图书由于其特点不同，网民的阅读情况也具有一定的差异性。下文将采用回归分析的方法探究中国图书奖项评价对不同类型图书阅读数量的影响，其中涉及的指标如下。

因变量：不同类型图书的阅读数量，具体包括文学类图书阅读数量、科技类图书阅读数量、社科类图书阅读数量、少儿类图书阅读数量、生活类图书阅读数量和教育类图书阅读数量。

自变量：中国图书奖项评价的 13 个指标，具体包括奖项影响力、奖项权威性、奖项知名度、奖项公正性、奖项宣传力度、获奖图书思想性、获奖图书政治性、获奖图书艺术性、获奖图书时代性、获奖图书指导性、获奖图书实用性、获奖图书文字质量和获奖图书娱乐消遣性。

控制变量：性别、年龄和学历。

回归分析采用阶层回归分析中的强迫进入变量法，将 3 个控制变量放在第 1 层，13 个自变量放在第 2 层进行回归分析。

1. 文学类：女性更偏爱，学历越高读得越少

通过回归分析我们可以发现，在显著度为 0.001 的水平上，学历与文学类图书阅读数量呈负相关，此时回归系数为－0.083，即学历越高的人阅读文学类作品越少。由于专业的细分，高学历网民对专业性图书的阅读需求较高，会深耕某一领域的专业知识，对大众文学类图书的阅读数量较低。奖项影响力、奖项宣传力度对文学类图书阅读数量具有正影响，回归系数分别为 0.198、0.062。网民对中国图书奖项影响力评价越高，中国图书奖项的宣传力度越大，网民阅读文学类图书的数量就越高。一般来说，人们倾向于阅读影响力较大的文学作品。在显著度为 0.001 的水平上，获奖图书的娱乐消遣性对文学类图书阅读量具有负影响，回归系数为－0.167。娱乐消遣性评价越高的文学类图书，其阅读数量越低。获奖图书的政治性以及艺术性与文学类图书的阅读数量无显著相关。文学类图书大部分为虚构作品，其内容实用性不强，但具有较强的文化价值。（详见表 2－14）

表 2－14　图书奖项评价对文学类图书阅读量的影响

阶层变量	阶层内预测变量	模型 1	模型 2
		B	B
控制变量	性别	－0.108**	－0.117**
	年龄	－0.008	0.002
	学历	－0.092***	－0.083***
自变量	奖项影响力		0.198***
	奖项知名度		0.060*
	奖项宣传力度		0.062*
	获奖图书娱乐消遣性		－0.167***
	奖项权威性		－0.059

续表

阶层变量	阶层内预测变量	模型 1	模型 2
		B	B
自变量	奖项公正性		0.039
	获奖图书思想性		−0.034
	获奖图书政治性		−0.007
	获奖图书艺术性		0.047
	获奖图书时代性		−0.006
	获奖图书指导性		−0.026
	获奖图书实用性		0.013
	获奖图书文字质量		0.021
回归模型摘要	调整 R^2	0.6%	2.5%
	Sig	0.000	0.000

1. 性别虚拟变量男＝1、女＝0。
2. * p＜0.05，* * p＜0.01，*** p＜0.001。

2. 科技类：男性更偏爱，追求图书实用性而非思想性

由表 2－15 可以看出，在显著度为 0.001 的水平上，年龄、学历与科技类图书的阅读数量呈负相关，性别与科技类图书阅读量呈正相关，男性相对于女性阅读了更多的科技类图书。现有科技类图书的科普性较强，既开拓了个人视野，又可以满足个人的好奇心与求知欲。年龄较小的网民好奇心强，会阅读相关书籍。随着年龄的增长，实用成为阅读的首要目的，因此在年龄较大的人群中，科技类图书的阅读量较低。

学历越低的群体阅读科技类图书的数量越高。当今科技类图书质量参差不齐，有些科技图书猎奇性过强。学历较低的读者辨别力不足，容易受好奇心驱使，阅读低质量的科技图书。而学历较高者则更具判断力，选择科技类图书时更为谨慎。奖项的影响力、奖项的公正性、奖项的宣传力度和获奖图书的实用性对科技类图书阅读量具有正影响，回归系数分别为 0.125、0.056、0.070、0.087。其中获奖图书的实用性评价对科技类图书阅读数量影响最大，这也说明人们倾向于阅读实用性比较强且比较知名的科技类图书。在显著度为 0.001 的水平上，获奖图书的思想性和获奖图书的娱乐消遣性对科技类图书阅读数量具有负影响，人们阅读科技类图书的目的更多是为了获取相关专业知识，并非为了休闲娱乐。（详见表 2－15）

表 2-15 图书奖项评价对科技类图书阅读量的影响

阶层变量	阶层内预测变量	模型 1	模型 2
		B	B
控制变量	性别	0.233***	0.231***
	年龄	−0.082***	−0.072***
	学历	−0.146***	−0.138***
自变量	奖项影响力		0.125***
	奖项公正性		0.056*
	奖项宣传力度		0.070**
	获奖图书实用性		0.087***
	获奖图书思想性		−0.093***
	获奖图书娱乐消遣性		−0.102***
	获奖图书权威性		−0.037
	获奖图书知名度		−0.019
	获奖图书政治性		0.002
	获奖图书艺术性		0.046
	获奖图书时代性		−0.031
	获奖图书指导性		−0.016
	获奖图书文字质量		−0.027
回归模型摘要	调整 R^2	2.7%	4.3%
	Sig	0.000	0.000

1. 性别虚拟变量男=1、女=0。
2. * p<0.05，** p<0.01，*** p<0.001。

3. 社科类：图书时代性评价越高，阅读量越低

由表 2-16 可以看出，在显著度为 0.001 的置信水平下，社科类图书的阅读数量与网民年龄、学历呈负相关，年龄越大、学历越高，社科类图书阅读数量越低，此外，男性的社科类图书阅读数量高于女性。社科类图书所涉及的行业广泛，但更贴近大众生活知识，没有很强的专业性，人人都可以学习，随着年龄增长以及学历的提升，人们对此类型图书的需求也随之降低。奖项影响力、奖项宣传力度和获奖图书实用性对社科类图书阅读数量具有正影响，回归系数分别为 0.166、0.066、0.068，人们更倾向于选择影响力较大且实用性较强的社科类图书。奖项权威性、获奖图书时代性、获奖图书娱乐消遣性对社科类图书阅读数量成负影响，人们对获奖图书的时代性评价越高，社科类图书的阅读数量越低。社会科学类图书主要研究与阐述各种社会现象及其发展规律，而社会发展规律总结需要一定的时间，因此

社科类图书的时代性相对较弱。此外人们倾向于阅读经典类社科图书，而不是一味地追求时代热点。获奖图书的政治性、思想性和艺术性对社科类图书阅读数量无显著影响。社科类图书追求严谨科学，对艺术性要求相对较低。（详见表 2－16）

表 2－16　图书奖项评价对社科类图书阅读量的影响

阶层变量	阶层内预测变量	模型 1	模型 2
		B	B
控制变量	性别	0.196***	0.191***
	年龄	−0.083***	−0.072***
	学历	−0.180***	−0.169***
自变量	奖项影响力		0.166***
	获奖图书实用性		0.068*
	奖项宣传力度		0.066**
	获奖图书时代性		−0.077**
	奖项权威性		−0.072*
	获奖图书娱乐消遣性		−0.103***
	奖项知名度		0.005
	获奖图书思想性		−0.047
	获奖图书政治性		−0.023
	获奖图书艺术性		0.050
	奖项公正性		0.028
	获奖图书指导性		0.027
	获奖图书文字质量		−0.037
回归模型摘要	调整 R^2	2.6%	4.3%
	Sig	0.000	0.000

1. 性别虚拟变量男＝1、女＝0。
2. * p＜0.05，** p＜0.01，*** p＜0.001。

4. 少儿类：奖项权威性不足，文字质量待提升

由表 2－17 可以看出，在显著度为 0.001 的水平上，少儿类图书阅读数量与年龄、学历呈明显负相关。少儿类图书的适用对象具有很强的针对性，购买群体一般为年轻父母，受众为少儿群体。在显著度 0.001 的置信水平下，奖项影响力、奖项宣传力度、获奖图书实用性对少儿类图书阅读数量具有正影响，回归系数分别为 0.179、0.098、0.102，这说明人们倾向于阅读比较知名且实用性比较强的少儿类图书。奖项权威性、获奖图书时代性、获奖图书文字质量和获奖图书娱乐消遣性对少儿类图书阅读量具有负影响，其中获奖图书娱乐消遣性对少儿类图书阅读数量影

响最大，回归系数为－0.122。获奖图书政治性、思想性和艺术性对少儿类图书阅读量无显著影响。少儿类图书语言简练，书中情节主要依靠画面来呈现，使儿童能够从画面故事中了解书中内容，从而发挥图书的教育引导作用，因此并不刻意追求图书的政治性和思想性。（详见表 2－17）

表 2－17 图书奖项评价对少儿类图书阅读量的影响

阶层变量	阶层内预测变量	模型 1	模型 2
		B	B
控制变量	性别	－0.004	－0.013
	年龄	－0.118***	－0.105***
	学历	－0.199***	－0.185***
自变量	奖项影响力		0.179***
	获奖图书实用性		0.102***
	奖项宣传力度		0.098***
	获奖图书时代性		－0.070*
	奖项权威性		－0.061*
	获奖图书娱乐消遣性		－0.122***
	获奖图书文字质量		－0.060*
	获奖图书思想性		－0.052
	获奖图书政治性		－0.043
	获奖图书艺术性		0.049
	奖项知名度		－0.035
	获奖图书指导性		0.023
	奖项公正性		0.031
回归模型摘要	调整 R^2	2.8%	5.1%
	Sig	0.000	0.000

1. 性别虚拟变量男＝1、女＝0。
2. * $p<0.05$, ** $p<0.01$, *** $p<0.001$。

5. 生活类：学历越高，阅读量越低

由表 2－18 可以看出，在显著度为 0.001 的水平下，生活类图书的阅读数量与学历呈明显负相关，学历越高，生活类图书阅读数量越低。随着知识储备的增加和生活阅历的丰富，人们不再通过生活类图书获取生活知识。年龄对生活类图书的阅读量也呈负相关，即产生负影响。年龄越大其生活阅历越多，对生活类图书的依赖就越少，而年龄小的人生活知识相对缺乏，需要通过看书来补充这方面知识。在显著度为 0.001 的水平下，奖项影响力、获奖图书实用性对生活类图书阅读数量具有正影响。生活类图书的实用性比较强，人们希望阅读实用性比较强且能够对生活产生指导作用的图书。获奖图书文字质量和获奖图书娱乐消遣性对生活类图书阅读数量成负影响，回归系数分别为－0.041、－0.079。随着生活类图书市场的不断发展，生活类图书分类更加细化，对读者的定位更精确、针对性更强，加之人们生活品质的提升，因此读者对生活类图书的可读性和文字质量也提出了更高的要求。（详见表 2－18）

表 2－18　图书奖项评价对生活类图书阅读量的影响

阶层变量	阶层内预测变量	模型 1	模型 2
		B	B
控制变量	性别	0.014	0.013
	年龄	－0.039*	－0.031*
	学历	－0.159***	－0.152***
自变量	奖项影响力		0.116***
	获奖图书实用性		0.099***
	奖项宣传力度		0.057*
	获奖图书文字质量		－0.041*
	获奖图书娱乐消遣性		－0.079***
	奖项权威性		－0.031
	奖项知名度		－0.012
	奖项公正性		0.013
	获奖图书思想性		－0.022
	获奖图书政治性		－0.003
	获奖图书艺术性		0.039
	获奖图书时代性		－0.040
	获奖图书指导性		－0.004
回归模型摘要	调整 R^2	2.6%	4.4%
	Sig	0.000	0.000

1. 性别虚拟变量男＝1、女＝0。
2. * $p<0.05$，** $p<0.01$，*** $p<0.001$。

6. 教育类：年龄越大读得越少，追求艺术性而非娱乐性

在显著度 0.001 的置信水平下，教育类图书阅读数量与年龄、学历呈明显负相关。网民学历越高、年龄越大，阅读教育类图书数量越低。教育类图书中很大一部分是教材、教辅类，尽管近年来成人教育、继续教育不断发展壮大，但学生群体仍是教辅类图书的阅读主力，学历越高对教材类图书的依赖越低。奖项影响力、奖项公

正性、奖项宣传力度和获奖图书的艺术性对教育类图书阅读数量均具有正影响，回归系数分别为 0.121、0.046、0.051、0.041。奖项的影响力越大，人们对教育类图书的阅读数量越多，人们比较认可影响力较大、奖项评选比较公正的图书。获奖图书娱乐消遣性对教育类图书阅读数量具有负影响，回归系数为－0.092。教育类图书比较注重严谨科学性，具有一定的理论深度，同时具有一定的大众普及性，对图书文字质量要求较高。（详见表 2－19）

表 2－19 图书奖项评价对教育类图书阅读量的影响

阶层变量	阶层内预测变量	模型 1	模型 2
		B	B
控制变量	性别	0.030*	0.028*
	年龄	－0.090***	－0.081***
	学历	－0.141***	－0.133***
自变量	奖项影响力		0.121***
	奖项公正性		0.046*
	奖项宣传力度		0.051**
	获奖图书艺术性		0.041*
	获奖图书娱乐消遣性		－0.092***
	奖项权威性		－0.035
	奖项知名度		－0.034
	获奖图书思想性		－0.007
	获奖图书政治性		－0.026
	获奖图书时代性		－0.031
	获奖图书指导性		0.012
	获奖图书文字质量		－0.013
	获奖图书实用性		0.034
回归模型摘要	调整 R^2	2.7%	4.3%
	Sig	0.000	0.000

1. 性别虚拟变量男＝1、女＝0。
2. * $p<0.05$，** $p<0.01$，*** $p<0.001$。

（七）小结

在对中国图书奖的评价中，读者认为获奖图书政治性、图书文字质量、图书时代性、图书思想性和图书可读性是中国图书奖评选所看重的标准，其中图书政治性指标尤为明显。网民认为中国图书奖项的评选更看重图书自身的特点，网民对奖项特点的关注度不高，认为图书奖项的影响力、知名度、宣传力度等都有待提升。

不同年龄、学历、职业、收入水平的网民对中国图书奖项的评价也具有一定的差异性。低学历网民对中国图书奖项的评价整体高于高学历网民对中国图书奖项的评价。55 岁以上网民对中国图书奖项各个指标的评分最低，35 岁以下的网民认为“获奖图书文字质量”在奖项评选中最为重要，45—66 岁年龄段网民更看重“获奖图书时代性”。公检法系统的工作人员对中国图书奖项的评价波动性最大，企业管理人员认为中国图书奖项的政治特点最为突出。收入水平不同的人对奖项评选的看法也不同，月收入低于 2 000 元的低收入人群认为获奖图书的时代性最强，而月收入高于 20 000 元的高收入人群则认为获奖图书的文字质量较高。

大多数网民会依据自己以往的阅读经验对中国图书奖项进行评价，本研究通过回归分析发现，网民对中国图书奖项的评价在一定程度上会影响其阅读的选择，不少网民会根据图书获奖名单来决定自己阅读图书的类型。奖项影响力、奖项宣传力度和获奖图书文字质量对网民阅读图书数量有较大影响，网民倾向于阅读影响力比较大的图书，而阅读图书时不仅会考虑图书的影响力，还会考虑图书的文字质量。

本研究通过回归分析发现，网民对中国图书奖项的评价对不同类型图书的阅读数量均有影响。奖项影响力这一指标对各类图书阅读数量均有正影响，其中对少儿类图书的阅读数量影响最大。在显著度为 0.001 的水平上，获奖图书的娱乐消遣性对各类图书阅读数量均有负影响。获奖图书的娱乐消遣性越强，网民对其的阅读数量就越低。不同年龄段的网民在各类图书的阅读方面也存在差异：年龄越小，越偏爱科技类图书，年龄越大，对生活类图书的依赖就越小；不同学历的网民也有其不同阅读偏好，低学历网民文学类图书阅读量高，高学历网民对生活类图书需求较低；此外，不同性别的网民对于各类图书的阅读情况也存在差异，相对于女性而言，男性更偏爱科技类图书。

四、网民对图书奖项推荐评选方式的评价

好书具有教育大众、引导社会风气的作用。好书不仅能为大众的文化消费提供必要参考，也可以协助读者形成与社会主流价值相一致的人生观、世界观。怎样选好书？以什么标准选好书？这些问题使好书的推荐评选方式越来越受重视。网民怎么看待图书奖项的推荐评选方式？图书奖项推荐评选方式是否会影响网民对图书奖项的认知与评价？以下内容通过调查分析图书奖项推荐评选方式和网民认同度，旨在发现网民最为认可的推荐评选方式，了解网民心目中的“好”书。

(一)网民对图书奖项推荐评选方式的认同度

在图书推荐评选方式中,我们设置了10个选项,即读者、网络平台、媒体组织、文化组织、专家、图书馆、书店等销售部门、出版社、政府管理部门、两类以上权威组织。在诸多方式中,读者推荐评选占比25.25%,位列第一,两类以上权威组织推荐评选占比13.97%,网络平台推荐评选占比13.00%。(详见图2-26)

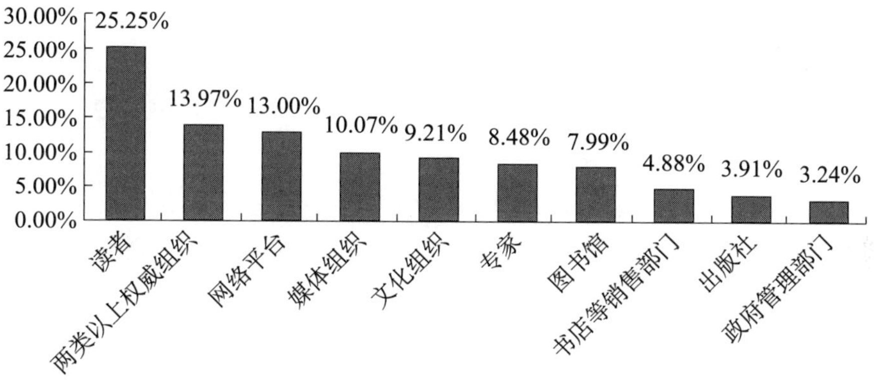

图2-26　推荐方式排序

读者推荐评选居于首位大概有两大主要原因:第一,身份相近而引发的同理心效应。消费者共享类似的讨论立场、观察视角,有助于网民在一定程度上形成一致的图书评判标准,因此认可度较高。第二,作为评奖结果的非直接获益者,读者在评选图书时更易秉持客观公正的态度,不受其他利益因素的影响,以图书作品本身作为首要参评标准。因此,读者推荐的评选方式最为网民所推崇。但结合网民对图书奖项的评价来看,网民评价高、排序靠前的诸多奖项并不是读者推荐的评选方式选出的。网民的这种矛盾心理折射出当今读者推荐评选方式评出的图书奖项的各项指标还有待提高。

两类以上权威组织推荐评选这一项强调的是双重认证、多重检验,这增强了图书奖项评选的可信度。同时,随着互联网的发展,民众接触、使用媒介的时间进一步延长,网购图书蔚然成风,网络平台已经成为消费者获取图书信息,以及阅读、消费图书产品的重要渠道之一。消费者无形中将对平台的熟悉度、信任感映射于图书奖项评选领域,使得网络平台颇受信赖。因此,两类以上权威组织推荐评选、网络平台推荐评选也获得消费者认可。

作为获奖图书利益主体的书店(4.88%)、出版社(3.91%)推荐的评选方式在网民中认可度较低。政府管理部门组织评奖的认可度最低(3.24%),网民对官方属性评选机构的“刻板印象”或是其根源。但结合网民对图书奖项的评价看，政府组织的很多奖项在网民中的评价排名都不低，这说明政府组织评出的奖项在网民心中还是有影响力的。

(二)图书奖项评选方式差异性比较

网民中性别差异与年龄差异对图书推荐评选的评价影响较大。

1. 性别差异

从整体认同态势来看，男性略高于女性。就具体推荐方式排序而言，女性更认可两类以上权威组织、文化组织、专家评选推荐，可见女性更容易受“专业主义”权威性的影响。（详见表 2－20）

表 2－20　推荐方式的性别差异

性别	男	女
读者	1	1
网络平台	2	3
两类以上权威组织	3	2
媒体组织	4	5
文化组织	5	4
图书馆	6	7
专家	7	6
书店	8	8
出版社	9	9
政府管理部门	10	10

从对各类推荐评选方式的认可程度差值来看，两性在政府管理部门推荐评选方式中差异最大，高达 18.20%，而在专家、两类以上权威组织的推荐评选方式上认可程度差距最小，仅为 1.40%。（详见表 2－21）

表 2－21　推荐方式的差异程度

性别	男	女	差值
政府管理部门	59.10%	40.90%	18.20%
媒体组织	55.20%	44.80%	10.40%
读者	53.20%	46.70%	6.60%
网络平台	53.20%	46.80%	6.40%
出版社	52.80%	47.20%	5.60%

续表

性别	男	女	差值
书店	47.20%	52.80%	5.60%
图书馆	52.60%	47.40%	5.20%
文化组织	48.70%	51.30%	5.60%
专家	49.30%	50.70%	1.40%
两类以上权威组织	49.30%	50.70%	1.40%

男性在日常生活中接触新闻的频率较高，更关注与政府相关的信息，接触信任差异延伸至推荐信任差异，成为产生差值的根源。专家、两类以上权威组织均以专业性见长，信源威望高，因此男女两性在这两类推荐评选方式上认知差异较小。

2. 年龄差异

年龄差异对图书推荐评选方式认可度影响较小，大体趋势相同，但仍存在少许变化。在25岁及以下群体中，图书馆、两类以上权威组织推荐并列第三位，出版社、书店推荐则同居第八位。（详见表2－22）

表2－22 推荐方式排序的年龄差异

年龄	25岁及以下	26—35岁	36—45岁	46—55岁	56岁及以上
读者	1	1	1	1	1
网络平台	2	2	3	3	4
图书馆	3	5	7	8	8
两类以上权威推荐	3	3	2	2	2
文化组织	5	6	5	5	5
媒体组织	6	4	4	6	7
专家	7	7	6	4	3
出版社	8	9	9	9	10
书店	8	8	8	7	6
政府管理部门	10	10	10	10	9

虽然网络平台推荐评选一直居于前列，但随着年龄层次的增长呈现下降趋势。这或许与年长者对网络平台接触时间较短、使用频率较低的生活习惯有关。

图书馆推荐评选的方式在25岁以下网民中作用显著。该年龄段网民仍以在校学生为主，对图书的文化品位要求较高。图书馆享有较高的学术声誉，且又是25岁以下网民阅读图书的重要场所，因此颇受信赖。

媒体组织推荐评选的方式在26—35岁、36—45岁网民中的地位有所上升。媒体是这两大群体获取信息的主要渠道，强媒介沉浸感、信息获取依赖使得媒体在图书推荐、评奖上拥有一定话语权。

专家推荐评选的方式整体表现不佳，但却在56岁以上的网民中获得较高认可度。可见年长者在评价图书时，更注重其专业性、学理性，专家正是凭借其丰富的专业知识赢得了56岁以上网民的认同。

（三）读者推选与专家推选各有所长

以专家为代表的精英文化和以读者为代表的大众文化看似对立，实则殊途同归。网民虽在投票中更认可读者推选评价的方式，但在图书奖项认同度中专家推荐评选这一项却最高。

1. 读者推荐评选与专家推荐评选差异性大

数据显示，在图书奖项推荐评选方式上，以读者为代表的大众文化一马当先，最受网民欢迎，而以专家为代表的精英文化却位于倒数位置，形成鲜明对比。该结果与网民对好书评价标准趋势一致，即“读者评价高”是网民评判书籍的第一标准，而“专家评价高”却处于倒数位置。

这与评选方特定的身份、立场密切相关。同为消费者的身份属性引发同理心效应，而作为评奖结果的非直接获益者，这一中立立场使其评选态度更为公正客观，不易受其他利益因素影响。因此，读者推荐评选方式最受网民推崇。

专家推荐不受欢迎则与其或半官方身份或污名化现象有关。网民主观认为在中国获奖图书评选中，政治性是最受重视的标准。而专家在一定程度上扮演了官方机构的发言人，加之受到过去“砖家”事件的污名化影响，其推荐认可度大打折扣。

2. 推选方式与奖项认同差异性大

整体而言，网民评价最高的图书奖项为茅盾文学奖、鲁迅文学奖、诺贝尔文学奖。在国内奖项中，评价最高者分别是茅盾文学奖、鲁迅文学奖等，以上奖项均由专家评选推荐产生，可见网民对专家的“逆反心理”并未影响其对专家推荐评选图书奖项的认可。

专家推荐评选的图书奖项实际上更受网民认可，大概可归结为以下三点原因。第一，图书使用目的决定了专家推荐评选最有用。本次调查显示，网民最认可图书的学习知识功能。具备这一功能的图书专业性强、文化品位高，普通读者无法凭一己之力完成优质图书的筛选、品读。而专家凭借其专业优势、学识阅历，在该类图书评选上具有绝对的话语优势，这在一定程度上解释了为何专家评选奖项最受信赖。第二，由专家进行评选的图书奖项历史悠久，享有良好的声誉和深厚的群众基础。因此，网民更倾向于认同此类具有较大社会影响力的图书奖项。换言之，在一定程度上，熟悉度与信任度存在正向关系。第三，读者推荐评选的图书奖项还不成熟，网民推选的网络奖项受众有限，仅在“网络活跃群体”中有所影响。此外，某些网络推荐评选以销量为纲，更关注经济效益，在具体的推荐评选活动中存在利益纠葛，佐以花样繁多的营销活动，一定程度上消解了奖项的权威性，因此评出的奖项并不受消费者信赖。

综上所述，大众文化和精英文化相互影响、相互渗透，最终走向融合是一种必然的趋势。精英文化应适当地借鉴和利用大众文化形式，实现对其正面引导。因此，作为精英文化代表的专家应加强自身形象品牌建设，提高读者信赖度、认同度，利用自身专业优势，在好书推荐评选中发挥积极作用。

五、结论

网民对图书奖项的认知与评价调查报告是面向网民进行的网络调查与分析。报告主要分为两大部分：第一部分考察网民对国内外有影响力、有代表性的 35 个图书奖项的认知；第二部分考察网民对中国图书奖项的评价以及对图书奖项推荐评选方式的评价。通过数据分析，我们得出以下结论。

第一，网民对图书奖项的认知有趋同，有差异。

首先，趋同处体现在网民对茅盾文学奖、鲁迅文学奖和诺贝尔文学奖三大奖项的认知度最高，同时，对中国国内奖项认知度高于国外奖项。差异性主要体现在以下几个方面：从人口特征方面来看，女性比男性对图书奖项的认知度略高；学历越高、收入越高对图书奖项的认知度越高；职业不同对图书奖项的认知度也不同。对图书奖项认知度最高的职业是企业领导或管理人员，其次是机关、事业单位干部，专业技术人员、教师、医生，高校学生，其他类，以及待业、无业人员和自由职业者。在年龄方面，值得注意的是，46—55 岁年龄段网民对图书奖项的总体认知度最高。这主要是由于 46—55 岁年龄段网民出生于 20 世纪 60 年代至 70 年代，高考恢复以后他们有更多机会接受高等教育，文化水平也有明显提升。与年轻年龄段网民相比他们社会阅历丰富，所以成为对图书奖项认知度最高的人群。另外，不同年龄段的网民对不同奖项在全部奖项中的认知度排名有差异，在一些奖项上呈现显著差别：对中宣部“五个一”工程奖的认知度呈现年龄越大对其认知度排名越靠前的趋势；对豆瓣读书年度好书推荐排行榜的认知度则呈相反走势。

其次，在地理空间分布上，本报告调查对比了中国七大区域和北京、上海、江苏、广东四地网民对图书奖项的认知度。西北地区网民对图书奖项的认知度最高，华中地区网民对图书奖项认知度最低，整体上基本呈现北方地区认知度高、南方地区认知度低的趋势。北京、上海、江苏、广东四地的网民对图书奖项认知度的前三个奖项一致，在个别奖项上有差异。总体而言，居住在北京的网民对图书奖项的认知度最高，居住在广东的网民认知度最低，江苏与上海的网民对图书奖项的认知度居于中间。四地网民对和本地有关的图书奖项的认知度都比较高，如上海网民对陈伯吹国际儿童文学奖的认知度较高，广东网民对南都年度十大好书的认知度较高。

最后，本报告考察了网民阅读量、购买量与图书奖项认知度的关系。网民的阅读量影响对图书奖项的认知度，不同读者群对图书奖项的认知也不同。网民阅读量越高，其对图书奖项的认知度也就越高。其中，豆瓣读书年度好书推荐排行榜和新浪年度好书榜呈现作品阅读量越高网民对该作品认知度的排名越靠前的趋势。图书奖项的认知对销售的影响有差异。外国图书奖和市场类图书奖对网民的购书量有显著的正向影响，网民对这两类奖项的评价越高，购书量也就越大。政府类图书奖对购书量无影响，有影响力的图书奖对购书量有负向影响。

第二，在对中国图书奖项的评价中，网民认为获奖图书政治性、图书文字质量、图书的时代性、思想性以及可读性是中国图书奖评选所看重的标准，其中图书的政治性尤为明显。由于中国的图书奖项大多由政府组织、专家评选，要求获奖图书能够传递社会的正能量，传达社会主义核心价值观，对社会主义文化建设起到很好的引导示范作用，因此在网民眼里，中国图书评选天然地带有政治色彩。网民认为图书奖项的评选更看重图书自身的特点，认为图书应当具有实用性、思想性以及可读性，对图书的文字质量也比较重视，网民对奖项自身的评价较低，认为奖项的影响力、知名度、宣传力度等都有待提升。2016 年，中国国民平均阅读量 7.86 本，纸质书阅读量不足 5 本，在本次调查中有 42%的网民阅读量在 5 本以内，由此可见大部分网民并未形成阅读的习惯，对中国图书奖项的关注度也较低。

从人口特征上来看，女性网民认为图书奖项的评选看重图文质量，而男性则认为中国图书奖项的政治性较强；老年人更关注图书的时代性，中年人则认为中国获奖图书的政治性较强。不同职业的网民由于其学历背景、阅读图书数量以及种类的差异，对中国图书奖项的评价也具有差异性。企业领导或管理人员对中国图书奖项各个指标的评价最高，自由从业者对中国图书奖项的评价最低，而公检法系统职员对中国图书奖项的评价具有较大的波动性。

在地理空间分布上，不同区域网民对中国图书奖项的总体评价基本呈现西部高、东部低的趋势。此外，网民购买图书的数量以及阅读图书的数量会影响其对中国图书奖项的评价，人们会依据自己以往的经验对中国图书奖项进行评价。阅读以及购买图书数量越多的网民，对图书奖项影响力的评价就越高，并且具有明显的读者与非读者之间的差异，非读者对中国图书奖项评选各个指标的评价明显低于读者。

网民对中国图书奖项的评价在一定程度上会影响其阅读的选择，不少网民确实会根据中国获奖图书名单来决定自己阅读图书的类型，也会根据图书的获奖情况来决定是否购买。尽管如此，网民对中国图书奖项各个指标的认可度并不高，认为中国图书奖项的评选指标与心中的评估标准有较大差距，网民倾向于购买影响力比较大的图书，而阅读图书时不仅会考虑到图书的影响力，还会考虑图书的文字质量。

第三，“读者推荐评选”被认为是人们心中好书评奖的最佳方式，其次是两类以上权威组织和网络平台。但结合网民对图书奖项的评价看，网民评价高、排序靠前的诸多奖项并不是读者推荐评选方式选出的。网民的这种矛盾心理折射出当今读者推荐评选方式评出的图书奖项各项指标还有待提高。网民对专家推荐评选方式评价排名较低。专家推荐不受欢迎或与其半官方身份或污名化现象有关。消费者虽在投票中更认可读者推选评价，但在对图书奖项的认可中仍以专家评选为准。以专家为代表的精英文化、以读者为代表的大众文化看似对立，实则殊途同归。由读者产生的评论和意见往往会带给消费者一种人际传播式的接近性，产生一种“大家都爱读”的心理，从而促使消费者去购买和阅读。而“专家评价”是由专家推荐的书籍，通常在价值观上趋向于权威性与社会性，在内容上具有更强的学术性和专业性。但这些标准，往往不是消费者读（买）书时所考虑的第一因素。整体而言，网民认同度高的奖项为茅盾文学奖、鲁迅文学奖、诺贝尔文学奖。在国内奖项中，认同度高的分别是茅盾文学奖、鲁迅文学奖等。以上奖项均由专家评选推荐产生，可见读者对专家的“逆反心理”并未影响其实际行动。首先是因为普通读者无法凭一己之力完成对优质图书的筛选，而专家凭借其专业优势、学识阅历，在该类图书评选上具有绝对的话语优势；其次由专家评选的图书奖项历史悠久，享有良好的声誉和深厚的群众基础。因此，网民更倾向于认同此类具有较大社会影响力的图书奖项。最后读者推荐评选图书奖项还不成熟，网民评选的网络奖项受众有限，仅在“网络活跃群体”中有所影响，并未全民普及。

网民对图书奖项的认知在一定程度上影响其阅读行为。加强对图书奖项的宣传力度，提高各大图书奖项的知名度，有助于形成全民阅读的社会风气，改变网民对中国图书奖项的传统认知，保持中国图书奖项评选权威性、影响力。同时，各大图书奖项应吸纳更多大众的意见，开辟专门的读者评选渠道，让读者亲自参与到图书评选中。另外，还要关注受众的差异性，图书评选不能“一刀切”，应根据网民群体特点评选出不同类型的书籍。倡导专家评选、读者评选的同时，对于某些以销量、热度为评选标准的网络好书评选，应给予相应的引导，图书奖项评价不仅关乎网民的阅读偏好，更关乎社会文化的建设，因此不能只追求经济利益而忽略社会效益。

第三章　中国20年特大事故大数据分析研究报告

北京理工大学大数据搜索与挖掘实验室
赛飞特工程技术集团有限公司
灵玖中科软件(北京)有限公司

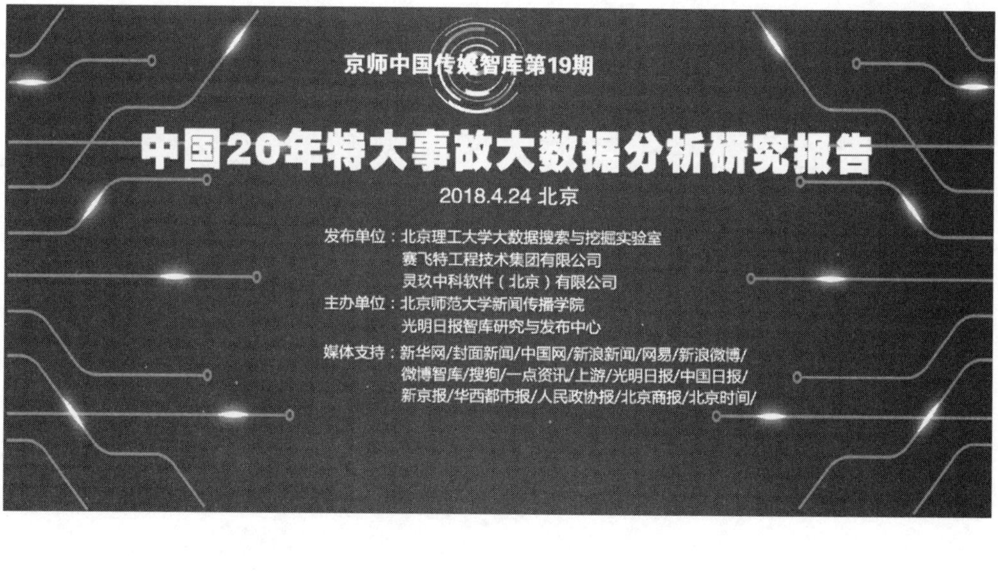

一、前言

安全事故所导致的生命与财产两方面的巨大损失，正严重威胁着国家发展的步伐，严重影响到民众生活的幸福感。“民之安危，国之根本”，安全生产是关系到国计民生的大事。根据《生产安全事故报告和调查处理条例》（国务院令第 493 号），特别重大事故是指造成 30 人以上死亡，或者 100 人以上重伤，或者 1 亿元以上直接经济损失的事故。每个特大事故都是震惊全国乃至全世界的舆情事件，其损失之惨重、影响之深远往往是灾难性的。

北京理工大学大数据搜索与挖掘实验室联合赛飞特工程技术集团有限公司、灵玖中科软件（北京）有限公司发布了《中国 20 年特大事故大数据分析研究报告》，该报告收集整理了我国 20 年来的特别重大事故的基本信息、调查报告和舆情数据。我们通过对事故时间、地域、行业、伤害、原因、追责、舆论等多个维度展开大数据分析，采用语义分析技术，从客观的数据出发探寻事故特征、规律与原因，为国家安全应急事故的调查与安全预防提供科学决策支持。

1997 年至 2017 年的 20 年间，我国共发生 162 起特别重大事故，累计死亡人数 9 996 人，造成的直接经济损失累计至少 120 亿元。我国平均每年发生近 8 起特别重大事故，平均每年每起特别重大事故死亡人数达 61 人，平均每年因特别重大事故造成的死亡人数达 476 人。

从总体趋势来看，我国特别重大事故数量在明显减少，尤其是 2005 年安监总局成立后，特大事故发生数量有显著下降，表明国家加强安全生产监管职能的举措发挥了巨大的作用；从行业分布来看，采矿、交通运输业仍然是特别重大事故发生的集中领域；从事故追责来看，国家对安全生产事故的责任主体追责、处罚程度越来越严厉；从事故原因分析来看，安全监管与违法违规等主观因素是根本；从事故引发的舆论反馈来看，政府面对重大事故的舆情应对能力正遭遇挑战，政府与民众在安全生产监管上需转向良好的互动关系。

每一个冰冷数据的背后，都是一个个鲜活的生命，每一个生命都值得珍视！希望本报告能为我国今后的安全应急处理方式提供科学支撑。在本报告的制作过程中，我们要感谢三家团队一个多月的密切配合，感谢京师中国传媒智库与北京师范大学新闻传播学院张洪忠院长给予我们的宝贵学习机会。

二、数据来源与分析过程

(一)数据来源

本报告涉及的数据资料的主要来源如下：

1. 中国20年162起特别重大事故基本资料来源

162起特别重大事故基本资料均来自网络公开发布的事故信息，详细事件列表见本章附录一《中国20年特别重大事故基本信息列表》。

2. 63份采矿业特别重大事故调查报告来源

部分事故调查报告来自：《1997—2000年特别重大事故案例汇编》《2000—2003年特别重大事故案例汇编》《2004—2005年特别重大事故汇编》。

剩余事故调查报告来自网络公开资源。

3. 舆情数据来源

舆情数据主要来自网络抓取与他人研究成果。

4. 个别数据

报告中还有个别数据引自其他研究报告，具体详情参见本章参考文献列表。

(二)分析过程

第一步，资料收集。除了专业书籍之外，我们还利用精准采集技术抓取互联网数据，获得关于特别重大事故的互联网公开资源。

第二步，统计分析。我们对162起特别重大事故进行时间、损失、地域、行业、人员伤亡类型、经济的多维角度统计分析，总结探索我国特别重大事故的特征与规律。

第三步，语义分析。我们利用大数据语义分析的工具对事故调查报告进行多维刻画。通过关键词提取、新词发现对事故调查报告进行原因和追责部分的深度分析，揭示与描画事故面貌，尤其是特别重大事故原因与追责处置核心内容。

第四步，舆情分析。我们以“天津港爆炸”作为典型案例，通过对事故影响范围、媒体传播趋势与政府舆情应对的分析，探索新时代重大事故的舆情态势与政府舆情应对的正确策略。

(三)分析工具

1. 数据采集与大数据语义智能分析工具

数据采集语义分析工具采用了北京理工大学大数据搜索与挖掘实验室研发的

NLPIR大数据语义智能分析平台，该平台为报告自动采集各类数据：特别重大事故数据与舆情数据，平台采集功能只需要设置关键词或网址，就能快速地获取海量互联网资源。NLPIR大数据语义智能分析平台为报告自动采集各类数据，并做了进一步的语义分析，实现了语义智能的大数据分析。我们希望能从大数据角度客观地分析安全事故，为事故的应急处理与安全预防提供新型技术手段。NLPIR大数据语义智能分析工具的详细介绍见本章附录二《NLPIR大数据语义智能分析平台简介》。

2. 简单数据统计分析工具

本报告统计分析工具主要使用Excel中的统计分析工具。

3. 词云图制作工具

Tagxedo词云图制作工具，Tagxedo是一款可以自定义云的外形的文字云在线生成工具。在线地址：http://www.tagxedo.com/。

(四)报告分工

北京理工大学大数据搜索与挖掘实验室负责进行总体策划，提供NLPIR大数据语义智能分析工具，以及报告的最终定稿审核。

赛飞特工程技术集团有限公司负责20年特大事故数据的收集整理，以及安全事故的专业分析。

灵玖中科软件(北京)有限公司负责相应的技术研发和报告撰写。

三、20年特别重大事故概况

随着我国经济与工业的高速发展，安全事故的频发所导致的生命与财产损失正严重威胁着国家的发展与民众生活幸福感的提升。其中，根据《生产安全事故报告和调查处理条例》(国务院令第493号)，特别重大事故特指造成30人以上死亡，或者100人以上重伤，或者1亿元以上直接经济损失的事故，其损失之惨重、影响之深远往往是灾难性的。安全生产，民之安危，国之根本，安全之责在于每一个人！

表3-1 1997年至2017年典型特别重大事故预览(全表见本章附录)

日期	典型特别重大事故
1997/11/13	淮南矿务局潘三矿“11·13”瓦斯爆炸事故
1998/7/12	四川省江安县“7·12”特大沉船事故
1999/11/24	“11·24”特大海难事故

续表

日期	典型特别重大事故
2000/12/25	洛阳东都商厦"12·25"特大火灾事故
2001/7/22	徐州"7·22"煤矿爆炸事故
2002/6/20	黑龙江省鸡西"6·20"特大矿难事故
2003/12/23	中石油川东钻探公司"12·23"井喷特大事故
2004/11/28	陕西省铜川矿务局陈家山煤矿"11·28"特别重大瓦斯爆炸事故
2005/2/14	孙家湾煤矿海州立井"2·14"特别重大瓦斯爆炸事故
2006/5/18	山西省大同市左云县新井煤矿"5·18"特别重大透水事故
2007/12/5	山西省"12·5"特别重大瓦斯爆炸事故
2008/9/8	山西省襄汾县新塔矿业公司"9·8"特别重大尾矿库溃坝事故
2009/11/21	黑龙江鹤岗新兴煤矿"11·21"特别重大煤(岩)与瓦斯突出和瓦斯爆炸事故
2010/11/15	上海"11·15"特大火灾事故
2011/7/22	京珠高速河南信阳"7·22"特别重大卧铺客车燃烧事故
2012/8/29	肖家湾煤矿"8·29"特别重大瓦斯爆炸事故
2013/6/3	吉林省长春市宝源丰禽业有限公司"6·3"特别重大火灾爆炸事故
2014/8/2	江苏昆山中荣金属公司"8·2"特别重大爆炸事故
2015/8/12	天津港"8·12"瑞海公司危险品仓库特别重大火灾爆炸事故
2016/11/24	江西丰城发电厂"11·24"冷却塔施工平台坍塌特别重大事故
2017/8/10	陕西安康京昆高速"8·10"特别重大道路交通事故

从 1997 年至 2017 年的 20 年间，我国国内共发生 162 起特别重大事故，累计死亡人数 9 996 人，特别重大事故造成的直接经济损失累计约 120 亿元。

从统计结果来看，我国平均每年发生近 8 起特别重大事故，平均每年每起特别重大事故死亡人数 61 人，平均每年因特别重大事故造成的死亡人数达 476 人。

162 起特别重大事故涵盖范围较广，涉及约 30 个省份（省、直辖市、自治区），涉及 13 大行业领域，职工伤亡类型约 16 类。值得警惕的是，采矿业与交通运输业仍然是我国特别重大事故的高频发领域！

四、20 年特别重大事故多维度分析

（一）特别重大事故时间趋势与分布

1. 特别重大事故时间趋势分析

我们按时间维度对 162 起特别重大事故进行时间趋势统计，结果如图 3－1 所示。

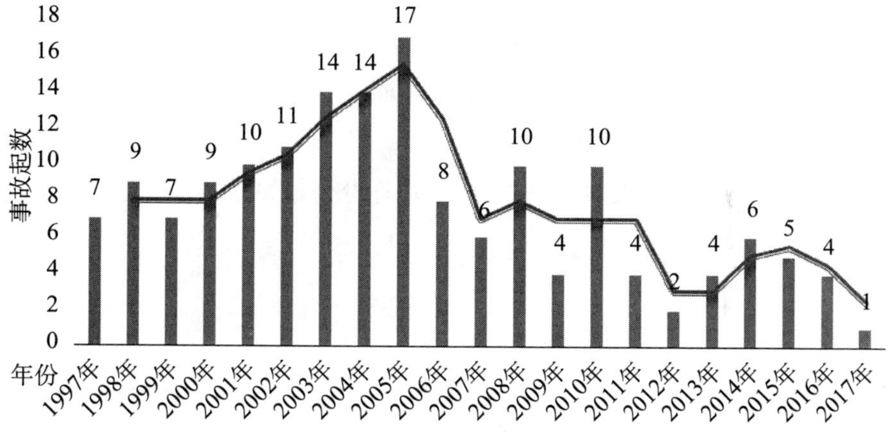

图 3－1　1997 年至 2017 年特别重大事故时间趋势

从时间趋势来看，我国特别重大事故数量呈现先上升后下降的趋势。以 2005 年为明显的分界线，在 1997—2005 年时间段，特别重大事故的发生数量呈上升趋势。在 2005—2017 年时间段，特别重大事故的发生数量呈明显下降趋势。20 年来特别重大事故发生最频繁的是 2003 年到 2005 年，这三年共发生 45 起特别重大安全事故，占 20 年事故总量的 28％。

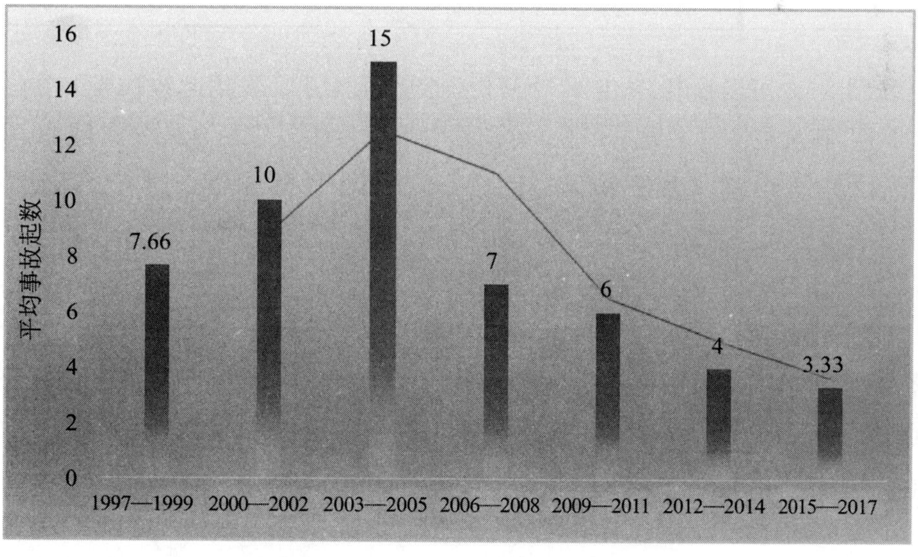

图 3－2　1997 年至 2017 年特别重大事故每三年平均趋势

我们通过统计每三年的平均事故起数可知：1997—1999 年平均每年 7.66 起，2000—2002 年平均每年 10 起，2003—2005 年平均每年 15 起，2006—2008 年平均每年 7 起，2009—2011 年平均每年 6 起，2012—2014 年平均每年 4 起，2015—2017 年平均每年 3.33 起。可以明显看出，我国特别重大事故起数在明显下降。从总体趋势来看，我国特别重大事故数量有在波动中明显下降的趋势。

2. 特别重大事故时间分布分析

我们对 162 起特别重大事故进行分析，其月份分布如图 3－3 所示：

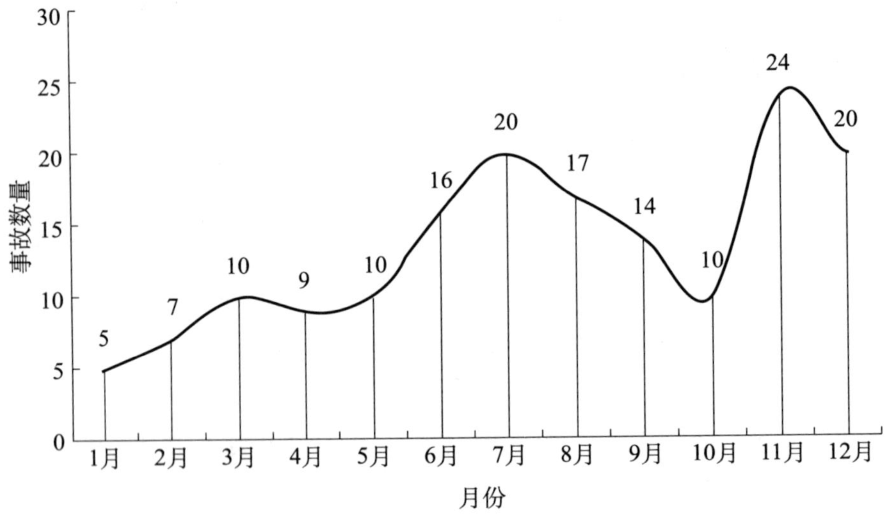

图 3－3　1997 年至 2017 年特别重大事故月份分布

从图 3－3 可以看出，一年 12 个月份中特别重大事故发生起数频繁集中在 11 月、12 月，其次是 6 月、7 月、8 月。特别重大事故发生较多的月份分别是 11 月份 24 起、12 月份 20 起、7 月份 20 起、8 月份 17 起和 6 月份 16 起。这五个月份共发生特别重大事故 97 起，占全部事故总量的 60%。尤其是 11 月、12 月、7 月事故频发，平均每年这个月份均会发生 1 起特别重大事故。

自然环境是安全生产事故发生的一个重要影响因素之一，11 月份、12 月份进入冬季，严寒、冰冻、雨雪等天气增多，会给安全生产带来较大的压力，暴露在外面的管道、设备容易冻结，易发生事故，冬季道路条件也极差，此气候条件易导致坍塌、运输事故等。

6 月、7 月、8 月属于夏季，多为高温多雷雨季节，高温容易引发人的疲劳；气候变化也会对生产设备产生影响，特别是具有极大危险性的设备，如化工领域具有易燃、易爆、易挥发性质的设备，且这种设备对于环境变化较为敏感。这使得 6 月、7 月、8 月不仅容易出现烫伤、淹溺事故，也极易发生较为严重的窒息中毒、爆炸事故。

（二）特别重大事故死亡与损失分析

1. 特别重大事故人员死亡分析

我们对 162 起特别重大事故死亡人数的统计结果如表 3－2 所示：

表 3－2　1997 年至 2017 年特别重大事故死亡人数表

年份	事故起数	死亡人数	事故平均死亡人数	年份	事故起数	死亡人数	事故平均死亡人数
1997 年	7	357	51	2008 年	10	667	67
1998 年	9	526	58	2009 年	4	292	73
1999 年	7	621	89	2010 年	10	401	40
2000 年	9	820	91	2011 年	4	151	38
2001 年	10	422	42	2012 年	2	84	42
2002 年	11	577	52	2013 年	4	252	63
2003 年	14	823	59	2014 年	6	368	61
2004 年	14	851	61	2015 年	5	773	155
2005 年	17	1 197	70	2016 年	4	173	43
2006 年	8	303	38	2017 年	1	36	36
2007 年	6	302	50	综合	162	9 996	61

20 年来，我国因特别重大事故致死人数为 9 996 人，平均每起事故死亡人数 61 人。

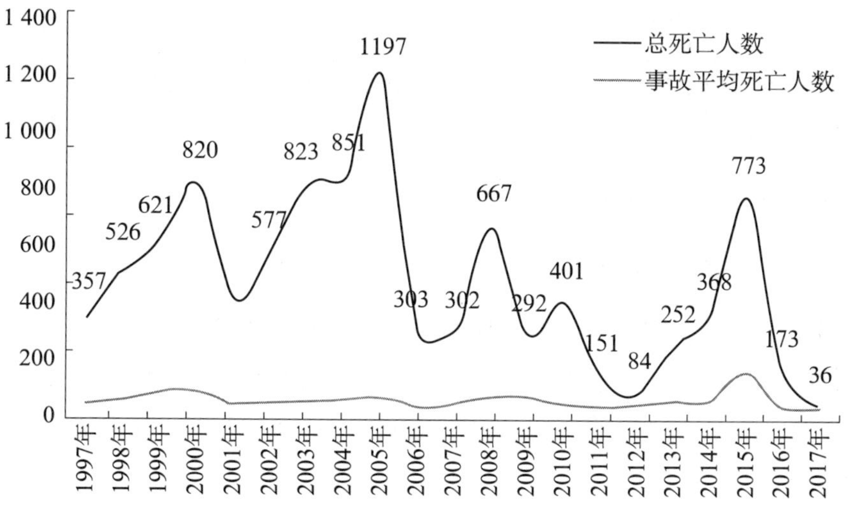

图 3－4　1997 年至 2017 年特别重大事故死亡趋势

从总体趋势看，20 年来，我国因特别重大事故死亡人数在总量上呈波动中下降的趋势。20 年间死亡人数最多的五年分别是 2005 年 1 197 人、2004 年 851 人、2003 年 823 人、2000 年 820 人和 2015 年 773 人，这五年累计死亡人数总量达 4 464 人，占 20 年总死亡人数的 45%。

从按年份分布的事故平均死亡人数的变化曲线来看，数据并没有呈现明显的上升或下降趋势，年事故平均死亡人数在 2015 年达到了另一个小高峰——155 人，这是年事故平均死亡人数（61 人）的两倍。可见，我国特别重大事故的起数虽然在数量上呈现下降趋势，但每起事故造成的人员伤亡情况仍然比较严重。

2. 特别重大事故经济损失分析

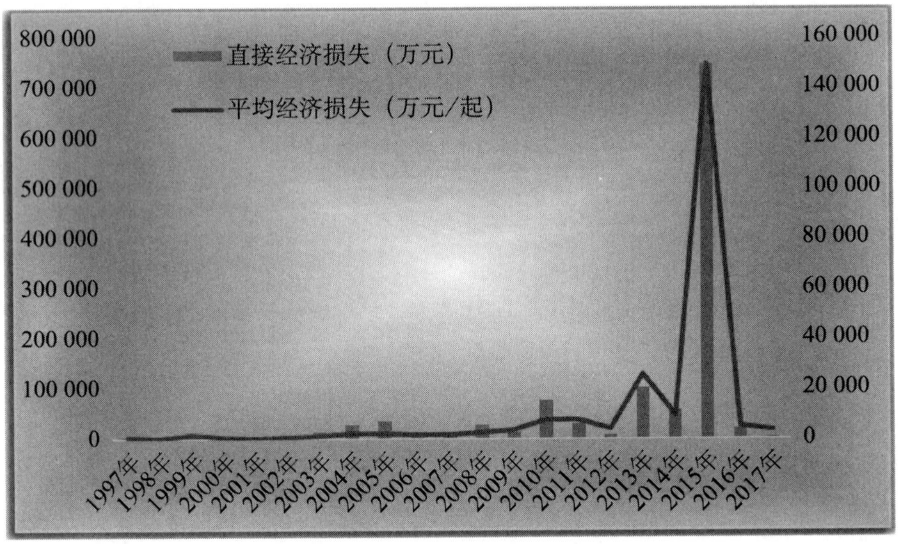

图 3-5　1997 年至 2017 年特别重大事故经济损失趋势

20 年来，我国因特别重大事故造成的直接经济损失累计高达 120 亿元（保守估计），平均每起特别重大事故的直接经济损失为 1.08 亿元。从时间趋势来看，我国特别重大事故造成的直接经济损失有逐渐上升的趋势，2015 年达到最高峰——约 74 亿人民币，占损失总量的近一半。平均每起特别重大事故的直接经济损失也呈现上升趋势。

虽然我国发生的特别重大事故数量正在减少，但因此造成的经济损失却在增加（间接与隐形的经济损失显然大于直接的经济损失）。这提醒我们，特别重大安全事故的影响与损失有加剧的趋势(例如天津港“8·12”瑞海公司危险品仓库特别重大火灾爆炸事故),安全生产事故尤其是特别重大事故仍严重威胁着我国人民的生命与财产安全,我们仍然需要加强针对安全事故的监管与预防工作。

(三)特别重大事故地域分布分析

我们按照事故发生地所属省份对 162 起特别重大事故进行统计,结果如图 3-6 所示。

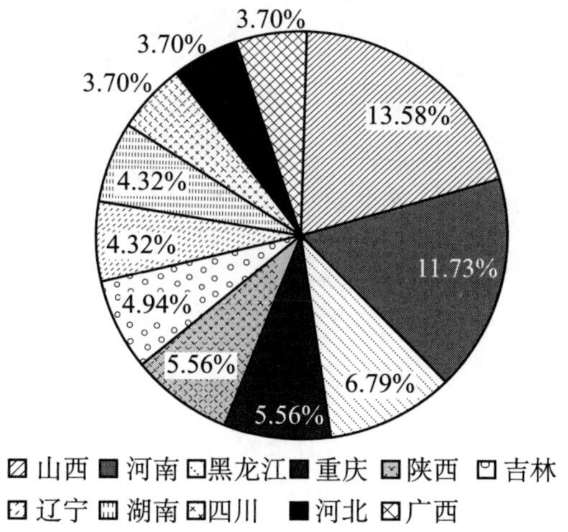

图 3-6　特别重大事故地域分布(TOP10)

162 起特别重大事故的地域分布如下:山西 22 起,占比 13.58%;河南 19 起,占比 11.73%;黑龙江 11 起,占比 6.79%;重庆、陕西均 9 起,占比 5.56%;吉林 8 起,占比 4.94%;辽宁、湖南均 7 起,占比 4.32%;四川、河北、广东均 6 起,占比 3.70%;山东、贵州、广西均 5 起,占比 3.09%;安徽、内蒙古、浙江均 4 起,占比 2.47%;湖北、江西、上海、云南均 3 起,占比 1.85%;江苏、天津、新疆、福建均 2 起,占比 1.23%;青海、西藏、甘肃、台湾均 1 起,占比 0.62%。

特别重大事故发生数量最多的 5 个省份分别是山西 22 起、河南 19 起、黑龙江 11 起、重庆 9 起和陕西 9 起,共 70 起,占事故总量的 43%。尤其是山西与河南,平均每年均会发生一起特别重大事故。

20 年间发生的 162 起特别重大事故涉及 30 个省份(省、市、自治区)。事故数量超过 12 起的有 2 个省份——河南与山西。事故数量在 7 至 12 起的有 4 个省份——黑龙江、重庆、辽宁和湖南。事故数量在 4 至 7 起的有 11 个省份,事故数量少于 4 起的有 13 个省份。

从地域分布来看，我国特别重大事故的地域性差异显著，特别重大事故的发生比较集中于中东部经济发展较为发达的地区。

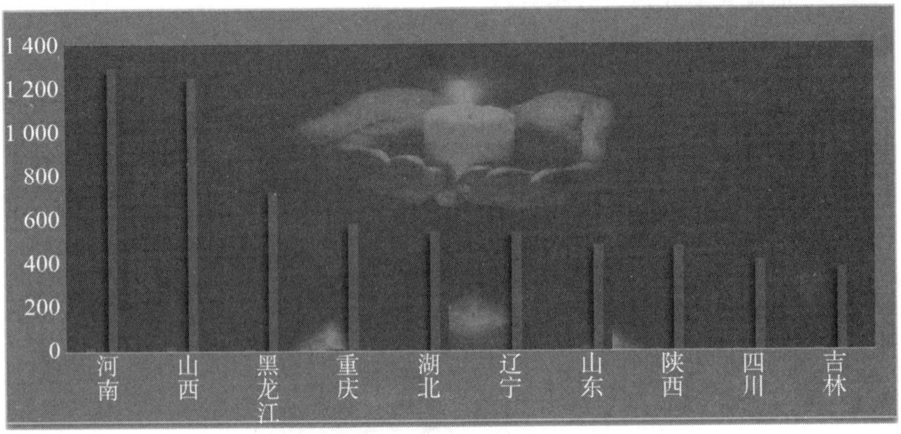

图 3-7　特别重大事故死亡规模 TOP10 地域分布

特别重大事故死亡人数最多的三个省份分别是河南 1 297 人，山西 1 279 人，黑龙江 691 人，三者占总死亡人数的 32%。这三个省份特别重大事故的频发与采矿业的发展有直接关系：山西 22 起事故中，采矿业占 21 起，占比 95%；河南 19 起事故中，采矿业占 14 起，占比 74%；黑龙江 11 起事故中，采矿业占 8 起，占比 73%。

（四）特别重大事故行业分析

1. 特别重大事故行业领域分布

行业领域分布中的行业划分依据是按照国家统计局公布的国民经济行业分类标准（20 个大类）进行的，我们根据事故行业类别对 162 起特别重大事故进行了统计分析，结果如图 3-8 所示。

统计显示，20 年来发生的 162 起特别重大事故所涉及的行业类别约 12 类（个别无法归类事故按事故内容总结归类）。我国特别重大事故频发的行业领域如下：采矿业 85 起，道路交通 28 起，住宅商厦 12 起，水上交通 11 起，飞行 7 起，化工 5 起，烟花爆竹 5 起。

我国特别重大事故具有明显的特殊行业集中趋势，事故发生最频繁的领域是矿业开采，共发生 85 起特别重大事故，占事故总量的 52%，平均每年发生 4 起特别

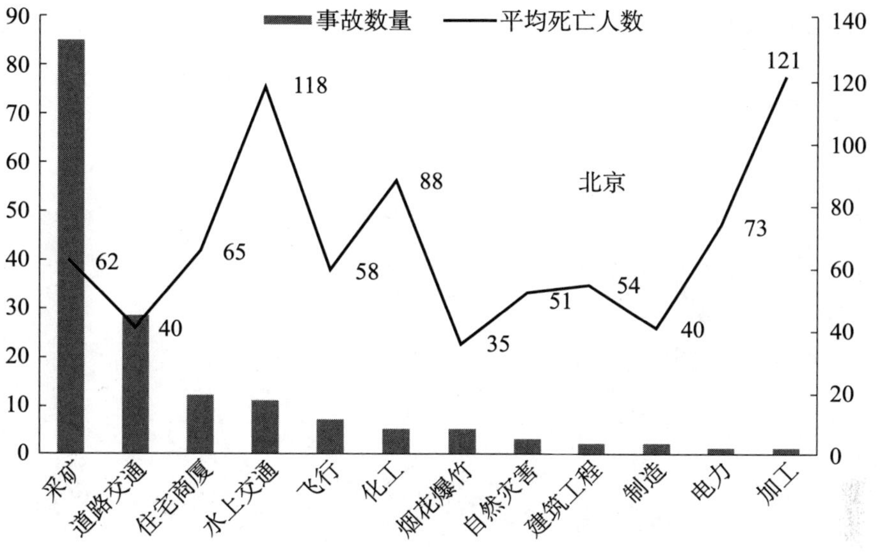

图3-8　1997年至2017年特别重大事故行业分布

重大事故。采矿业特别重大事故死亡人数累计5 231人，占总死亡人数的54%。其次是交通运输业，共发生46起特别重大事故，占事故总量的28%，平均每年发生2起特别重大事故。总体来说，我国特别重大事故在采矿与交通运输行业发生的频率较高。

另外，值得注意的是，行业特别重大事故平均死亡人数与行业事故数量分布呈现不一致的集中趋势。从现有的数据来看，行业特别重大事故平均死亡人数较多的是交通运输、化工、电力与采矿(加工业事故数量较少不纳入分析范畴)。可见，特别重大事故的平均伤亡程度也并不跟行业有关，各行业都要认识到安全生产的重要性，否则为此付出的代价是惨重的。

2. 采矿、交通业事故趋势分析

从行业趋势分析结果来看，1997年至2017年每三年的平均事故数量依次为2.33起、6起、9.33起、5.33起、3.33起、0.67起、0.67起。虽然有波动，但我国采矿业的特别重大安全事故数量下降趋势明显。2011年以来，我国采矿业每年特别重大事故数量不足1起。

采矿业历来是安全事故高发的领域，国家也一直在加强采矿业安全监管力度。尤其是近年来，国家重视并强调安全生产的"红线意识"和"底线思维"，加强安全监管，才使得采矿生产安全事故起数持续下降。未来还是要持续重视采矿尤其是煤

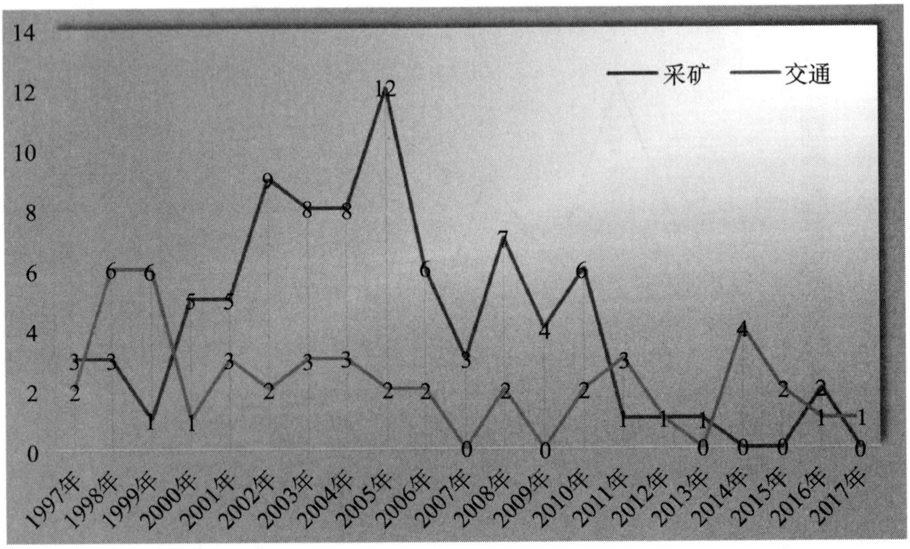

图 3-9 采矿、交通业特别重大事故趋势

矿工业的安全稳定发展。

相较之下，交通业安全事故形势仍然十分严峻。1997 年至 2017 年每三年的平均事故数量依次为 4.66 起、2 起、2.66 起、1.33 起、1.67 起、1.67 起、1.33 起，由此可见，我国交通运输业特别重大事故数量下降趋势缓慢。目前，我国道路交通安全还存在不少隐患，主要是法制意识普遍淡薄。另外，我国交通工具的安全技术水平不高，低安全性能的车辆仍然占较大比例。我国城乡道路建设飞速发展，但道路安全条件整体水平还比较低。

（五）特别重大事故人员伤亡类型分析

报告根据国标 GB4661－85《企业职工伤亡事故分类》（伤亡事故分为 20 类），对 162 起特别重大事故的分析结果如图 3－10 所示。

从分析结果来看，162 起特别重大事故涉及的伤亡事故类型约 16 类。瓦斯爆炸伤亡事故起数最多，为 52 起，占事故总量的 33%；瓦斯爆炸死亡人数高达 3 389 人，占总死亡人数的 34%。火灾和淹溺也是伤亡规模较大的类型。

瓦斯爆炸与我国采矿业事故频发有直接的关系，采矿业这种涉及危险物品又涉及封闭场所作业的行业比较容易出现安全事故。淹溺伤亡类型多出现在水上交通事故中，船舶质量、天气变化以及危险物品的运输都容易引发水上交通事故。通过对特别重大事故人员伤亡类型的分析，我们可以了解这些安全生产事故的危险

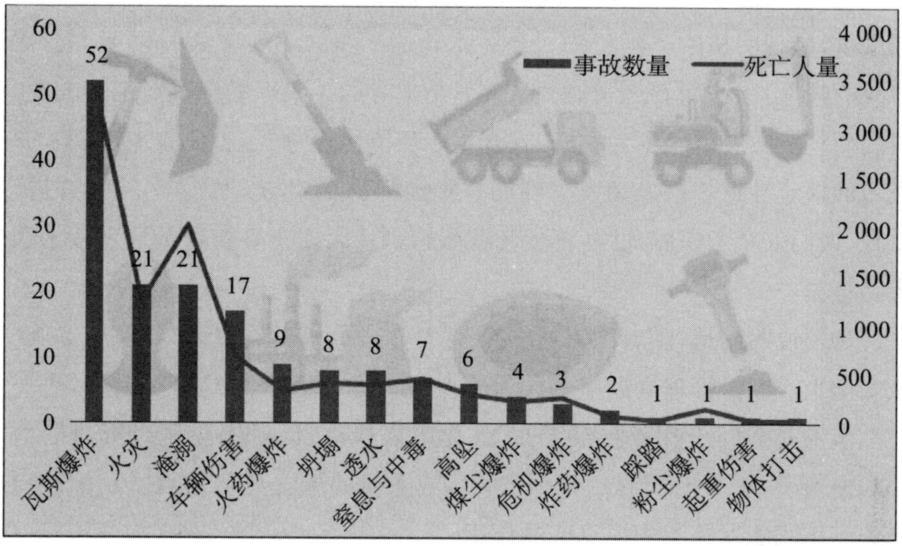

图 3-10　1997 年至 2017 年特别重大事故伤亡类型统计

环节，安全管理就可以做到有的放矢、重点管理和防治结合。

（六）特别重大事故的经济角度分析

本报告依据我国万亿元 GDP（由于亿元 GDP 基数太大，本报告采用万亿元 GDP 为分析单位）对 162 起特别重大事故的分析结果如图 3-11 所示。

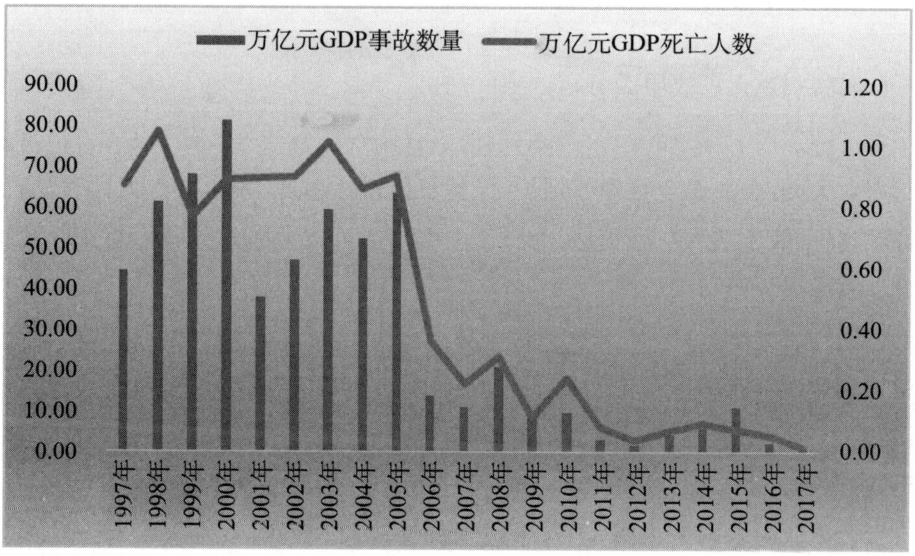

图 3-11　1997 年至 2017 年特别重大事故与 GDP

随着我国经济的发展以及GDP的逐年提升，我国特别重大事故的发生数量在逐渐减少，呈现明显的下降趋势。经济尤其是工业的发展在某种程度上会导致安全事故的频发，但这两者之间的关系并不是绝对的。我国经济发展起步较晚，早期的粗放型经济发展以经济为中心，安全生产环节比较薄弱，工业技术、经验、安全防护技术的缺乏导致了事故频发。现如今我国经济发展与安全生产齐头并进，国家的重视、人们安全意识的加强，都促使我国特别重大安全事故数量呈现较为明显的下降趋势。

特别要说明的是，随着国家对安全生产工作的高度重视，国务院于2005年将国家安全生产监督管理局调整为国家安全生产监督管理总局（正部级），进一步明确与加强了安全生产监管监察工作，强化监督执法，促进安全生产形势的稳定好转。2005年作为一个分界点，特别重大事故数量的下降趋势体现了我国政府的安全管理工作职能发挥了积极重要的作用。

虽然我国特别重大事故数量正呈现逐年下降的趋势，但我国的安全生产仍有很长的路要走。2013年，国家安监总局局长杨栋梁透露，中国亿元GDP死亡率为0.124，英国亿元GDP死亡率为0.02，日本为0.05，美国、澳大利亚、法国在0.04至0.06之间。相较之下，中国的亿元GDP死亡率明显高于发达国家，中国的生产安全水平仍有提升空间。

五、20年特别重大事故原因追责分析

（一）特别重大事故原因分析

对于特别重大事故的原因，我们根据事故调查报告与他人研究总结，将事故原因归为六大类：企业安全管理不到位，经营单位违法违规、人为操作失误、政府安全监督不到位、缺乏技术与经验、人为操作失误与不可抗力因素。我们对162起特别重大事故原因分析结果如图3－12所示。

根据六大类事故原因（同一事故可能有多个原因），在162起特别重大事故原因中，“企业安全管理不到位”类107起，“经营单位违法违规”类83起，“人为操作失误”类46起，“政府监管不到位”类41起，“不可抗力因素”类11起，“技术与经验缺乏”类9起。

安全事故影响因素主要以“人＋机＋环境”为核心，人类无法改变与预测环境因素，所以安全生产重在人与机器，也就是说，安全事故的关键因素还是在“人为”上。导致事故发生数量较多的原因即“企业安全管理不到位”“经营单位违法违规”

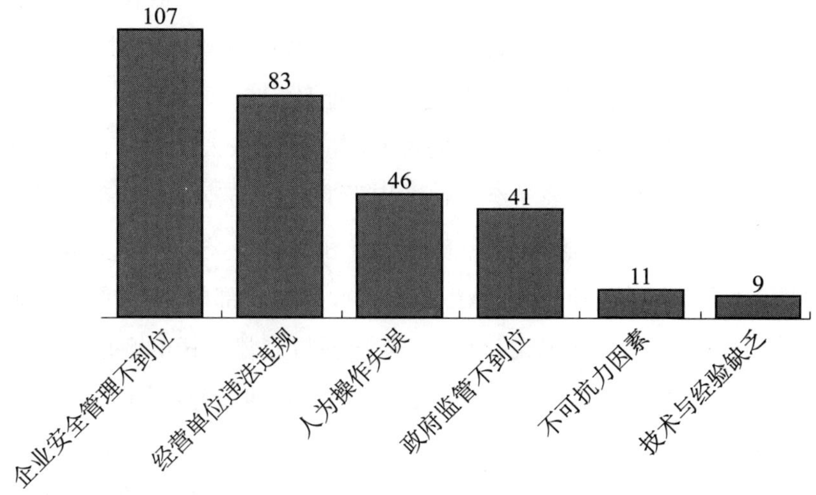

图3-12　1997年至2017年特别重大事故原因归类

"人为操作失误""政府监管不到位",总体来说可以概括为违法违规行为与安全监管不到位,所以这是安全生产管理与预防的重点。

(二)特别重大事故追责分析

生产安全事故的问责对象可以分为作为责任主体的生产经营单位和作为监管主体的政府及其工作部门。本报告重点研究负有安全管理和监督责任的各级政府及其职能部门的问责问题。

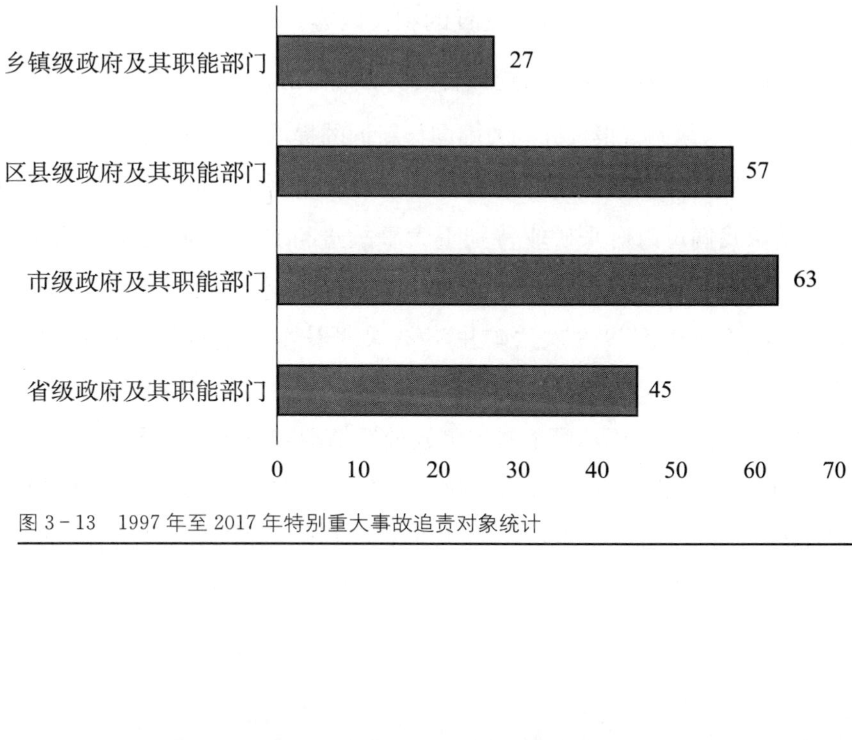

图3-13　1997年至2017年特别重大事故追责对象统计

安全生产管理的分级负责、归口管理的结构决定了负有监督与管理责任的一级人民政府及其职能部门应该是特大生产安全事故的行政问责对象。162 起特别重大事故中，省级人民政府及其管理与监督职能部门被问责的占 45 起，市级人民政府及其管理与监督职能部门被问责的占 63 起，区县级人民政府及其管理与监督职能部门被问责的占 57 起，乡镇级人民政府及其管理与监督职能部门被问责的占 27 起。现有资料统计结果显示，按照政府层级和性质分类的特别重大生产安全事故问责对象中，最大可能被问责的是市级人民政府工作部门、区县级人民政府工作部门。相对于一级人民政府来说，负有安全管理与监督责任的政府工作部门因负有安全管理和监督的责任，事故发生与其承担的政策执行存在因果关系，所以这些部门是主要的被问责对象。

随着国家对安全生产监管的重视，对事故责任的处置与惩罚力度必将越来越大。安全生产事关国计民生，需要我们加大监管力度、增强安全意识。

六、特别重大事故调查报告分析(以采矿业为例)

事故调查报告是对事故的发生过程、发生原因、处置方式等情况描述最详尽的资料，因此对其进行研究意义重大。鉴于不同行业的差异性，报告以典型事故频发的领域——采矿业的事故调查报告为研究对象，我们从网络公开资源收集整理了 63 份特别重大事故调查研究报告，将利用大数据分析工具对事故的原因与追责部分进行语义分析，深挖事故原因与处置的相关内容。

(一)采矿业特别重大事故调查报告总体画像

首先我们对事故调查报告进行关键词与新词的提取，然后根据词的频率与权重选择 Top70(词频>63)的关键词进行画像，采矿业特别重大事故的画像如图 3 - 14 所示。

通过画像我们可以对采矿业特别重大事故进行具象描画，从海量资料中抓住事故的重点。通过画像我们首先可以看出事故的基本情况："事故"3 334 次、"煤矿"2 762 次、"安全生产"959 次、"矿井"880 次、"爆炸"540 次等。然后我们可以描摹出事故原因："违法"363 次、"隐患"356 次、"煤层"249 次、"违章"218 次、"问题失察"196 次等。我们还可以清晰地看出事故处置情况："党内严重警告"287 次、"负有重要领导责任"283 次、"撤职"242 次、"整改"178 次，"降级"153 次。整体画像对事故的概况、原因、处置与防范重点可以做出非常直观的刻画，帮助我们快速了解事故真相。

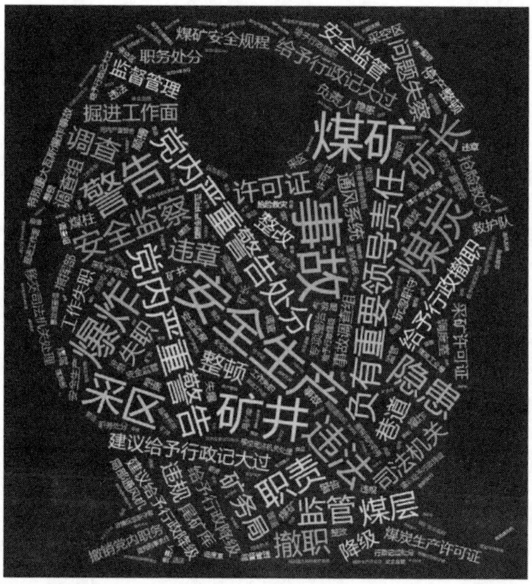

图 3-14　采矿业特别重大事故调查报告画像

表 3-3　采矿事故关键词 Top50

	词汇	词性	比重	频次
1	事故	n	116.57	3 334
2	煤矿	n	223.42	2 762
3	安全生产	n_new	184.79	959
4	矿井	n	137.33	880
5	煤炭	n	49.74	605
6	爆炸	vn	35.6	540
7	警告	v	3.98	444
8	采区	n_new	133.77	376
9	违法	vd	27.61	363
10	隐患	n	37.97	356
11	矿长	n	45.7	320
12	职责	n	25.19	311
13	党内严重警告	n_new	14.67	287
14	发生负有重要领导责任	n_new	3.97	283
15	党内严重警告处分	n_new	3.65	272
16	安全监察	n_new	23.91	266
17	监管	vn	33.94	266
18	煤层	n	55.72	249

续表

	词汇	词性	比重	频次
19	撤职	vn	4.02	242
20	调查	vn	25.98	233
21	许可证	n	10.42	221
22	违章	vd	33.35	218
23	矿务局	n	30.98	213
24	整顿	v	35.61	208
25	巷道	n	84.19	206
26	失职	vn	9.68	205
27	司法机关	n_new	24.43	199
28	问题失察	n_new	7.17	196
29	给予行政撤职	n_new	13.97	187
30	整改	vn	37.67	178
31	违规	vd	42.85	167
32	安全监管	n_new	29.86	156
33	降级	vi	4.12	153
34	掘进工作面	n_new	65.86	145
35	给予行政记大过	n_new	17.18	137
36	建议给予行政记大过	n_new	3.32	128
37	监督管理	n_new	22.03	119
38	通风系统	n_new	59.16	119
39	调查组	n	15.02	119
40	尾矿库	n	39.74	115
41	工作失职	n_new	12.21	113
42	给予行政降级	n_new	14.95	110
43	抢险救灾	n_new	42.38	109
44	职务处分	n_new	10.13	108
45	采矿许可证	n_new	48.36	105
46	煤矿安全规程	n_new	13.43	104
47	建议给予行政降级	n_new	3.81	102
48	越界开采	n_new	39.34	101
49	事故调查组	n_new	40.82	100
50	煤炭工业局	n_new	84.86	100

(二)采矿业特别重大事故调查报告原因刻画

特别重大事故原因分析不能止步于概括性的原因归类分析，我们还需要进一步进行深度挖掘，挖掘出究竟在什么环节出了问题或容易出问题，这样才能有的放矢地去治理与预防。

我们对事故调查报告的原因部分进行了关键词提取，画像如图 3－15 所示。

图 3－15　采矿业特别重大事故原因画像

安全生产事故原因总逃不过人为因素与机器因素两大因素，分析结果正好印证了这一点。“采区”的出现频次最高且达到 83 次，其次是“采空区”53 次与“通风系统”41 次。这些词汇揭示了事故原因的不同方面——事故频发区域与重点影响因素。

63 起采矿特别重大事故原因中，涉及事故原因的词汇包括：“越界开采”“违法组织生产”“违章指挥”“严重超能力生产”等。涉及地点区域的词汇包括：“采区”“采空区”“掘进工作面”“顺槽”“联络巷”“隅角”等。涉及设备系统、操作的词汇包括：“通风系统”“煤柱”“失爆”“局部通风机”“机电设备”“主井”“串联通风”等。涉及管理、人员的词汇包括：“事故隐患排查”“作业规程”“问题失察”“职工安全教育”“瓦斯检查员”等。

表 3－4　采矿事故原因关键词 Top25

	词汇	词性	比重	频次
1	采区	n_new	58.53	83
2	采空区	n_new	83.17	53
3	通风系统	n_new	31.95	41

续表

	词汇	词性	比重	频次
4	事故隐患排查	n_new	35.73	37
5	作业规程	n_new	33.6	36
6	越界开采	n_new	30.25	35
7	掘进工作面	n_new	37.15	34
8	问题失察	n_new	6.41	32
9	煤柱	n_new	24.98	30
10	失爆	n_new	22.44	27
11	违法组织生产	n_new	34.61	27
12	局部通风机	n_new	36.94	24
13	没有认真履行职责	n_new	26.05	23
14	隐患排查治理	n_new	9.62	23
15	瓦斯超限	n_new	45.92	21
16	违章指挥	n_new	15.97	21
17	火区	n_new	33.94	19
18	严重超能力生产	n_new	32.66	18
19	风筒	n_new	25.38	17
20	职工安全教育	n_new	29.03	17
21	串联通风	n_new	15.09	15
22	防灭火	n_new	22.2	15
23	风量不足	n_new	17.16	15
24	顺槽	n_new	20.52	14
25	风流短路	n_new	14.74	13

（三）采矿业特别重大事故调查报告追责刻画

我们对 63 起事故调查报告的追责部分进行关键词提取，画像如图 3 - 16 所示。

安全生产，人命关天。国家对事故责任主体的处罚力度越来越大，从追责分析结果中可以明显看出这一点。“警告处分”出现频次最高且达 519 次，平均每起事故报告出现 8 次；之后是“党内严重警告”350 次，平均每起事故报告出现 6 次；“给予行政撤职”231 次，平均每起事故报告出现 4 次。

63 起采矿业特别重大事故报告追责部分中，涉及党纪处罚的词汇包括：“党内严重警告”“撤销党内职务”“开除党籍处分”“给予留党处分”等。涉及行政处罚的

图3-16　采矿业特别重大事故追责画像

词汇包括:“给予行政撤职”“给予行政记大过”“给予行政降级”“行政记过”等。涉及刑事处罚的词汇包括:“刑事拘留”“重大责任事故罪”“涉嫌玩忽职守罪”“非法采矿罪”等。涉及其他处罚的词汇包括:“警告处分”“停业整顿”“书面检查”“予以取缔”等。通过词汇出现的频率,我们大致可以看出不同处罚方式的出现数量,进而可以评估事故的处罚力度与严重程度。

表3-5　采矿事故追责关键词列表

	词汇	词性	比重	频次
1	警告处分	n_new	9.96	519
2	党内严重警告	n_new	14.58	350
3	给予行政撤职	n_new	14.03	231
4	问题失察	n_new	7.31	203
5	给予行政记大过	n_new	17.12	173
6	给予行政降级	n_new	14.68	146
7	职务处分	n_new	9.93	139
8	安全监察	n_new	22.91	133

续表

	词汇	词性	比重	频次
9	工作失职	n_new	11.96	125
10	撤销党内职务	n_new	14.81	123
11	安全监管	n_new	23.91	111
12	司法机关处理	n_new	16.99	104
13	刑事拘留	n_new	12.77	94
14	行政记过处分	n_new	13.82	89
15	重大责任事故罪	n_new	24.35	87
16	给予行政记过	n_new	13.91	86
17	负有直接责任	n_new	20.33	85
18	涉嫌玩忽职守罪	n_new	21.54	85
19	移交司法机关处理	n_new	5.98	84
20	涉嫌重大责任事故罪	n_new	5.64	79
21	追究刑事责任	n_new	26.59	66
22	建议给予开除	n_new	19.01	56
23	开除党籍处分	n_new	16.4	56
24	不再追究责任	n_new	14.51	43
25	行为失察	n_new	14.18	41

七、特别重大事故舆情应对（以“天津港爆炸”为例）

（一）重大事故的影响范围与规模

1. 微博讨论量与话题热度

2015年8月12日23时34分，天津港瑞海物流公司危化品仓库发生爆炸，爆炸信息第一时间通过微博发布，迅速引起民众的广泛关注。天津港爆炸事故发生一周内，微博讨论量（原创+转发）超过2 000万条。微博舆论在8月13日单日超过1 000万条。8月14日约367万条，8月15日约180万条，8月16日约175万条，8月17日近100万条，8月18日126万条，8月19日60万条。微博相关舆情量在8月13日达到顶峰。

迄今为止，微博涉“天津港爆炸”的话题约28个，话题累计阅读量超20亿次，话题参与粉丝数量过万。

自媒体时代，每一个个体都是信息的来源与传播者，天津港爆炸事故第一时间

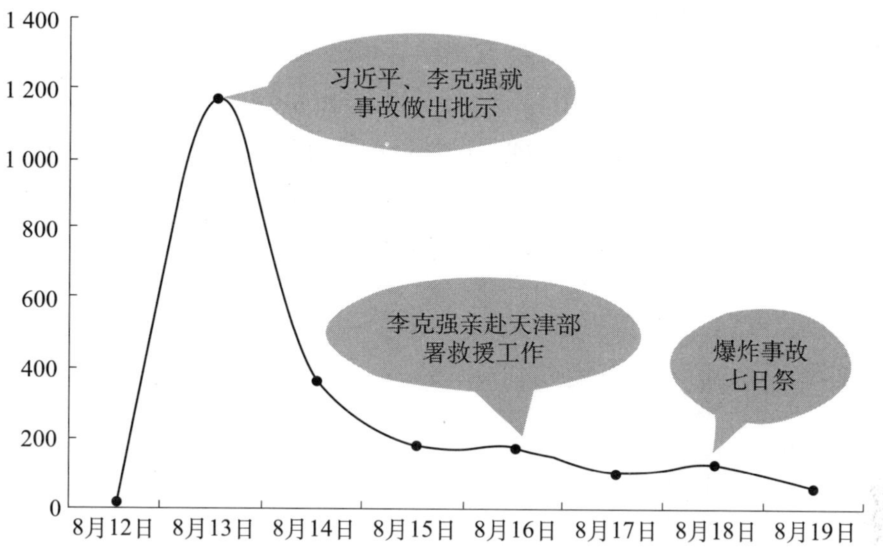

图 3－17　“8·12”事故一周微博讨论量(单位:万条)

微博话题	阅读（万）	讨论	粉丝
天津港爆炸事故	178 000	3 110 000	10 000
天津港爆炸	7 500	47 000	227
天津港爆炸七日祭	6 800	75 000	162
天津港 8·12 爆炸	4 500	211 000	1 116
天津港爆炸事故原因	2 112	7	0
天津港危险品仓库爆炸	1 500	11 000	108
直播天津港爆炸事故	600	29 870 000	30
8.12 天津港爆炸一周年	400	100	3
8.12 天津港爆炸	349.6	172	14
天津港大爆炸	78	513	5
天津港发生爆炸	49.7	884	1
天津港爆炸事件	28	454	11
天津港爆炸滚动直播	24.1	205	4
天津港仓库爆炸	18.6	128	15
天津港爆炸车流入成都	18	142	1
天津港爆炸两周年	6.8	39	2
天津港爆炸事故调查报告	1.3	36	3
天津港爆炸问责	0.83	47	2
19 岁女子利用天津港爆炸诈骗 10 万元	0.5	16	1
天津港爆炸车在青岛拍卖	0.46	2	1
累计	20(亿)	3 332（万）	11 721

图 3－18　微博话题 Top20

的信息发布是在微博上。新浪网友“Rainy 邓”于 8 月 12 日 22 时 54 分发文：“开发区惊现大火，又瞬间熄灭了，什么情况?”随后，新浪微博@背影 YE 销魂、@想念 Tequila、@站长推荐 Chen 等用户陆续发布爆炸相关信息或图片，引发了网民关注。8 月 13 日凌晨，@头条新闻、@人民日报、@央视新闻等相继转载发布了爆炸相关消息，@范冰冰、@唐嫣、@李晨等明星转发了相关微博，进而国际在线、凤凰网等媒体对事件加以报道，天津港爆炸事件的舆情热度迅速上升。

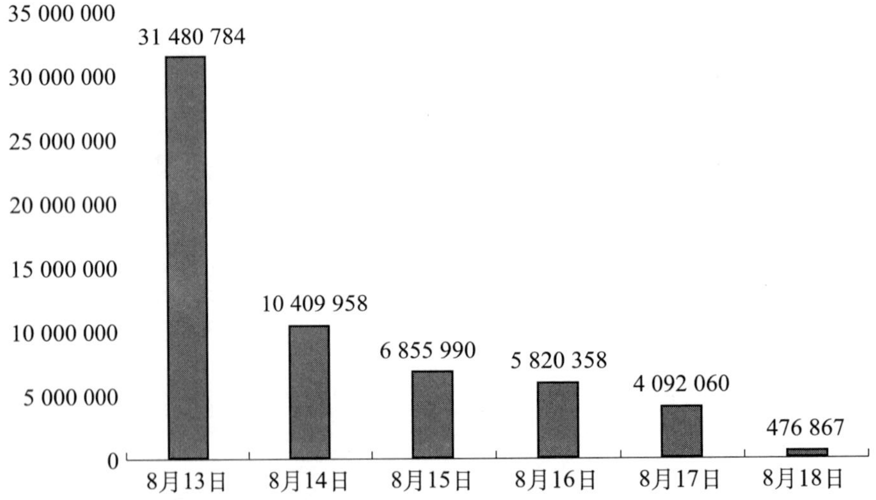

图 3－19　微信一周阅读量 Top20

2. 微信阅读量与话题热度

根据大象舆情监测系统的数据，8 月 13 日的微信阅读数最高，超过 3 000 万次，之后开始逐渐减少。8 月 14 日至 17 日的阅读量保持在 400 万至 1 100 万次之间。从 8 月 18 日开始，阅读量急剧减少。

表 3－6　微信文章阅读量 Top20

文章标题	时间	发布公众号	阅读量
重！大！事！故！天津港发生大爆炸，目前消息汇总	2015/8/13	信德海事	10w＋
天津港爆炸　经销商损失惨重：烧毁 2 748 辆大众 1 500 辆雷诺	2015/8/13	汽车行业关注	10w＋
天津港爆炸 12 名消防官兵殉职！部分遗体被运回！不管你现在在干吗，请向他们敬礼！	2015/8/13	城市快报健康	10w＋
天津港爆炸中那个发国难财的出租车司机	2015/8/13	爆笑 gif 图	10w＋

续表

文章标题	时间	发布公众号	阅读量
天津媒体被骂死了，有些地方真的骂错了	2015/8/13	南方周末	10w+
目前最新消息！天津发生大爆炸，第二次爆炸相当于21吨TNT！祈福	2015/8/13	北京全攻略	10w+
【突发】天津塘沽发生爆炸案件，众多人员伤亡！	2015/8/13	女神社	10w+
天津港昨夜爆炸已致400余人伤亡，最新信息汇总	2015/8/13	人民日报	10w+
天津塘沽爆炸，现场如何急救？	2015/8/13	丁香园	10w+
消防员的对话，看着看着就哭了……	2015/8/13	湖南交通频道	10w+
车上，去塘沽。我不回来，我爸就是你爸，记得给我妈上坟。	2015/8/13	承德贴吧	10w+
天津滨海新区深夜大爆炸，伤亡严重！医院爆满！	2015/8/13	西湖之声	10w+
突发！天津深夜发生剧烈爆炸　现场腾起蘑菇云响声震天	2015/8/13	中国新闻网	10w+
世界上最帅的逆行	2015/8/13	东莞时报	10w+
速议|这些账号都在传播关于天津港爆炸事故谣言	2015/8/14	央视新闻	10w+
【提醒】意想不到的爆炸源，其实它就在你身边	2015/8/14	人民日报	10w+
“队长，火灭了吗？”今早获救的19岁战士清醒后的第一句话……为何目前仍不明化学品成分？	2015/8/14	FM93 交通之声	10w+
直击|深度还原天津滨海爆炸22小时	2015/8/14	央视新闻	10w+
天津爆炸事故，现在绝不是“感动”的时候！因为……	2015/8/14	杭州日报	10w+
日本消防员看天津爆炸说得最多的一句话	2015/8/14	中国经营报	10w+

事故发生后，微信公众号中涉及“天津港爆炸”的信息迅速传播，事故发生两日内，微信公众号中10万以上阅读量的文章就超过20篇，“10w+”公众号文章累计阅读量至少200万。

3. 百度搜索指数趋势

百度搜索指数反映的是互联网用户对关键词搜索的关注程度及持续变化情况。

百度搜索指数的算法说明如下：以网民在百度的搜索量为数据基础，以关键词为统计对象，科学分析并计算出各个关键词在百度网页搜索中搜索频次的加权。根据数据来源的不同，搜索指数分为PC搜索指数和移动搜索指数。

从一周百度搜索指数趋势可以看出：网民对“天津港爆炸”事件反应迅速且关

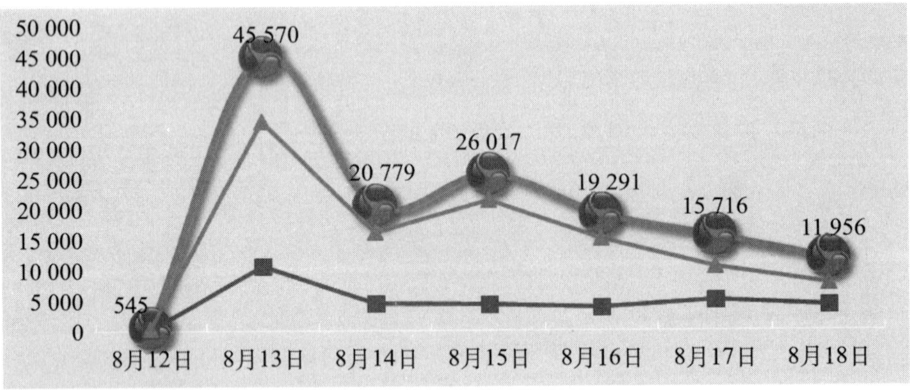

图 3-20 “天津港爆炸”一周百度搜索指数

注强烈。8 月 12 日搜索频次已达 500 余次，事故次日（8 月 13 日）搜索频次高达 4 万余次并达到搜索高峰，之后搜索指数趋势开始下降。

（二）主流媒体与天津媒体报道

1. 主流媒体 48 小时报道

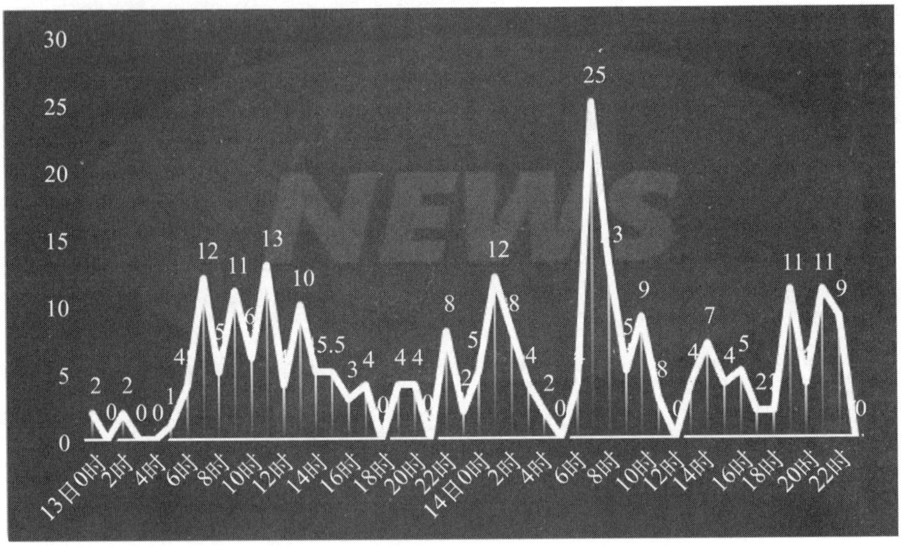

图 3-21 天津港爆炸 48 小时新闻报道（单位：个篇）

对“天津港爆炸”事故报道最迅速的是腾讯网，它于 8 月 12 日 23 时发布突发新闻《天津港爆炸现场腾起蘑菇云 数十公里外有震感》。事故发生 48 小时内，8 月 13 日涉“天津港爆炸”的新闻报道（标题）109 篇，8 月 14 日涉“天津港爆炸”的新闻报道(标题)145篇。通过媒体48小时新闻报道统计结果可知,事故发生后,主流媒体也迅速反应并发布信息,成了事故信息汇集的窗口。

相较之下,纸媒对“天津港爆炸”新闻报道反应速度较迟。8月13日,《人民日报》《解放日报》仅有报道1篇,《光明日报》《中国青年报》均无相关报道。天津地方报报道量稍多,三大地方报13日共计发出报道20篇。事故发生后两天,四大央视纸媒共发出36篇相关报道,三大天津地方报共发出125篇报道。

表3-7　重要纸媒48小时新闻报道

	《人民日报》	《光明日报》	《中国青年报》	《解放日报》	《天津日报》	《城市快报》	《每日新报》
8月13日	1	0	0	1	10	3	7
8月14日	9	10	10	5	18	23	64
文章总数	10	10	10	6	28	26	71
总计	36(篇)				125(篇)		

2. 新闻媒体与社交媒体信息传播对比

表3-8　媒体涉“天津港爆炸”48小时信息传播对比

媒体	高峰时段	传播量
新浪微博	8月13日	20亿+
微信	8月13日	3 000万+
百度指数	8月13日	4万+
主流媒体	8月14日	145
四大纸媒	8月14日	36
三大天津地方纸媒	8月14日	105

从表3-8中可以看出,重大事件发生后,社交媒体的反应速度甚至比新闻媒体还要快,天津港爆炸事故的消息首发就在微博平台。微博、微信两大社交媒体均在8月13日(次日)达到了信息传播的高峰时段,从各种传播量数据来看,这两者的传播力度也是相当惊人的。相较之下,传统新闻媒体的反应速度稍慢,8月13日纸媒的信息传播力度较小,且明显低于社交媒体,纸媒传播力度在8月14日才开始上升。

(三)天津媒体与政府公关备受质疑

1. 天津电视台播韩剧受质疑

天津港爆炸事故发生之际,天津瞬间成了媒体关注的焦点。有网友指出,在全球媒体聚焦天津港爆炸事故时，天津电视台竟在放韩剧。新浪新闻中心“头条新闻”在 8 月 13 日 9 点 30 分发布微博称：“爆炸已超 10 小时，天津卫视仍在播韩剧。”这条微博得到了数万的转发评论量，并且有 6 800 多次的点赞。直至 8 月 13 日上午 10 点左右，天津卫视的《新闻这 1 刻》开始报道滨海新区的爆炸事故，以及救援方面的相关信息。与天津电视台同时遭到网友指责批评的还有当地纸媒，无论是 8 月 13 日早上出版的《天津日报》，还是当日下午出版的《今晚报》，因为它们刊发的多是领导指示的内容，因而被公众指责过于官方。

图 3－22 天津电视台播韩剧受质疑

2. 政府新闻发布会备受争议

天津港爆炸事故极大地考验了天津政府的舆情应对能力。天津方面在事故发生后的 12 天里共召开了 14 场新闻发布会，但前面 6 场发布会的效果不太理想。公众质疑主要集中在两个方面：记者提问过半数问题未当场作答；6 场发布会未见市领导出席。

《新京报》记者整理的数据显示，在 6 场发布会中，记者提问的问题超过 60 个，其中过半问题未能当场得到解答。在第三场发布会中，记者共提出 8 个问题，有 5 个问题被官员直接回答“不知道”“下一场给答案”；在第四场发布会中，记者共提出9个问题，4个问题被回复“不了解”或“没办法给答复”，1个问题被回复“下一场给答复”。

首场发布会的直播在记者提问环节被暂停，而后的5场新闻发布会的直播在记者提问环节均被中断，因而成为舆论槽点，不仅引起公众的质疑，而且为谣言提供了发酵空间。直至第七场发布会，天津市分管安全生产的副市长何树山才首次参会，天津官员在回答记者提问时的表现有所改观。

表3-9 前6场新闻发布会

发布会	是否准时	正向回应	次生舆情	出席发布会人员
第一场8月13日16:30距离爆炸17小时	是	1. 公布安置情况。 2. 公布环境监测情况，公布刺激性气味来源。	1. 分管安全副市长未出席、安监部官员未出席。 2. 危险品爆炸物离居民区距离“还是蛮远的”(张勇)。 3. 有没有氰化物未回应。 4. 具体起火爆炸原因不清楚。 5. 经济损失未回应。 6. 发布会直播至记者提问环节中断。	滨海新区区长张勇 天津市公安消防局局长周天 天津市卫计委主任王建存 天津市环保局局长温武瑞
第二场8月14日10:13距离爆炸34小时	10分钟	1. 通报伤亡情况，一名幸存者获救。 2. 首次通报救援中的爆炸情况。 3. 通报环境情况。	1. 中转仓库，无法给出危险品详细信息。 2. 消防具体处置方法目前不清楚。 3. 安全评估报告需与交通部门沟通。 4. 发布会直播至记者提问环节中断。 5. 发布会结束时，现场多名记者大喊：只峰是谁？	天津市委宣传部副部长、市政府新闻办主任龚建生 天津市公安消防局局长周天 天津市卫计委主任王建存 天津市安监局副局长高怀友 南开大学环境科学与工程学院教授冯银厂
第三场8月14日18:00距离爆炸42小时	是	1. 救援进展，明火扑灭。 2. 安置情况通报。 3. 伤亡情况通报。	1. 回应中使用：“这个情况不了解，需要下来问一下。”“这个情况我需要找同事核实一下。” 2. 发布会直播至记者提问环节中断。	天津市委宣传部副部长、市政府新闻办主任龚建生 天津市消防局局长周天 滨海新区常务副区长张锐钢 滨海新区民政局局长郭志寅 滨海新区卫生局局长尹占春

续表

发布会	是否准时	正向回应	次生舆情	出席发布会人员
第四场 8 月 15 日 10:00 距离爆炸 58 小时	是	1. 伤亡通报。 2. 初步确认危化品种类及危害。 3. 通报环境监测情况。 4. 可部分公开安评报告。 5. 辟谣关于只峰的谣言。	1. 安评情况系交通部门掌握。 2. 记者要求港口部门发声。 3. 发布会直播至记者提问环节中断。 4. 消防员家属冲击发布会现场。 5. 回应中多次使用不掌握、不了解、无法回答等否定性词语。	天津市委宣传部副部长、市政府新闻办主任龚建生 天津市安监局副局长高怀友 天津市环保局高级工程师包景岭
第五场 8 月 15 日 17:00 距离爆炸 65 小时	是	1. 伤亡通报。 2. 救援进展、心理干预及卫生防疫工作。 3. 青年志愿者参与救援情况。	1. 爆炸是否确认源头,回应不清楚。 2. 危险品与小区建设距离问题,回应:"不是我的职责。" 3. 编外消防员死亡统计未获回应。 4. 问及伤亡具体数据,回答不掌握。 5. 发布会直播至记者提问环节中断。	天津市委宣传部副部长、市政府新闻办主任龚建生 天津市公安消防局局长周天 天津市卫计委主任王建存 共青团天津市委书记徐岗 天津蓝天救援队行政队长李怡爽
第六场 8 月 16 日 11:00 距离爆炸 83 小时	20 分钟	1. 伤亡通报。 2. 失联人员通报。 3. 部队救援情况。 4. 环境监测情况。	1. 问及谁统筹指挥救援,回应:"将尽快了解情况。" 2. 相关人员开场白"见到大家很高兴"引起不满。 3. 未回应:爆炸起因数百吨氰化钠从哪来?物流公司调查进展?遇难者失联者名单……	天津市委宣传部副部长、市政府新闻办主任龚建生 北京军区参谋长史鲁泽少将 天津市环保局高级工程师包景岭

(四)特别重大事故舆情应对策略

每起特大事故都是震惊全国乃至全世界的舆情事件,重大突发事故的发生往往伴随着民众舆情的高涨,应对不当有可能引发社会不稳定因素。政府、媒体、公众等多方主体要积极探索正确的参与方式,如果政府的舆情应对不当,将直接导致政府公信力受损。

(1)高度重视舆情,客观表述真相。政府部门应该高度重视重大突发事故相关舆情。在互联网时代,重大事故产生的舆情影响范围极大。信息发布应采用客观事实佐证，表述尽可能客观、真实，不能急于撇清责任。

(2)重视自媒体发声。自媒体时代，人人都是信息的发布者与传播者，重大事故可迅速在全国甚至在全球范围内引发公众的关注与热议，这将很大程度上影响舆论态势。

(3)把握舆情黄金时段。舆情传播进入秒传播时代，黄金舆情时段从 48 小时、24 小时逐渐减少。政府应尽快了解事态与公众关切的问题，用成熟的话语方式快速应对特大事故舆情。

(4)选用恰当的发声主体。直管领导应当介入，可根据事态发展提高响应层级，并引入对应的第三方专家。

(5)采用大数据信息技术手段辅佐研判。这其中包括：对辖区对象社交网络信息实时采集、精准分析、广泛获取、重点监测；舆情的搜索；热点分析、敏感点预警；用数据指数辅助研判局势等。

八、结语

1997 年至 2017 年，我国共发生 162 起特别重大事故，累计死亡人数 9 996 人，特别重大事故造成的直接经济损失累计达 120 亿元。20 年来，我国平均每年发生 8 起特别重大事故，平均每年每起特别重大事故死亡人数 61 人，平均每年因特别重大事故造成的死亡人数达 476 人。

我国特别重大事故有如下规律与特征：我国特别重大事故数量在时间趋势上呈明显的下降趋势，尤其是 2005 年安监总局成立后，特大事故数量上有显著下降；在地域分布上，多集中于中东部经济较发达地区，黑龙江、河南与山西是特别重大事故频发的省份。采矿业与交通运输业仍是我国特别重大事故的高发领域。瓦斯爆炸、火灾和淹溺是导致特别重大事故人员死亡数量最多的三类。

值得一提的是，我国特别重大事故数量正随着国家经济的不断发展呈现下降趋势。据应急管理部统计司统计，2018 年一季度，全国事故总量、较大事故、重大事故同比实现“三个下降”，大部分行业领域、大部分地区安全生产形势较为稳定，特别是一季度全国未发生特别重大事故，2018 年 3 月份全国未发生重大事故，全国安全生产形势良好。但是，我国的安全事故死亡率还是远远高于其他国家，我国安全生产还有很长的路要走。

附录一　中国 20 年特别重大事故基本信息列表

日期	特别重大事故名称	省份	死亡人数
1997/7/12	常山县“7・12”住宅楼倒塌特大事故	浙江	36
1997/8/29	广西都安“8・29”特大交通事故	广西	36
1997/10/12	东川市“10・12”特大交通事故	云南	42
1997/11/13	淮南矿务局潘三矿“11・13”瓦斯爆炸事故	安徽	88
1997/11/27	淮南矿务局谢二矿“11・27”重大瓦斯爆炸事故	安徽	45
1997/12/10	河南省某市石龙区五七集团公司大井“12・10”特大瓦斯爆炸事故	河南	79
1997/12/16	株洲市“12・16”特大火灾事故	湖南	31
1998/1/24	阜新矿务局王营煤矿“1・24”特别重大瓦斯爆炸事故	辽宁	78
1998/2/11	湘阴“2・11”客车坠江事故	湖南	31
1998/4/6	河南省某市石龙区“4・6”特大爆炸事故	河南	62
1998/7/9	重庆市江津“7・9”特大沉船事故	重庆	69
1998/7/12	四川省江安县“7・12”特大沉船事故	四川	88
1998/8/27	福建省建宁县“8・27”特大交通事故	福建	38
1998/9/30	福建省政和县“9・30”特大交通事故	福建	33
1998/12/12	河南省宝丰县大营镇一矿“12・12”特别重大瓦斯煤尘爆炸事故	河南	66
1999/1/4	重庆市綦江县虹桥“1・4”特大垮塌事故	重庆	40
1999/2/24	中国西南航空公司“2・24”特大飞行事故	浙江	61
1999/5/5	浙江省常山县“5・5”特大交通事故	浙江	32
1999/6/22	合江县“6・22”特大水上交通事故	四川	130
1999/6/22	武汉航空公司“6・22”特大飞行事故	湖北	49
1999/7/18	汶川县“7・18”特大道路交通事故	四川	33
1999/8/24	河南省平顶山市韩庄矿务局二矿“8・24”特别重大瓦斯煤尘爆炸事故	河南	55
1999/11/24	“11・24”特大海难事故	山东	282

续表

日期	特别重大事故名称	省份	死亡人数
2000/3/29	焦作“3・29”特大火灾事故	河南	74
2000/6/30	江门市土出高级烟花厂“6・30”特大爆炸事故	广东	37
2000/7/7	广西柳州壶东大桥“7・7”特大交通事故	广西	79
2000/9/5	山西省大同煤矿集团永定庄矿“9・5”特大瓦斯爆炸事故	山西	31
2000/9/27	贵州省水城矿务局木冲沟煤矿“9・27”特大瓦斯煤尘爆炸事故	贵州	162
2000/11/5	吉林省辽源矿务局西安矿四区小井“11・5”特大瓦斯爆炸事故	吉林	31
2000/11/25	内蒙古自治区呼伦贝尔煤业集团大雁煤业公司二矿“11・25”特别重大瓦斯爆炸事故	内蒙古	51
2000/12/4	山西省河津市下化乡天龙煤矿“12・3”特大瓦斯爆炸事故	山西	46
2000/12/25	洛阳东都商厦“12・25”特大火灾事故	河南	309
2001/3/26	黑龙江省农垦总局宝泉岭分局新华农场煤矿“3・1”特大瓦斯爆炸事故	黑龙江	32
2001/4/6	陕西省铜川矿务局陈家山煤矿“4・6”特大瓦斯爆炸事故	陕西	38
2001/4/21	陕西省韩城矿务局下峪口煤矿多种经营公司二号井“4・21”特大瓦斯煤尘爆炸事故	陕西	46
2001/7/16	陕西横山“7・16”特大爆炸事故	陕西	44
2001/7/17	上海沪东造船厂龙门吊特大坍塌事故	上海	36
2001/7/22	徐州“7・22”煤矿爆炸事故	江苏	92
2001/8/10	新疆“8・10”客车特大坠河事故	新疆	35
2001/8/23	陕西“8・23”特大道路交通事故	陕西	30
2001/9/21	贵州“9・21”特大道路交通事故	贵州	36
2001/11/15	山西省交城县交城桃园煤炭有限公司坡底煤矿“11・15”特大瓦斯爆炸事故	山西	33
2002/5/7	大连“5・7”空难	辽宁	112
2002/6/20	黑龙江省鸡西市“6・20”特大矿难	黑龙江	124
2002/6/22	山西繁峙义兴寨金矿区“6・22”特大爆炸事故	山西	38
2002/7/4	吉林白山“7・4”矿难	吉林	39
2002/7/8	黑龙江省鹤岗市南山区鼎盛煤矿“7・8”特大瓦斯爆炸事故	黑龙江	44

续表

日期	特别重大事故名称	省份	死亡人数
2002/9/3	湖南省双峰县秋湖煤业有限责任公司“9・3”煤与瓦斯突出特大事故	湖南	39
2002/10/23	山西省吕梁市朱家店煤矿“10・23”特大瓦斯爆炸事故	山西	44
2002/10/29	南宁市矿务局二塘煤矿特大电气火灾事故	广西	30
2002/11/10	山西省晋中市灵石县两渡镇太西煤矿“11・10”特大瓦斯煤尘爆炸事故	山西	37
2002/12/6	吉林省万宝煤矿小新井“12・6”特大火灾事故	吉林	30
2002/12/18	重庆长寿“12・18”特大水上交通事故	重庆	40
2003/1/11	黑龙江省哈尔滨市方正县宝兴乡宝兴煤矿“1・11”特大瓦斯爆炸事故	黑龙江	34
2003/2/2	黑龙江省哈尔滨市天潭大酒店“2・2”特大火灾事故	黑龙江	33
2003/2/24	贵州省水城矿业集团公司木冲沟煤矿“2・24”特大瓦斯爆炸事故	贵州	39
2003/3/22	山西省孝义市孟南庄煤矿有限公司“3・22”特大瓦斯煤尘爆炸事故	山西	72
2003/5/13	安徽省淮北矿业集团公司芦岭煤矿“5・13”特大瓦斯爆炸事故	安徽	86
2003/6/6	广东省东源县“6・6”特大道路交通事故	广东	32
2003/6/19	重庆涪陵“6・19”特大水上交通事故	重庆	52
2003/7/26	山东省滕州市木石镇木石煤矿“7・26”特大透水事故	山东	35
2003/7/28	河北省辛集市郭西烟花爆竹厂“7・28”特大爆炸事故	河北	35
2003/8/11	山西省大同市杏儿沟煤业有限责任公司“8・11”特大瓦斯爆炸事故	山西	43
2003/11/14	江西省丰城矿务局建新煤矿“11・14”特大瓦斯爆炸事故	江西	49
2003/12/21	广东省连州市“12・21”特大道路交通事故	广东	32
2003/12/23	中石油川东钻探公司“12・23”井喷特大事故	重庆	243
2003/12/30	辽宁省昌图彩光公司“12・30”特大烟花爆竹爆炸事故	辽宁	38
2004/2/15	吉林市中百商厦“2・15”火灾事故	吉林	53
2004/2/23	百兴煤矿“2・23”特大瓦斯爆炸事故	黑龙江	37
2004/4/30	山西隰县“4・30”煤矿瓦斯爆炸事故	山西	36
2004/6/22	河南省济源市小浪底水库“6・22”特别重大沉船事故	河南	42
2004/9/25	重庆石柱“9・25”特大交通事故	重庆	44

续表

日期	特别重大事故名称	省份	死亡人数
2004/9/27	四川南充"9·27"特别重大沉船事故	四川	66
2004/10/4	广西浦北"10·4"特大烟花爆炸事故	广西	32
2004/10/20	大平煤矿"10·20"特大瓦斯爆炸事故	河南	148
2004/11/11	河南平顶山新生煤矿"11·11"特大瓦斯爆炸事故	河南	33
2004/11/20	河北邢台"11·20"铁矿特别重大火灾事故	河北	70
2004/11/21	包头"11·21"空难	内蒙古	55
2004/11/28	陕西省铜川矿务局陈家山煤矿"11·28"特别重大瓦斯爆炸事故	陕西	166
2004/12/9	山西盂县乡镇煤矿瓦斯爆炸事故	山西	33
2004/12/12	贵州思南县天池煤矿"12·12"特别重大透水事故	贵州	36
2005/1/3	青海玉树货车翻车特大交通事故	青海	56
2005/2/14	孙家湾煤矿海州立井"2·14"特别重大瓦斯爆炸事故	辽宁	214
2005/3/17	梨温高速"3·17"车辆爆炸事故	江西	31
2005/3/19	山西省朔州市平鲁区细水煤矿"3·19"特别重大瓦斯爆炸事故	山西	72
2005/4/24	吉林蛟河腾达煤矿"4·24"特别重大透水事故	吉林	30
2005/5/19	河北省承德县承德暖儿河矿业有限公司"5·19"特别重大瓦斯爆炸事故	河北	50
2005/6/10	广东汕头华南宾馆"6·10"火灾事故	广东	31
2005/7/2	山西省宁武贾家堡煤矿瓦斯爆炸事故	山西	36
2005/7/11	新疆阜康市神龙有限责任公司煤矿"7·11"特别重大瓦斯爆炸事故	新疆	83
2005/8/7	广东省梅州市大兴煤矿"8·7"特别重大透水事故	广东	121
2005/10/3	河南省鹤壁煤业(集团)有限责任公司二矿"10·3"特别重大瓦斯爆炸事故	河南	34
2005/11/6	河北邢台石膏矿区"11·6"特别重大坍塌事故	河北	37
2005/11/27	七台河东风煤矿"11·27"特大煤尘爆炸事故	黑龙江	171
2005/12/2	洛阳市新安县寺沟煤矿"12·2"特别重大透水事故	河南	42
2005/12/7	河北唐山恒源实业有限公司瓦斯爆炸事故	河北	108
2005/12/15	吉林辽源中心医院"12·15"特大火灾事故	吉林	37
2005/12/22	四川董家山隧道"12·22"特大瓦斯爆炸事故	陕西	44
2006/4/29	陕西省子长县瓦窑堡煤矿"4·29"特别重大瓦斯爆炸事故	陕西	32

续表

日期	特别重大事故名称	省份	死亡人数
2006/5/18	山西省大同市左云县新井煤矿“5·18”特别重大透水事故	山西	56
2006/6/3	安徽广德“6·3”空难	安徽	40
2006/6/28	辽宁阜新五龙煤矿“6·28”特别重大瓦斯爆炸事故	辽宁	32
2006/10/1	重庆市沙坪坝区“10·1”重特大交通事故	重庆	30
2006/11/5	山西同煤集团轩岗煤电公司焦家寨煤矿“11·5”特别重大瓦斯爆炸事故	山西	47
2006/11/12	山西省晋中市灵石县王禹乡南山煤矿“11·12”特别重大火灾事故	山西	34
2006/11/25	云南省曲靖市富源县昌源煤矿“11·25”瓦斯爆炸事故	云南	32
2007/4/16	河南省平顶山市宝丰县周庄镇王庄煤矿“4·16”特别重大瓦斯爆炸事故	河南	31
2007/4/18	辽宁省铁岭市钢水包脱落事故	辽宁	32
2007/8/13	湖南省凤凰县堤溪沱江大桥“8·13”特别重大坍塌事故	湖南	64
2007/11/8	贵州省毕节市纳雍县群力煤矿“11·8”特别重大煤与瓦斯突出事故	贵州	35
2007/11/20	湖北恩施“11·20”宜万铁路高阳寨隧道口特别重大坍塌事故	湖北	35
2007/12/5	山西省“12·5”特别重大瓦斯爆炸事故	山西	105
2008/4/28	胶济铁路“4·28”重大事故	山东	72
2008/6/13	山西孝义“6·13”煤矿爆炸事故	山西	35
2008/7/14	河北省蔚县李家洼煤矿新井“7·14”特别重大炸药燃烧瞒报事故	河北	35
2008/7/21	广西百色右江矿务局那读煤矿“7·21”特别重大透水事故	广西	36
2008/8/1	山西省娄烦县尖山铁矿“8·1”特别重大排土场垮塌事故	山西	45
2008/9/8	山西省襄汾县新塔矿业公司“9·8”特别重大尾矿库溃坝事故	山西	281
2008/9/13	巴中“9·13”特别重大交通事故	四川	51
2008/9/20	鹤岗富华煤矿“9·20”特别重大事故	黑龙江	31
2008/9/21	深圳龙岗俱乐部火灾事件	广东	44
2008/9/21	河南郑州登封新丰二矿“9·21”瓦斯突出事故	河南	37

续表

日期	特别重大事故名称	省份	死亡人数
2009/2/22	山西西山煤电屯兰矿“2・22”瓦斯爆炸事故	山西	78
2009/5/30	重庆市松藻煤电有限公司同华煤矿“5・30”特别重大煤与瓦斯突出事故	重庆	30
2009/9/8	河南省平顶山市新华区四矿“9・8”特别重大瓦斯爆炸事故	河南	76
2009/11/21	黑龙江鹤岗新兴煤矿“11・21”特别重大煤与瓦斯突出和瓦斯爆炸事故	黑龙江	108
2010/1/5	湖南省湘潭县立胜煤矿“1・5”特大火灾事故	湖南	34
2010/3/1	神华集团乌海能源公司骆驼山煤矿“3・1”特别重大透水事故	内蒙古	32
2010/3/28	山西华晋焦煤王家岭矿“3・28”特别重大透水事故	山西	37
2010/3/31	河南省洛阳市伊川县国民煤业公司“3・31”特别重大煤与瓦斯突出事故	河南	44
2010/5/23	辽宁省阜新市“5・23”特别重大道路交通事故	辽宁	33
2010/6/21	河南省平顶山市卫东区兴东二矿“6・21”特别重大炸药爆炸事故	河南	49
2010/8/16	黑龙江伊春市华利实业有限公司“8・16”特别重大烟花爆竹爆炸事故	黑龙江	33
2010/8/24	伊春“8・24”特别重大飞机坠毁事故	黑龙江	44
2010/10/16	河南省中平能化集团平禹煤电公司四矿“10・16”特别重大煤与瓦斯突出事故	河南	37
2010/11/15	上海“11・15”特大火灾事故	上海	58
2011/7/22	京珠高速河南信阳“7・22”特别重大卧铺客车燃烧事故	河南	41
2011/7/23	“7・23”甬温线特别重大铁路交通事故	浙江	40
2011/10/7	滨保高速天津“10・7”特别重大道路交通事故	天津	35
2011/11/10	云南省曲靖市师宗县私庄煤矿“11・10”特别重大煤与瓦斯突出事故	云南	35
2012/8/26	包茂高速延安“8・26”特大道路交通事故	陕西	36
2012/8/29	肖家湾煤矿“8・29”特别重大瓦斯爆炸事故	四川	48
2013/3/29	吉林通化八宝煤业公司“3・29”特别重大瓦斯爆炸事故	吉林	36
2013/5/20	山东保利民爆济南科技有限公司“5・20”特别重大爆炸事故	山东	33

续表

日期	特别重大事故名称	省份	死亡人数
2013/6/3	吉林省长春市宝源丰禽业有限公司“6·3”特别重大火灾爆炸事故	吉林	121
2013/11/22	青岛“11·22”输油管道泄露爆炸事故	山东	62
2014/3/1	晋济高速“3·1”特别重大燃爆事故	山西	40
2014/7/19	沪昆高速邵怀段“7·19”交通事故	湖南	54
2014/7/23	台湾复航“7·23”客机坠毁事件	台湾	48
2014/8/2	江苏昆山中荣金属公司“8·2”特别重大爆炸事故	江苏	146
2014/8/9	西藏拉萨“8·9”特大道路交通事故	西藏	44
2014/12/31	上海外滩陈毅广场拥挤踩踏事件	上海	36
2015/5/15	陕西咸阳“5·15”特别重大道路交通事故	陕西	35
2015/5/25	河南“5·25”养老院老年公寓火灾事故	河南	38
2015/6/1	东方之星旅游客船倾覆事件（严谨来说定性为事件，并不完全是特大事故；但具有较强的警醒作用，本报告依然引入作为特大事故分析）	湖北	458
2015/8/12	天津港“8·12”瑞海公司危险品仓库特别重大火灾爆炸事故	天津	165
2015/12/20	深圳“12·20”特别重大滑坡事故	深圳	77
2016/6/26	宜凤高速“6·26”特别重大交通事故	湖南	35
2016/10/31	重庆市永川区金山沟煤矿“10·31”瓦斯爆炸事故	重庆	33
2016/11/24	江西丰城发电厂“11·24”冷却塔施工平台坍塌特别重大事故	江西	73
2016/12/3	内蒙古赤峰“12·3”特别重大瓦斯爆炸事故	内蒙古	32
2017/8/10	陕西安康京昆高速“8·10”特别重大道路交通事故	陕西	36

附录二　NLPIR 大数据语义智能分析平台简介

NLPIR 大数据语义智能分析平台针对大数据内容采编挖搜的综合需求，融合了网络精准采集、自然语言理解、文本挖掘和语义搜索的最新研究成果，历时 18 年，服务了全球 40 万家机构用户，是大数据时代语义智能分析的一大利器。

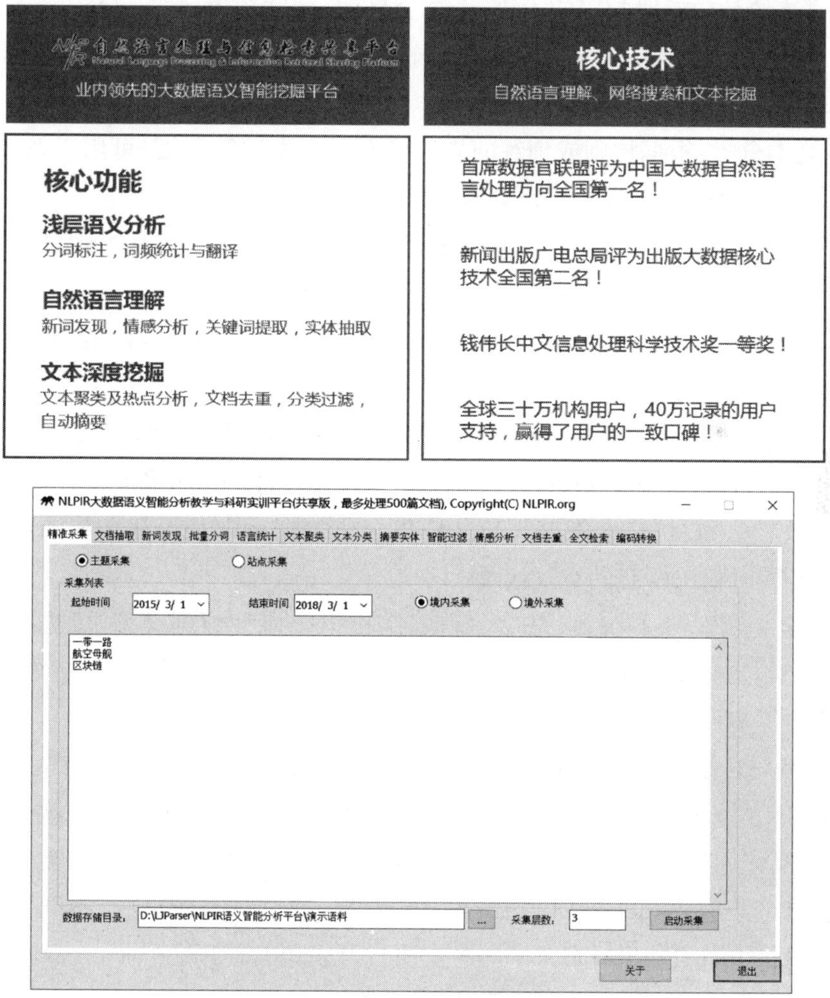

图 3－23　NLPIR 大数据语义智能分析平台客户端

NLPIR 大数据语义智能分析平台具有 13 项功能：

1. 精准采集：对境内外互联网海量信息实时精准采集，有主题采集（按照信息需求的主题采集）与站点采集两种模式（给定网址列表的站内定点采集功能）。

2. 文档抽取：对 DOC、EXCEL、PDF 与 PPT 等多种主流文档格式进行文本信息抽取，信息抽取准确度和效率要达到大数据处理的要求。

3. 新词发现：从文本中挖掘出新词、新概念，可以用于专业词典的编撰，还可以进一步编辑标注，导入分词词典中，提高分词系统的准确度，并适应新的语言变化。

4. 批量分词：对原始语料进行分词，自动识别人名、地名、机构名等未登录词，新词标注以及词性标注，并可在分析过程中导入用户定义的词典。

5. 语言统计：针对切分标注结果，系统可以自动地进行一元词频统计、二元词语转移概率统计。针对常用的术语，系统会自动给出相应的英文解释。

6. 文本聚类：能够从大规模数据中自动分析出热点事件，并提供事件话题的关键特征描述，同时适用于长文本和短信、微博等短文本的热点分析。

7. 文本分类：根据规则或训练的方法对大量文本进行分类，可用于新闻分类、简历分类、邮件分类、办公文档分类、区域分类等诸多方面。

8. 摘要实体：对单篇或多篇文章自动提炼出内容摘要，抽取人名、地名、机构名、时间及主题关键词，方便用户快速浏览文本内容。

9. 智能过滤：对文本内容的语义进行智能过滤审查，内置国内最全词库，智能识别多种变种，包括形变、音变、繁简等多种变形，语义精准排歧。

10. 情感分析：针对事先指定的分析对象，系统自动分析海量文档的情感倾向——情感极性及情感值测量，并在原文中给出正负面的得分和句子样例。

11. 文档去重：快速准确地判断文件集合或数据库中是否存在相同或相似内容的记录，同时找出所有的重复记录。

12. 全文检索：支持文本、数字、日期、字符串等多种数据类型，可进行多字段的高效搜索，支持 AND/OR/NOT 以及 NEAR 邻近等查询语法，支持维吾尔语、藏语、蒙语等多种少数民族语言的检索。

13. 编码转换：自动识别内容的编码，并把编码统一转换为其他编码。

NLPIR 大数据语义智能分析平台提供了客户端工具、云服务与二次开发接口等多种产品使用形式。各个中间件 API 可以无缝地融合到客户的各类复杂应用系统之中，可兼容 Windows、Linux、Android、Maemo5、FreeBSD 等不同操作系统平台，可以供 Java、Python、C、C# 等各类平台开发语言使用。

NLPIR 大数据语义智能分析平台白皮书：http://www.nlpir.org/NLPIR-Parser-WhitePaper.pdf（约 3MB）。

NLPIR 大数据语义智能分析平台：http://www.nlpir.org/NLPIR-Parser.zip（约 160MB）。

第四章　“四有好老师”奖励计划成果发布

北京师范大学新闻传播学院
光明日报智库研究与发布中心

■“四有好老师”评选活动舆情研究报告

喻国明　杨　雅　潘佳宝 等

■人民教师媒介形象的建构和历史变迁
——基于《人民日报》(1946—2018 年)报道分析

方增泉　祁雪晶　李　君

“四有好老师”评选活动舆情研究报告

喻国明 杨 雅 潘佳宝 等

一、研究概要及发现

(一)“四有好老师”评选活动的媒体传播扩散情况

1. 媒体场舆情流量大,传统媒体和新媒体双重覆盖

“四有好老师”评选活动在媒体场产生的舆情信息流量较大,参与报道的媒体(不含自媒体)有 300 家左右,新闻转发量达 41 150 次。其中,网络平台信息流量突出,网页新闻(51.66%)、微信公众号(25.83%)和新闻客户端(20.07%)占新闻发布总量的比重较大。

2. 8 月份媒体场舆情最活跃,舆论热度延续近一个月,通勤时间舆情最活跃

本次活动所产生的舆情波及时间范围超过 15 天,抽样时段(6 月 25 日至 8 月 25 日)的媒体报道高峰出现在 8 月 14 日,占报道总量的 28.3%。8 月 23 日的乔永斌报道也呈现一个报道小高峰,占报道总量的 14.5%。

3. 热点话题:“四有好老师”含义和评选标准最受关注

“有理想信念、有道德情操、有扎实学识、有仁爱之心”频繁出现在报道中,“四有引路人”“四个相统一”也多次被提及,“做党和人民满意的好教师”“两个一百年”也是媒体主要讨论的话题。

4. 报道的第一落点:全国类网站居多

媒体报道的第一落点以面向全国的报纸、网站为主,如《光明日报》《中国教育报》的网站,以及人民网、中青网等,占比 42.31%。此次对“四有好老师”评选活动进行报道的媒体级别较高,《光明日报》是原创报道的撰写主力军,主流媒体、各地学校和教育部门的相关网站也积极参与报道的撰写与转载。

5. 媒体报道的基调:以正面中立报道为主,无负面新闻

正面新闻占报道总量的 97%,无负面新闻。这对“四有好老师”活动、相关机构和主要人物的形象塑造有积极作用。

6. 报道机构:"北京师范大学"是主要被报道的机构

"北京师范大学"或"北师大"这一机构名称在共计66.67%的媒体报道中被提及,影响广泛。

7. 报道核心人物:习近平总书记与"好老师"

相关报道中对习近平总书记的指示精神及讲话内容着墨最多,超过70.33%的报道中均有提及"习近平"相关内容。

8. 报道群体:好老师群体和典型个人报道均有侧重

关于"四有好老师"候选人个体的典型人物报道,以及各地学习好老师、争做"四有好老师"的群体类报道各有侧重。其中,"四有好老师"候选人的典型人物报道占比最多,为76%。

9. 报道提及的主要地区:北京、贵阳、恩施

省级行政区域中"北京"被提及的次数多达49次,"贵州省贵阳市"是出现频次最高的地市。可见,"四有好老师"评选活动的舆情扩散范围突破了地域限制,成为全国热议的话题。

(二)"四有好老师"候选人的人物画像指标

1."四有好老师"候选人分布地域:分布全国,青海最多

20位候选人分别来自14个省级行政区域。其中,来自青海的候选人有3位,来自黑龙江、重庆、湖南的候选人各有2位。

2."四有好老师"候选人性别比例:男性居多

在20位"四有好老师"候选人中,80%的候选人为男性,20%的候选人为女性。

3."四有好老师"候选人任教学科:语文老师更多,教授多门课程的情况比较普遍

"四有好老师"候选人教授最多的是语文课,其次是数学课。在20位候选人中,有2位老师是全科教师。

4."四有好老师"候选人民族情况:以汉族为主,覆盖少数民族

20位"四有好老师"候选人中大部分为汉族,占比75%,其余少数民族教师中有藏族、回族、满族、苗族、壮族各1位,主要分布在青海、云南、福建、河北等地区。

5."四有好老师"候选人职称分布:以高级教师、一级教师为主

20位"四有好老师"候选老师中,有16位职称评级为高级、1位职称评级为副高级、3位职称评级为一级。

6.“四有好老师”候选人年龄分布:以50—59岁为主

20位“四有好老师”候选老师中,年龄最大的68岁,最小的48岁,平均年龄55.35岁。其中,年龄分布在50—59岁的老师最多。

7.“四有好老师”候选人教龄分布:平均在30年以上,教育经验丰富

20位“四有好老师”候选人均为经验丰富的老教师,教龄均在30年及以上。其中,教龄最长的43年,最短的30年,平均教龄35.4年。

8.“四有好老师”候选人政治面貌:以党员为主

20位“四有好老师”候选人中,有18位是党员,2位是群众。

9.“四有好老师”候选人行政职务情况

20位“四有好老师”候选人中,有行政职务的共6人,多数候选好老师无行政职务,以教职为主。

10.“四有好老师”候选人获得奖励情况:多次获得国家级奖项

80%的候选人曾获得5次以下国家级奖项,20%的候选人曾获得5次及以上国家级奖项,这些奖项包括全国模范教师、全国优秀班主任、全国先进工作者等。

11.“四有好老师”候选人志愿服务情况:多次参与志愿服务

在20位候选人中,19位候选人参与过此类工作,平均参与次数为9.75次。参与次数最多的候选人,在30多年的时间里共参与过58次志愿服务,这些志愿服务主要以参与教研活动、分享教学经验以及资助贫困学生为主。

12.“四有好老师”候选人人物特质:认真尽责、创新教育教学

好老师整体具备认真负责、有条理、勤奋、自律、细心、有毅力、可靠等优秀品质,他们兴趣广泛、有创新性,积极创新教育教学方法和教育管理,他们是指导学生锤炼品格、学习知识、创新思维和奉献祖国的引路人。

(三)“四有好老师”评选活动的媒体报道亮点分析

(1)“四有好老师”候选人人物典型报道与自述文本基本一致,突出了好老师敬业奉献、爱教爱生的品质。

(2)“四有好老师”评选活动与首届“启功教师奖”报道在时间序列上具有一致性和稳定性。

(3)“四有好老师”评选活动的持续正面报道:从认知和情感两方面提升了教师职业的社会认可度。

二、舆情报告

(一)“四有好老师”奖励计划概述

党的十九大报告指出，建设教育强国是中华民族伟大复兴的基础工程，必须把教育事业放在优先位置，学习贯彻党的十九大精神，办好新时代人民满意的教育，就要把握好新时代教育的新使命，坚持教育自信，培养新时代的“四有好老师”。习近平总书记视察北京师范大学，发表“四有好老师”重要讲话并表示：打造一支有理想信念、有道德情操、有扎实学识、有仁爱之心的“四有好老师”队伍，是学校办学的重要任务。

为深入贯彻落实习近平总书记在北京师范大学师生座谈会上的重要讲话精神，大力弘扬高尚师德，引导广大教师做党和人民满意的好老师，在全社会营造尊师重教的良好风尚，鼓励广大教师在基础教育领域从我做起，为实现“两个一百年”奋斗目标、实现中华民族伟大复兴的中国梦贡献智慧和力量，北京师范大学设立了“四有好老师”奖励计划。“四有好老师”奖励计划以有理想信念、有道德情操、有扎实学识、有仁爱之心的“四有好老师”为评选标准。

“四有好老师”奖励计划用于奖励那些为我国基础教育做出贡献的优秀教师和优秀团队，力图带动和培育一批新时代“四有好老师”，获评者将会被分别授予“四有好老师”启功教师奖、“四有好老师”公益行动奖荣誉称号。

其中，“四有好老师”启功教师奖面向我国基础教育领域，奖励那些长期坚守在教育教学第一线，并做出突出贡献的教师。申报条件包括：(1)热爱党和人民的教育事业，有理想信念、有道德情操、有扎实学识、有仁爱之心，立德树人，为人师表；(2)躬行“学为人师，行为世范”的教育理念，在教育教学方面取得显著成绩，事迹突出；(3)长期坚守在基础教育教学第一线，从教满 30 年；同等条件下，优先考虑老少边贫困地区教师。

“四有好老师”公益行动优秀团队奖，每年评选一次，每次评选出 5—10 支团队。评选面向全国 31 个省（自治区、直辖市）、新疆生产建设兵团，已参与“公益行动”的基地校团队、共同体团队、各地指导专家团队。

(二)研究报告技术说明

1. 数据来源及甄选

本舆情研究报告的数据来源于时事探针与清博大数据的舆情分析平台系统，该监测平台可以 24 小时不间断地自动抓取国内主要新闻网站（含门户网站、新闻媒体网站等）、全国性与区域性知名论坛、微博、微信等不同舆论话语场域的舆情信息及情感倾向。

2. 数据抓取时间段

数据抓取时间段为 2018 年 6 月 25 日至 2018 年 8 月 25 日。

数据抓取时间从“四有好老师”评选计划启动日(2018 年 6 月 24 日)的次日开始，到 2018 年 8 月 25 日，共持续两个月。

3. 数据应用及说明

信息抓取后经过信息处理系统，信息会自动消重、聚合、分类呈现。共抓取各类原始数据 601 条，人工判断后得到有效数据 572 条。后期介入人工内容分析、数据挖掘和处理，并使用分词系统进行词频分析，数据呈现方式以可视化呈现(统计图、词云)为主，辅以数据的解读和分析。

此外，“四有好老师”的自述文本来自北京师范大学践行习近平总书记“四有好老师”重要讲话精神专项实践总队的 20 支队伍所获得的 20 位候选好老师的简介和事迹自述文本(调研情况如表 4 - 1 所示)。共得到文本字符数 101 951，通过词频分析，获取词频数在 15 以上的高频词共 145 个，并在此基础上通过模型进行分析与可视化呈现。

表 4 - 1 “四有好老师”奖励计划调研对象信息汇总

分组			省份	调研对象
东北	1	东北组	黑龙江	仲威平
				吴文舟
华北	2	华北一组	北京	王建
	3	华北二组	河北	李广
华中	4	华中组	湖南	邓先华
				黄亚飞
华南	5	华南一组	广西	周凤兰
	6	华南二组	海南	马向阳
	7	华南三组	云南	农加贵
西南	8	西南一组	湖北	乔永斌
	9	西南二组	重庆	左天玖
				张宗茂
	10	西南三组	贵州	刘正国
西北	11	西北一组	陕西	唐自银
	12	西北二组	甘肃	张惠霞

续表

分组			省份	调研对象
西北	13	西北三组	青海	王齐
				尹林
	14	西北四组	青海	王宏
东南	15	东南一组	福建	郭秋维
	16	东南二组	江西	罗光祥

研究分析维度与指标情况如表 4－2 所示。

表 4－2　研究分析维度与指标情况

研究分析维度与指标情况	研究维度	一级指标	二级指标	三级指标
	"四有好老师"评选活动影响力分析（方法:舆情分析）	媒体报道类型	传统媒体（新闻类、商业类、教育/学校类）	报纸
				网页
				移动客户端
			网络社交媒体	微信
				微博
				论坛
		媒体报道对象	"四有好老师"个体	
			"四有好老师"群体	
			报纸等媒体网站(全国类、地方类、商业类)	
			学校/教育主管部门网站	
			商业教育类机构网站	
			其他网站	
		信息转载量	比较不同类型媒体转载量数值	
	"四有好老师"候选者画像分析（方法:文本分析）	媒体呈现文本	新闻媒体场域	
			社交媒体场域	
		老师自述文本	人口统计学画像	
			高频词分析	
			心理学人格特征模型画像	

(三)舆情研究报告正文

1."四有好老师"评选活动的媒体传播扩散情况

(1)媒体场舆情流量大,传统媒体和新媒体双重覆盖

"四有好老师"评选活动在媒体场产生的舆情信息流量较大,参与报道的媒体(不含自媒体)有 300 家左右,新闻转发量达 41 150 次。从自媒体信息传播程度来看,本次活动共计有 461 家微信平台公众号参与发布或转载微信新闻。

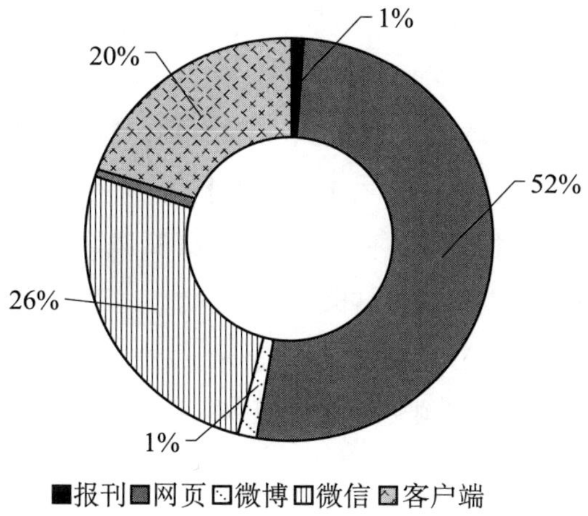

图 4-1　报道媒体来源分布图

其中,网络平台信息流量突出,网页新闻(51.66%)、微信公众号(25.83%)和新闻客户端(20.07%)占新闻发布的总量最多。

(2)8 月份媒体场舆情最活跃,舆论热度延续近一个月,通勤时间舆情最活跃

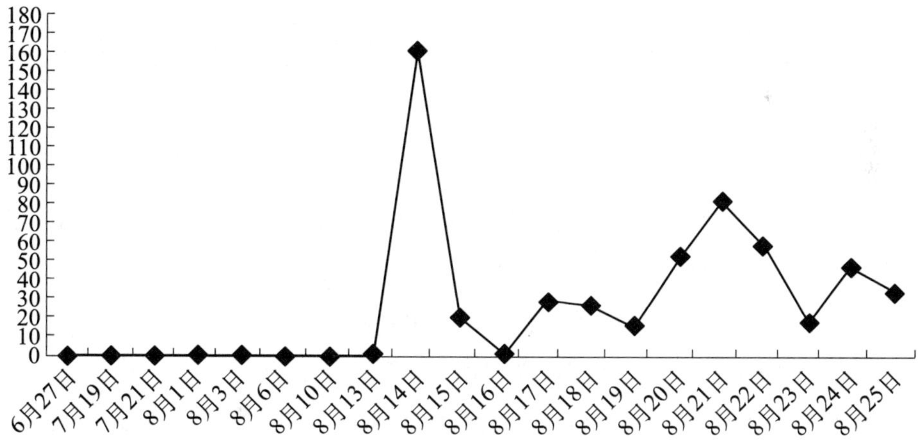

图 4-2　媒体报道舆情走势图

从图 4-2 的舆情走势来看,本次活动的舆情波及时间范围超过 15 天,抽样时段(6 月 25 日至 8 月 25 日)的媒体报道高峰出现在 8 月 14 日,占报道总量的 28.3%。当日,来源于《光明日报》的《师范生“免费”变“公费”有何不一样》的新闻,报道了改进和完善师范生公费教育制度的决策部署,这是落实《中共中央国务院关于全面深化新时代教师队伍建设改革的意见》决策部署的一项改革举措,更是吸引优秀人才从教,培养党和人民满意的“四有好老师”的一项关键制度。集中报道热

度较高的媒体类型包括：主流媒体人民网、中青网，全国类网站腾讯网、千龙网，学校或商业等教育机构类媒体、各地教育部门网站，以及个人微信公众号和博客等。

此外，在8月23日，媒体报道也达到一个小高峰，占报道总量的14.5%。当日，来源于《光明日报》的人物报道《乔永斌：四十载，师心不改》的文章引发了广泛关注，包括主流媒体人民网、全国性商业媒体搜狐网、凤凰网，中国最大的涉藏专题综合性网站中国西藏网等媒体纷纷转载。

舆情热度随着"四有好老师"颁奖大会的举行更加强烈。在9月8日颁奖大会开始前，有媒体预热小高峰；在颁奖大会之后，出现了媒体报道的另一个小高峰。

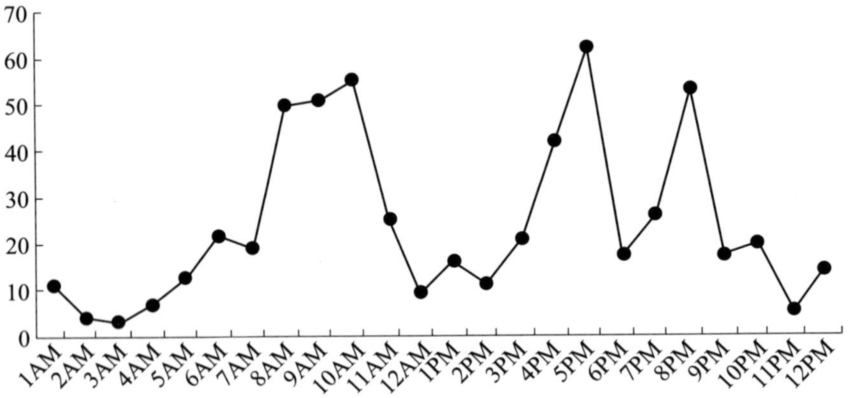

图4-3 媒体报道舆情一天时间分布图

由图4-3中媒体报道舆情的一天时间分布来看，"四有好老师"评选活动的报道高峰有两个：一是通勤时间，即上下班高峰时间，具体时间段为上午6—10点和下午5—6点；二是传统媒体的黄金档时间，即晚间8—9点。

(3)热点话题："四有好老师"含义和评选标准最受关注

从词云图(图4-4)可看出，在报道话题方面，媒体多关注"四有好老师"以及"四有"标准本身的概念与含义。"有理想信念、有道德情操、有扎实学识、有仁爱之心"频繁出现在报道中，"四有引路人""四个相统一"也多次被提及，"做党和人民满意的好教师""两个一百年"也是媒体主要讨论的话题。

(4)报道的第一落点：全国类网站居多

媒体报道的第一落点以"全国网站报纸"为主，如《光明日报》《中国教育报》的网站，以及人民网、中青网等，占比42.31%；其次为"地方网站报纸"，如《亳州晚报》《遂宁日报》等，占比19.06%；学校类网站包括北京师范大学网站、哈尔滨市第162中学网站、重庆南开景阳小学网站、青岛一中网站等。

图 4-4 报道热点话题词云图

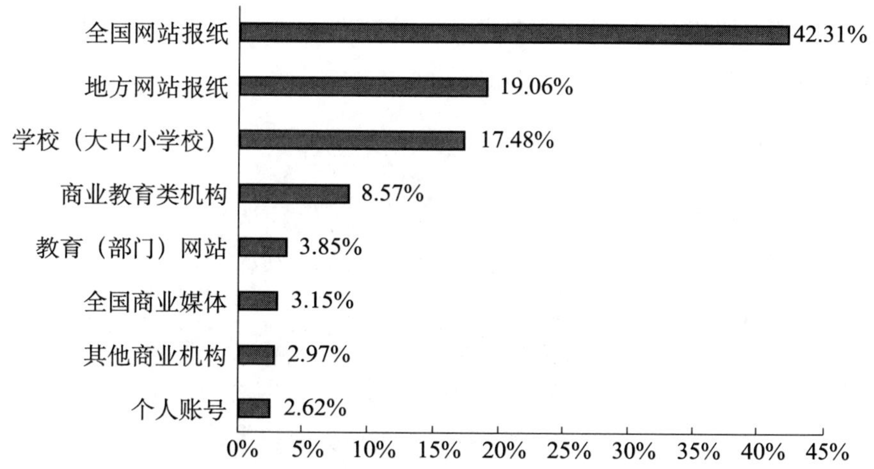

图 4-5 媒体报道的第一落点情况

关于此次“四有好老师”评选活动的报道，报道媒体级别较高，《光明日报》是原创报道的撰写主力军，各地学校和教育部门相关网站也积极参与报道撰写与转载，全国性的主流媒体报道热情高涨。

(5)媒体报道的基调：正面中立报道为主，无负面新闻

在报道态度上，媒体报道大部分以正面和中立报道为主，正面新闻占 97%，无负面新闻。这对“四有好老师”活动、相关机构与主要人物的形象塑造有积极作用。

我们从正面性报道词云图中可看出，“老师”“理想”“满意”“仁爱”“扎实”等词汇频繁在报道中出现，对弘扬“四有好老师”的形象非常有利，相关人物与活动本身均得到媒体广泛赞誉。

在相对负面性的词汇中，也主要以相关事迹本身“感人”以及与教师经历中的

图 4-6 媒体报道中积极类词汇关键词

“困难”“贫困”密切相关，通过描写教师在教育工作从业中遇到的困难烘托其行为与形象的伟大，带有正面、积极的实际属性。

图 4-7 媒体报道中中性与消极类词汇关键词

(6)报道机构：北京师范大学是主要被报道的机构

“四有好老师”是北京师范大学为贯彻落实党的十九大精神、习近平总书记考察北京师范大学时的重要讲话精神，按照中共中央国务院《关于全面深化新时代教师队伍建设改革的意见》要求，落实立德树人的根本任务，大力弘扬高尚师德，在全社会营造尊师重教的良好风尚，造就党和人民满意的高素质专业化创新型教师队伍而设立。因此“北京师范大学”或“北师大”这一机构主题在媒体报道中被提及的比例为 66.67%，影响广泛。

此外，活动相关的主要机构如“教育部”“中国教育学会”“中国教育报”等也在报道中频繁出现。

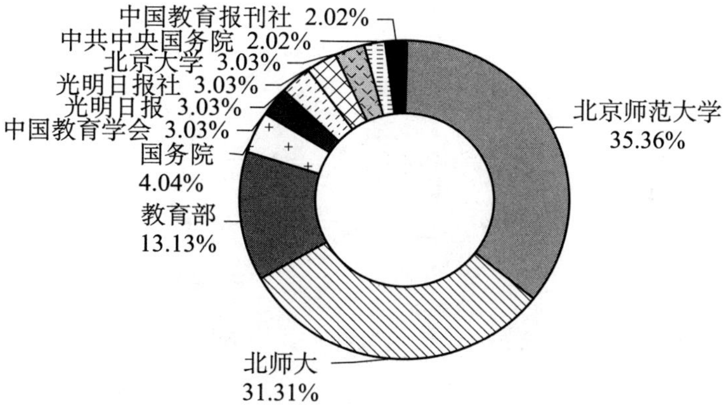

图 4-8 报道提及的主要机构

(7)报道核心人物:习近平总书记与“好老师”

“四有好老师”活动紧紧围绕习总书记在北京师范大学的讲话精神展开,因此相关报道中对习总书记的指示精神及讲话内容着墨最多,超过 70.33%的报道中均有提及“习近平”相关内容。此外,全国优秀教师、科学家黄大年,教师中的“时代楷模”曲建武等优秀教育工作者的事迹与姓名也在报道中被多次提起。

图 4-9 热点人物词云图

(8)报道群体：好老师群体和典型个人报道均有侧重

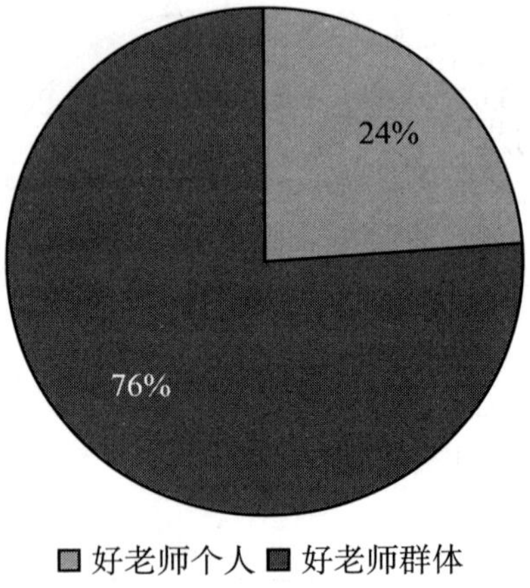

图 4-10 报道群体与典型个人所占比例

报道中提及的报道主体，与“四有好老师”候选人个体中的典型人物报道，以及各地学习好老师、争做“四有好老师”的群体类报道三者之间各有侧重。关于“四有好老师”候选人的典型人物报道占比更多，为 76%。

(9)报道提及的主要地区：北京、贵阳、恩施

报道所提及的地点中，省级行政单位中“北京”被提及的次数多达 49 次，“贵州省贵阳市”是出现频次最高的地市。

在报道中具体被提及的区县，除“北京市东城区”之外，大多是中西部、少数民族地区等偏远的、教育相对落后的地区。在实际的“四有好老师”的候选人中，大部分以偏远农村地区的教师为主，这与“四有好老师”评选标准中“优先考虑老少边贫困地区教师”相关。

具体到“四有好老师”候选人的人物报道所提及的地区，从关键词图(图 4-11)可知，排名前十位的分别为重庆市(69)、四川省(65)、山东省(46)、湖北省(44)、甘肃省(43)、北京市(37)、湖南省(36)、江西省(35)、广东省(34)、河南省(32)。除此之外，本次活动在广东省、浙江省、江苏省、上海市、西藏自治区、内蒙古自治区、海南省、天津市、新疆维吾尔自治区、青海省、宁夏回族自治区、香港特别行政区等被媒体报道并引发热议。可见，“四有好老师”评选活动的舆情扩散范围突破了地域限制，成为全国热议的话题。

由图 4-12 可见，西藏自治区山南市扎囊县、云南省德宏傣族景颇族自治州陇川县、四川省攀枝花市东区、广西壮族自治区河池市都安瑶族自治县、湖南省郴州市宜章县、安徽省合肥市肥西县、江苏省苏州市太仓市、北京市东城区、湖北省恩施

土家族苗族自治州恩施市等，是涉及“四有好老师”的媒体报道中提到较多的区县名称。

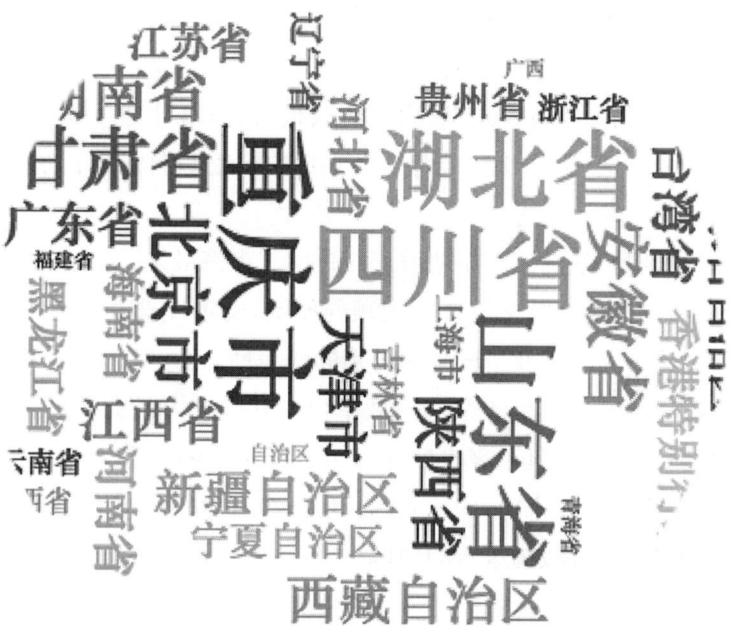

图 4-11　媒体报道中“四有好老师”候选人的省市关键词

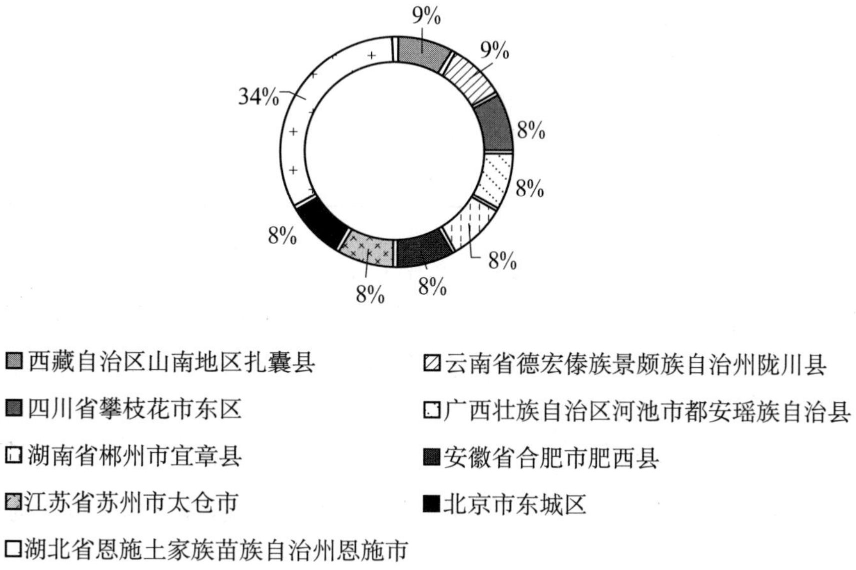

图 4-12　相关区县占比图

2.“四有好老师”候选人的人物画像指标

2018 年暑期，北京师范大学为践行习近平总书记“四有好老师”重要讲话精神，专项实践总队的 209 名队员，组成 20 支实践队伍，奔赴包括内蒙古自治区、新疆维吾尔自治区等中西部地区以及浙江省、山东省等东部地区在内的 18 省 22 地。实践队员通过实地调研，采访了首届启功奖获得者、国培计划教师、北师大西部支教团成员、免费师范生、优秀校友和优秀一线工作者六大群体，丰富了当代“四有好老师”的精神画像。

（1）“四有好老师”候选人分布地域：分布全国，青海最多

“四有好老师”评选活动坚持统筹兼顾的原则，奖项评选充分考虑性别、民族、地域、基础教育等不同领域及不同学科类别的代表性。

20 位候选人分别来自 14 个省级行政单位。其中青海是拥有候选人最多的省份，来自青海的候选人有三位，来自黑龙江、重庆、湖南的候选人均有两位，其余省份只有一位候选人。总体来说，候选人的省份分布较为均匀，且大部分候选人来自教育资源不够发达，条件较为艰苦的地区。

（2）“四有好老师”候选人性别比例：男性居多

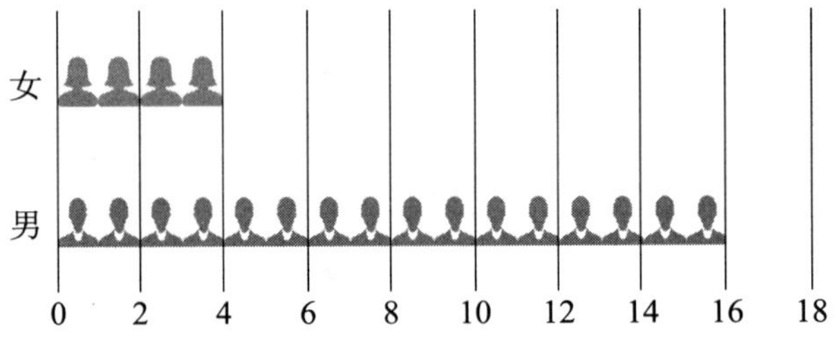

图 4－13 “四有好老师”候选人性别比例

据教育部公布的教育统计数据，2016 年北京、上海专任教师中女性占比如下：普通高中阶段分别为 71.9％、65.9％，初中阶段分别为 76.3％、73.7％，小学阶段均超过 80％。据《中国教育报》报道，有媒体随机调查了山东、湖南、四川、浙江四省 140 多所中小学，学校男女教师比例严重失调，达到了 1∶10，女教师占到教师总数的 70％至 80％属于常见现象。

在 20 位“四有好老师”候选人中 80％的候选人为男性，20％的候选人为女性。可见男性数量占比更多。

（3）“四有好老师”候选人任教学科：语文老师更多，教授多门课程情况普遍

由于候选人中的中小学教师较多，且候选人所处地区教育资源较为匮乏，因此

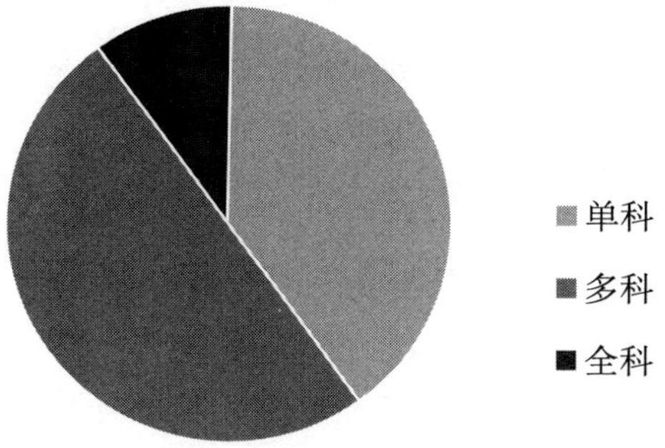

图 4-14 “四有好老师”候选人任教学科数目

很多老师都不止专精一门学科。20 位候选人中，有两位老师是全科教师，其中一位是小学全科教师，另一位是幼儿园全科教师。10 位候选人不止担任一门学科的教学，其中甚至有位老师在同一学期执教两门完全不同的课程。其余 8 位候选人为单科教师。

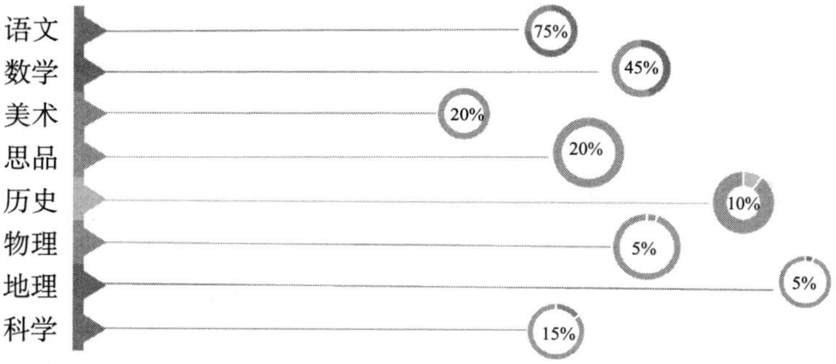

图 4-15 “四有好老师”候选人任教学科类型

在具体的科目中，“四有好老师”候选人教授最多的是语文课，其次是数学课。20 位候选老师中，有 15 位老师在过去三年中执教过语文，比例为 75%。9 位老师执教过数学，比例为 45%。执教过物理和地理的老师最少，都只有一人，比例为 5%。

(4)“四有好老师”候选人民族情况：汉族为主，覆盖少数民族

20 位“四有好老师”候选人中大部分为汉族，占到四分之三的比例，其余少数民族中有藏族、回族、满族、苗族、壮族各一名，主要分布在青海、云南、福建、河北等地区。

表 4－3 “四有好老师”候选人民族情况

民族	数量	比例
汉	15	75%
藏	1	5%
回	1	5%
满	1	5%
苗	1	5%
壮	1	5%

(5)“四有好老师”候选人职称分布:高级教师、一级教师为主

表 4－4 “四有好老师”候选人职称情况

职称	数量	比例
副高级	1	5%
高级	16	80%
一级	3	15%

20 位“四有好老师”候选老师中,有 16 位老师的职称评级为高级,1 位老师的职称评级为副高级,3 位老师的职称评级为一级教师。

(6)“四有好老师”候选人年龄分布:50—59 岁为主

表 4－5 “四有好老师”候选人年龄情况

年龄	数量	比例
50 岁以下	1	5%
50—59 岁	14	70%
60 岁及以上	5	25%

20 位“四有好老师”候选老师中,年龄最大的 68 岁,最小的 48 岁,平均年龄 55.35 岁。其中,年龄在 50—59 岁的老师最多,有 14 位老师处于这个年龄段,占比 70%。50 岁以下的人数最少,仅有 1 位 48 岁的候选人处于这一年龄段。

(7)“四有好老师”候选人教龄分布:平均在 30 年以上,教学经验丰富

20 位“四有好老师”候选人均为经验丰富的老教师,教龄均在 30 年及以上。其中,教龄最长的 43 年,最短的 30 年,平均教龄 35.4 年。教龄在 30—35 年这一时间段的候选人最多,占比为 50%。40 年以上教龄的教师较少,仅有 3 位。

表 4-6 “四有好老师”候选人教龄情况

教龄	数量	比例
30—35 年	10	50%
36—40 年	7	35%
40 年以上	3	15%

(8)“四有好老师”候选人政治面貌:党员为主

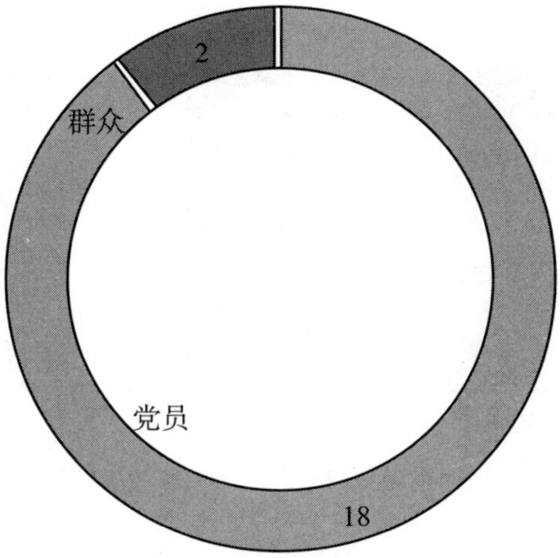

图 4-16 “四有好老师”候选人政治面貌情况

20 位“四有好老师”候选人中以党员为主,其中有 18 位老师是党员,2 位老师是群众。

(9)“四有好老师”候选人行政职务情况

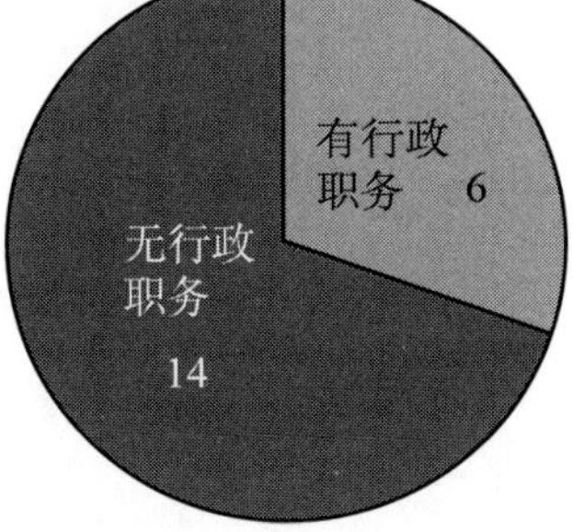

图 4-17 “四有好老师”候选人行政职务情况

20 位“四有好老师”候选人中,有行政职务的有 6 人,多为校长、支部书记等职位。多数候选好老师无行政职务,以教职为主。

(10)“四有好老师”候选人获得奖励情况：多次获得国家级奖项

由于多年兢兢业业地奉献在基层，20 位“四有好老师”候选人此前都获得过各级奖项。其中，80％的候选人曾获得 5 次以下国家级奖项，20％的候选人获得过 5 次及以上国家级奖项，这些奖项包括全国模范教师、全国优秀班主任、全国先进工作者等。有一半的候选人获得过 5 次以上省级奖励，20％的候选人获得过 5 次以上市级奖励。

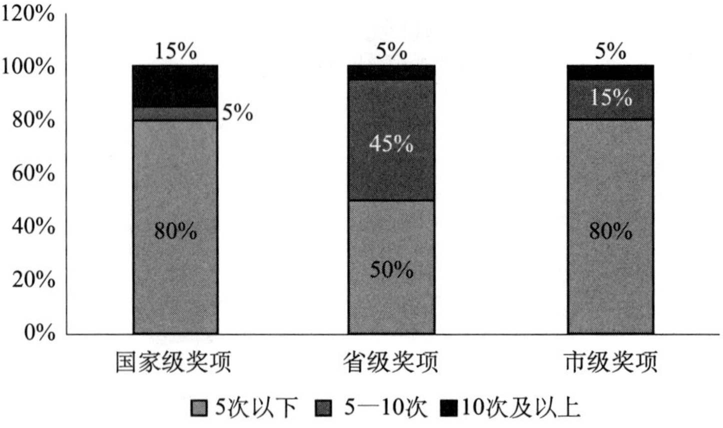

图 4－18　“四有好老师”候选人获得奖励情况

(11)“四有好老师”候选人志愿服务情况：多次参与志愿服务

作为教育工作者，20 位候选人不仅在教职上兢兢业业、教书育人，还利用自身所长，积极服务社会，参与教研工作和志愿服务。在 20 位候选人中，有 19 位候选人参与过此类工作，平均参与次数为 9.75 次。参与次数最多的候选人在 30 多年的时间里，共参与过 58 次志愿服务工作。有 25％的候选人参与过 10 次以上志愿服务工作。

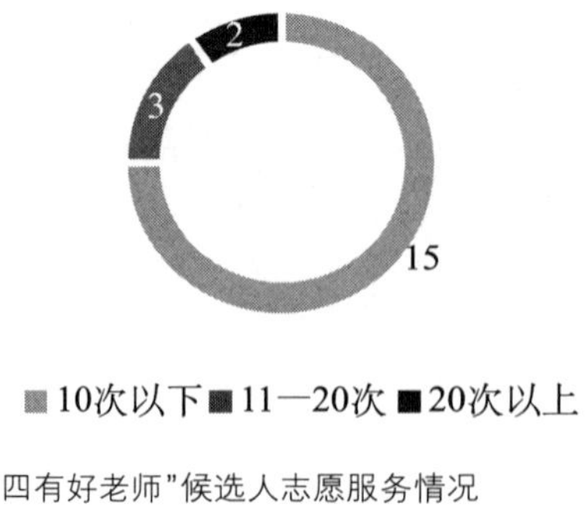

图 4－19　“四有好老师”候选人志愿服务情况

在候选人参与的这些活动中，主要以参与教研活动、分享教学经验和资助贫困学生为主。其中，有位候选人在 35 年中，共帮扶贫困学生 102 名。他们不仅是有知识、有专业水平的知识分子，更是有师德、心怀天下的德行楷模。

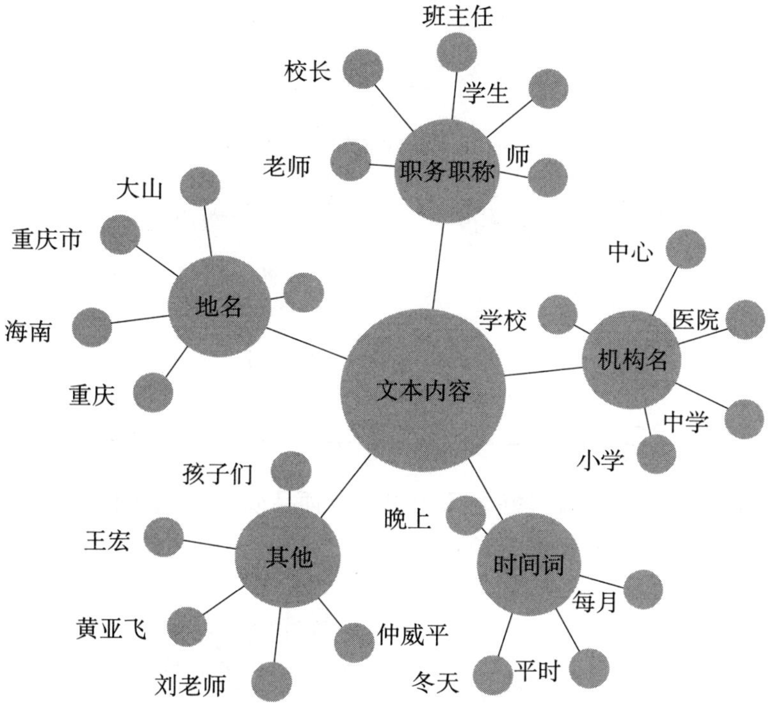

图 4－20 “四有好老师”候选人事迹文本核心词切分

(12)“四有好老师”候选人事迹

将“四有好老师”的事迹文本进行核心词切分，最小词频数设定为 10，进行文本分析后我们发现以下情况。

在高频词中，出现频率最高的机构名关键词为学校、小学、中学、医院，体现了好老师工作的地点范围，在好老师候选人的事迹中也体现了他们生病无暇去医院或者亲属在医院无暇照料的情况；职务职称类关键词为学生、老师、班主任、校长、教师，体现了好老师的职业特征；地名类关键词为重庆市、海南、大山，前两者为好老师候选人所在城市，后者体现了好老师的地域分布多在乡村山区；时间类关键词为每月、冬天、晚上，体现了事迹中所报道的好老师候选人无论晨昏寒暑，工作依然兢兢业业。

分析“四有好老师”候选人的事迹文本中的高频词，动词高频词包括教育、教学、工作、学习、教，体现了好老师的职业特征是教书育人；名词高频词包括老师、教师、学生、学校、孩子，同样围绕教师这一职业特点；形容词高频词为努力、优秀、先

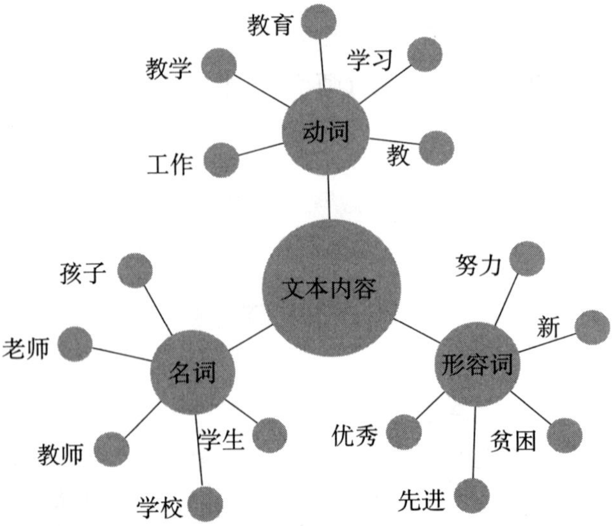

图 4-21 “四有好老师”候选人事迹文本核心词切分

进、新、贫困，前三个词体现了好老师的优秀教师品质，后两个词体现了他们工作的环境，扎根贫困地区普及教育，培育学生。

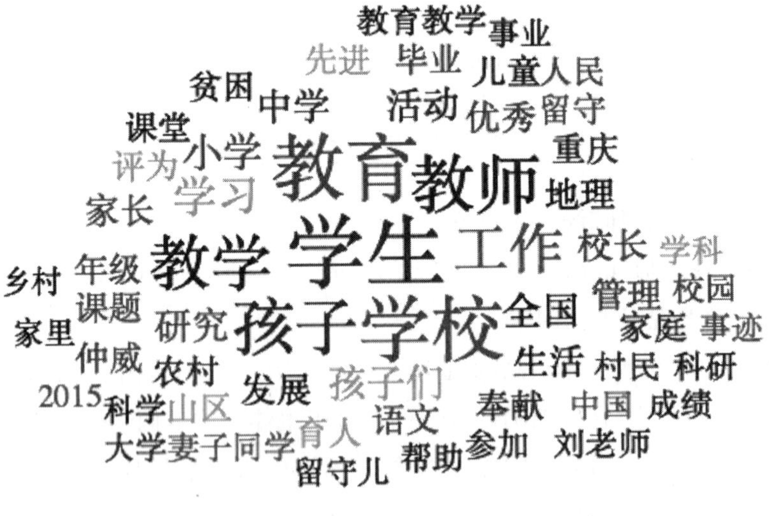

图 4-22 “四有好老师”候选人事迹文本核心词切分

“四有好老师”事迹文本的关键词云图见图 4-22，我们结合关联词分析可以看出，“学生”是事迹文本的中心词，无论是报道小组撰写的文本，还是好老师候选人的自述文本，或者是引用候选人的话语文本，都体现了好老师候选人时刻以学生为中心、将学生教育放在第一位的理念，这也反映在他们的事迹文本之中。

(13)"四有好老师"候选人人物特质:认真尽责、创新教育教学

基于 20 位"四有好老师"候选人的简介文本,我们从中选取 4 篇好老师的自述文本,以及另 6 篇简介中直接引用好老师本人叙述的文本,经由心理学"五因素模型"进行话语分析和评估。根据彭聃龄《普通心理学》中的理论,五因素模型是心理学中关于人格的分析模型,包括宜人性(Agreeableness)、尽责性(Conscientiousness)、情绪性(Neuroticism)、开放性(Openness)、外向性(Extraversion)五大特质,每项的得分越倾向于极值,其对应的人格特质表现越突出。

表 4-7 "四有好老师"候选人人物特质

开放性(O)高分	具有想象、审美、情感丰富、求异、创造、智能等特质
尽责性(C)高分	显示胜任、公正、条理、尽职、成就、自律、谨慎、克制等特质
外向性(E)高分	表现出热情、社交、果断、活跃、冒险、乐观等特质
宜人性(A)高分	具有信任、利他、直率、依从、谦虚、移情等特质
情绪性(N)低分	具有平衡焦虑、敌对、压抑、自我意识、冲动、脆弱等情绪的特质,即具有保持情绪稳定的能力

我们对好老师候选人的自述文本进行筛选,经由中科院朱廷劭课题组的分析,呈现的均值情况如图 4-23 所示。

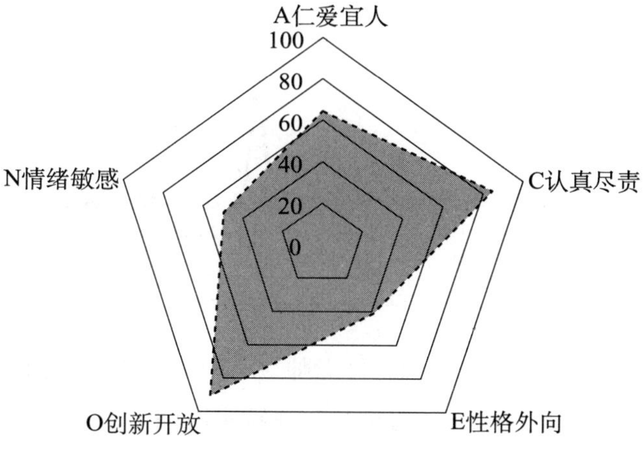

图 4-23 "四有好老师"候选人人物特质分析

首先,"四有好老师"候选人在认真尽责、创新开放两个维度得分最高,可见好老师整体具备认真负责、有条理、勤奋、自律、细心、有毅力、可靠等优秀品质,并且兴趣广泛、有创新性并能积极改进教育教学方法。

其次,候选人在仁爱宜人维度得分也较高,可见好老师们具有乐于助人、让人

信任的特质。

最后，候选人在情绪敏感维度得分最低，可见好老师具备与既定情绪特质相反的特质，如情绪平和、安全感强、淡泊和果敢等。

总之，“四有好老师”应当做智慧型的教师，在各方面对学生进行帮助和指导，成为指导学生锤炼品格、学习知识、创新思维、奉献祖国的引路人。

3.“四有好老师”颁奖前后微博舆论场传播特征分析

（1）原创内容声量较高，时间跨度长，主流媒体及时跟进报道

2018 年 9 月 10 日“四有好老师”颁奖典礼结束后，我们结合新浪社会大数据平台，研究微博传播情况，搜索得到微博 722 条，并在此基础上进行分析，补充研究“四有好老师”在网络舆论场的传播特征。

微博声量最高峰出现在 9 月 10 日，当天共有 141 篇相关微博言论，与“四有好老师”相关的第一条微博发自 2018 年 6 月 25 日，内容为“从‘四有好老师’活动一路奔跑到毕业红毯活动”。

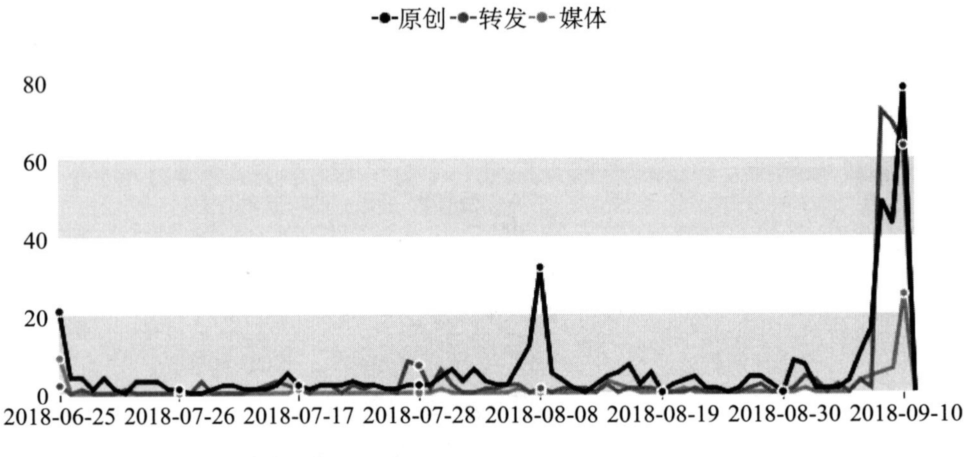

图 4－24　“四有好老师”事态趋势图

由趋势图（图 4－24）可见，“四有好老师”在微博领域的原创内容声量值均值较高（声量差值达到 2—4 倍），时间跨度长。在特定时间节点，如“四有好老师”颁奖典礼期间，媒体微博、转发和原创同时达到高声量级，共同将舆情发展推向高点。

（2）网民议程设置与媒体议程设置高度关联，不同类型文本的中心词均以“学生”“教育”为主

由图 4－25 可见，网民在讨论“四有好老师”的认知上，高频词依次为学生、教育、学校、教师、孩子、教学、工作等，关键词依然以“学生”“教育”为中心。这体现了网民热议的中心词，同媒体报道、报道组好老师事迹文本、好老师候选人自述文本

图 4-25　“四有好老师”报道文本核心词

三者具有较强的一致性，媒体议程设置与网民议程设置高度相关。同时，词云图中也出现了京师、北京师范大学、中国教育报等机构类关键词，这表明“四有好老师”的评选单位也在关注之列。

(3)“四有好老师”舆情传播的网络意见领袖以主流传统媒体、国家机构类新媒体、学者为主

图 4-26　“四有好老师”舆情传播中参与的微博用户

在参与“四有好老师”舆情传播的微博用户中，影响力最大（粉丝量最多）的“活跃分子”（即网络意见领袖）中的传统媒体账号占据大部分（见图 4-26）。其中包括：全国性主流媒体新华视点、新华网中国网事、瞭望等；地方性传统媒体江南都市报、江西日报、千龙网、中国首都网；商业性全国媒体新浪教育；国家机构类媒体中的教育部政务新媒体“微言教育”；学者类意见领袖喻国明等。

(4)关注“四有好老师”舆情的网民的基本情况

①地域分布

地域	信息数
北京	228
河南	59
河北	48
江西	42
山东	36
甘肃	34
安徽	26
山西	23
陕西	23
广东	20
广西	17
湖南	14
福建	14

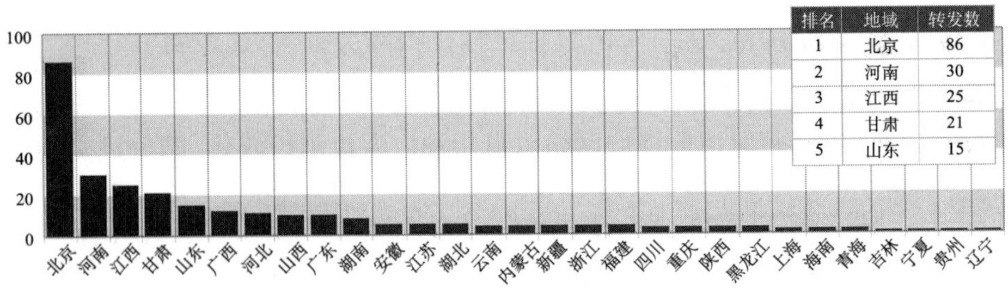

图 4－27　关注“四有好老师”舆情的网民的地域分布

从关注“四有好老师”舆情的网民的地域分布进行分析，我们把互联网普及率的地域因素考虑进去，对此事件关注度较高的地域有北京、河南、河北、江西等，关注度较低的地域有湖南、福建等。

从转发热度的地域分布来看，主要的省级行政单位有北京、河南、江西、甘肃、山东等，可见关注度与转发热度一致。

②性别与身份

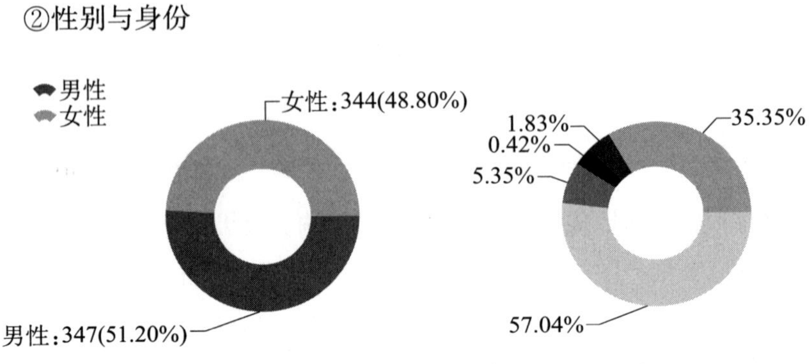

图 4－28　关注“四有好老师”舆情的网民性别与身份

从图 4－28 可以看出，关注“四有好老师”的网民中，男性比女性稍微多些。从关注的身份上来看，蓝 V 用户（35.35％）和普通网民（57.04％）所占比例较高。其中，蓝 V 用户主要是机构认证账号，此类舆情的传播未来还需要向金 V 用户、橙 V 用户等粉丝量和阅读量较高的个人群体用户扩散。

③发帖与转发情况

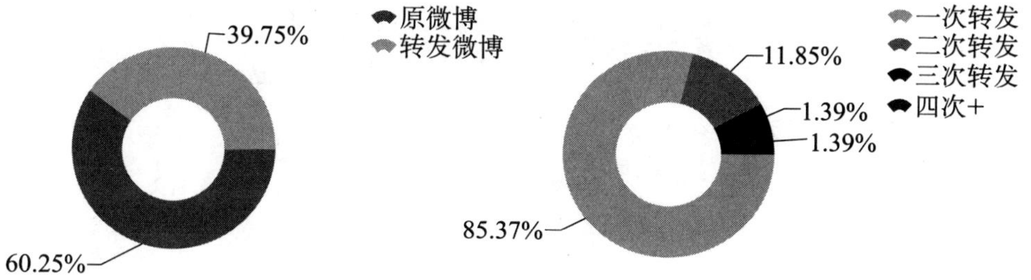

图 4－29　关注“四有好老师”舆情的网民发帖与转发情况

从图 4－29 中我们可以看出，微博中“四有好老师”相关内容的原创比例占到总体的 60.25％，原创量较高。从转发的层级上看，主要是以一次转发为主，占比 85.37％，二次转发占比 11.85％，可见未出现内容的多层级转发。这就需要我们进一步提高普通网民的参与热情，加大“四有好老师”热议的范围和程度。

4.“四有好老师”评选活动的媒体报道亮点分析

（1）媒体议程设置与好老师自述文本、网络议程设置具有高度一致性：“四有好老师”候选人人物典型报道、自述文本、网络舆情的中心词基本一致，突出了好老师敬业奉献、爱教爱生的品质。

我们对“四有好老师”人物媒体报道文本与自述文本进行了对照分析，收集了所有“好老师”的人物报道并进行了词频分析和可视化，并着重分析了这些报道侧重于描写“好老师”的何种特质，即新闻报道中的“好老师”标准是什么。

研究发现，“学生”是这些优秀教师人物报道中最高频的词汇，在描写教师事迹方面也突出了老师对学生的付出和奉献精神，在很多描写中，学生是以更加亲切的称呼“孩子”来指代的，并多次出现“护送学生上下学”“资助困难学生”等情节。报道也突出了报道人物对教师职业的认同感，比如“坚持”“认真”“师心”，报道最频繁的是湖北省襄阳市的乡村教师乔永斌，除此之外，湖北偏远小学教师黄亚飞、农村小学校长郭秋维等也是集中报道的对象。

在报道这些人物的时候，媒体都突出了他们的自我牺牲精神和敬业精神，比如多位教师都被报道身有残疾或者身体不适，但他们依然坚持在岗位上。教师本身

图 4-30 “四有好老师”候选人人物报道高频词分析

的专业能力也是媒体侧重描写的教师品质，即“四有好老师”中的“扎实学识”。在这方面，媒体一方面突出教师们投入教学的时间和精力较多，同时描写教师们与时俱进地创新教学方法，学习新科技并将其引入到教学环节中等现象，比如乡村教师“买了第一台电脑”，或者学习引进“微课堂”“白板教学”等新教学理念。

除了偏远地区的乡村教师之外，成都中医药大学教师梁繁荣、成都信息工程大学教师邹茂扬等也是被报道的对象。在地域方面，与评选标准一样，对于偏远的乡村地区的报道更为集中，比如有“山村”“乡村”“大山”等高频词。

根据对照图 4-31 中的“四有好老师”候选人自述文本高频词分析，词频在 100 以上的高频词为学生（473）、学校（391）、教师（310）、孩子（321）、教育（308）、老师（299）、教学（262）、学习（127）。此外，留守儿童、农村、山区、奉献、扎根、教书育人、模范、德育、感动、梦想、楷模等词汇，也是“四有好老师”自述文本中的关键词。可见，“四有好老师”候选人人物报道与自述文本基本一致，突出了“四有好老师”候选人敬业奉献、爱教爱生的品质。

(2)“四有好老师”评选活动与首届“启功教师奖”报道的对比分析：时间序列上的舆论一致性

我们将 2018 年“四有好老师”首届评选活动的人物报道与 2015 年“启功教师奖”的首届获奖人物报道，进行了同一概念下的词云比较。“启功教师奖”以北京师范大学已故著名教育家、国学大师启功先生命名，弘扬“学为人师，行为世范”的教育精神。该奖聚焦中西部地区，致敬师德崇高、坚守奉献的质朴师者。首届“启功

图 4－31 “四有好老师”候选人自述文本高频词分析

教师奖”经半年严格评选，10 名来自中西部地区的乡村教师最终获奖。人物报道第一落点均为主流官方媒体，如中国教育报、云南日报、光明日报、北方新报和北京广播电视台等。

图 4－32 首届“启功教师奖”获奖人物报道高频词分析

我们分析发现，在两次“好老师”相关评选的人物报道中，词频排名前九的关键词基本一致，依次为孩子、学生、教师、学校、教育、教学、小学、上学等；地点关键词均为乡村、山区、农村。这体现了前后两次评选在“好老师”评选标准上的稳定性和连贯性，也体现了两次大规模报道在时间序列上的舆论一致性。

表 4-8 两次“好老师”评选人物报道高频词对比

启功教师奖	关键词	词频	四有好老师	关键词	词频
1	孩子	110	1	学生	473
2	学生	92	2	学校	391
3	教师	72	3	教师	310
4	老师	70	4	孩子	321
5	学校	58	5	老师	299
6	小学	49	6	教育	308
7	教育	36	7	教学	262
8	教学	34	8	学习	127
9	上学	21	9	小学	95
10	教室	20	10	留守儿童	39
11	山区	19	11	家长	65
12	资助	17	12	地理	66
13	大山	15	13	中学	58
14	贫困	15	14	优秀	64
15	乡村	14	15	农村	56
16	爱心	13	16	校长	49
17	中学	12	17	乡村	47
18	小朋友	12	18	课堂	49
19	优秀	12	19	村民	47
20	学习	11	20	年级	48

从地域分布上来说，首届“启功教师奖”的获奖者集中于西部地区，他们分别来自重庆、贵州、云南、青海、海南、安徽、内蒙古、广西、西藏和新疆。同样，“四有好老师”的候选人在青海、黑龙江、重庆、湖南也有集中分布趋势。在最近公布的获奖者名单中，除去两位“好老师”来自北京和河北，其他“好老师”人选也都来自中西部地区。

(3)“四有好老师”评选活动持续正面报道:从认知和情感两方面提升了人们对教师职业的认可度

“四有好老师”评选活动长达一月余的持续正面报道,从认知层面提高了社会对教师职业在信息层面与认可层面的了解度,让“四有好老师”候选人的典型事迹、优秀品质得到广泛传扬,达到了活动报道的预期目标。

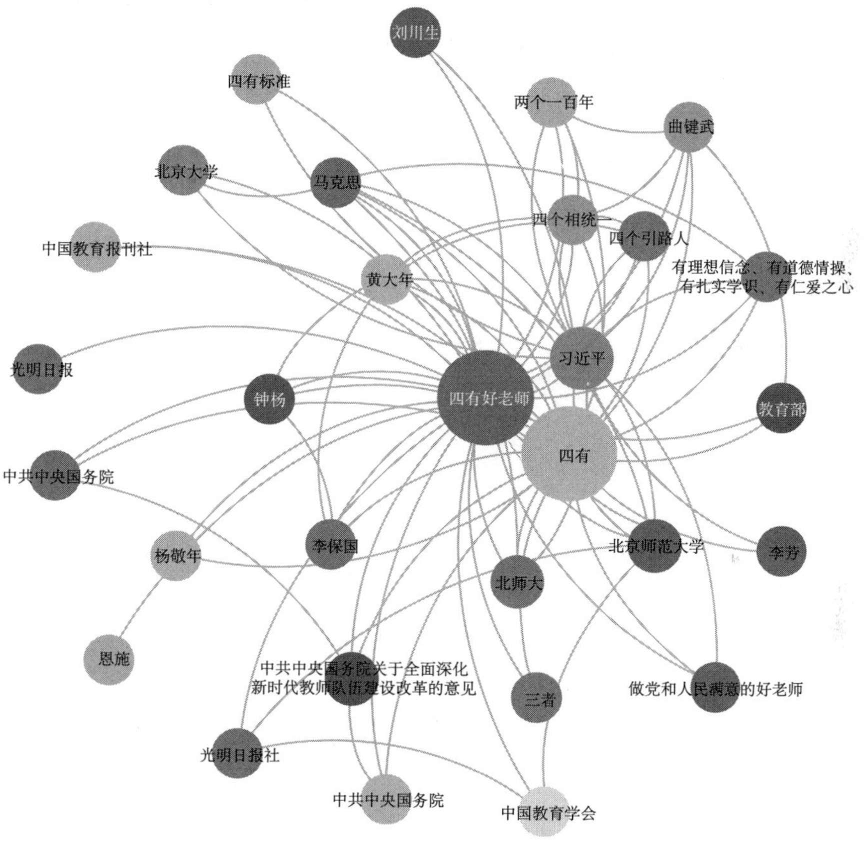

图 4-33 报道关键词网络分析图

在图 4-33 的时事探针关键词关系网络中,“两个一百年”“四有标准”“做党和人民满意的好老师”“中共中央国务院关于全面深化新时代教师队伍建设改革的意见”“有理想信念、有道德情操、有扎实学识、有仁爱之心”“四个相统一”“四个引路人”“四有好老师”等,成为报道的子话题。报道相关机构包括:中国教育报刊社、国务院、北京大学、光明日报社、中国教育学会、教育部等。

从情感层面看,“四有好老师”评选活动通过着力展现好老师的先进事迹,在“有理想信念、有道德情操、有扎实学识、有仁爱之心”四有相统一的报道框架下,采用树立典型、突出特色、抓住细节、还原真实的报道方式，突出了“四有好老师”候选人事迹的情感触动，以及“四有好老师”个体的人格魅力，让读者收获了感动。光明日报社、北京师范大学、中国教育学会等机构在此次活动中受到广泛关注和好评。报道全部为正面报道，与“理想”“满意”“仁爱”“扎实”等正面词汇联系在一起，构建了“四有好老师”立德树人、认真负责、勤奋自律、细心、毅力、淡泊、助人的品格特质，以及同时也树立了兴趣广泛、有创新性、积极创新教育教学方法和教育管理等形象，从而提升了社会对“四有好老师”的情感认可度。

附录一 “四有好老师”启功教师奖通讯评审候选人名单

序号	所在省市	姓名	工作单位
1	北京市	王建	北京师范大学良乡附属中学
2	福建省	郭秋维	莆田市仙游县度尾埔尾小学
3	甘肃省	张惠霞	平凉市崆峒区柳湖乡纸坊沟小学
4	广西壮族自治区	周凤兰	贺州市昭平县五将镇天保村小学
5	贵州省	刘正国	贵阳市息烽县温泉镇安龙村教学点
6	河北省	李广	承德市围场县棋盘山学区中心校莫里莫幼儿园
7	黑龙江省	仲威平	铁力市工农乡中心学校
8	黑龙江省	吴文舟	哈尔滨市依兰县道台桥镇第二中学
9	湖北省	乔永斌	襄阳市保康县歇马镇莫家垭教学点
10	湖南省	邓先华	永州市金洞林场中学
11	湖南省	黄亚飞	岳阳市岳阳县饶村乡居公完小
12	江西省	罗光祥	赣州市南康区横寨乡寨坑村红卫小学
13	青海省	王宏	玉树州称多县第二民族中学
14	青海省	王齐	西宁市城西区古城台小学
15	青海省	尹林	海南州第二高级中学
16	陕西省	唐自银	汉中市勉县青羊驿镇板庙教学点
17	云南省	农加贵	文山壮族苗族自治州广南县莲城镇北宁中心学校(落松地小学)
18	重庆市	张宗茂	彭水县龙溪乡水田村小学
19	重庆市	左天玖	垫江县包家学校
20	海南省	马向阳	海口市海南中学
21	甘肃省	吕转芳	白银市会宁县中川乡老鸦小学
22	甘肃省	曹桂娥	定西市临洮县八里铺镇王家大庄小学
23	海南省	谢立可	海口市英才小学
24	北京市	王薇	北京师范大学亚太实验学校

续表

序号	所在省市	姓名	工作单位
25	福建省	伍漳英	厦门市北京师范大学厦门海沧附属学校
26	贵州省	黄训录	毕节市赫章县罗州乡水营小学
27	河北省	薄锡春	承德市围场县棋盘山学区扣花营幼儿园
28	河南省	景桥	开封市兰考县小宋乡第二初级中学
29	黑龙江省	吴英姬	哈尔滨市第一〇八中学
30	湖北省	邓广荣	襄阳市恒大名都小学
31	湖北省	王登兴	神农架林区木鱼中心学校
32	湖南省	张仕刚	株洲市北京师范大学株洲附属学校
33	江西省	刘海文	萍乡市莲花县闪石乡洞背小学
34	内蒙古自治区	王东旭	乌兰浩特市兴安第一小学
35	青海省	郑颂	西宁市第二中学
36	青海省	刘成刚	海东市平安区第一高级中学
37	陕西省	张存贵	宝鸡市陇县隆火烧寨乡峰山小学
38	陕西省	李安民	西安市高陵区榆楚中学
39	云南省	程爱萍	德宏州盈江县第一小学
40	重庆市	陈小渝	永川区兴龙湖小学

附录二　“四有好老师”奖励计划公益行动奖候选团队名单

序号	地域		团队名称	带头人	类型
1	黑龙江	哈尔滨	黑龙江省哈尔滨市公益行动指导专家团队	赵翠娟	指导专家团队
2	浙江	杭州	浙江省杭州市公益行动指导专家团队	蒋莉	指导专家团队
3	北京	北京	北京市海淀区教科院公益行动指导专家团队	陆云泉、吴颖惠、严星林	指导专家团队
4	北京	北京	京城百校联盟公益行动指导专家团队	刘永胜	指导专家团队
5	江苏	南通	江苏省南通市通州区实验小学团队	王笑梅	基地校共同体
6	四川	凉山州	四川省凉山州西昌市第二小学团队	沈光虎、赵建宁	基地校共同体
7	新疆生产建设兵团	—	新疆生产建设兵团华山中学团队	邱成国	基地校共同体
8	河南	焦作	河南省焦作市实验小学团队	王思明	基地校共同体
9	北京	北京	北京师范大学实验小学团队	吴建民	基地校共同体
10	内蒙古	鄂尔多斯	内蒙古自治区鄂尔多斯市薛家湾第九小学团队	乔卫东	基地校共同体
11	福建	厦门	福建省厦门市群惠小学团队	黄坚定	基地校共同体
12	海南	三亚	海南省三亚市小学教育共同体团队	吕锐	区域共同体

续表

序号	地域		团队名称	带头人	类型
13	—	—	北师大合作办学附校平台共同体团队	蔡稳良、王万青、王积国、董仕峰、刘建友	跨区域共同体
14	云南	昆明、玉溪、文山州	云南省昆明高新一小、玉溪第一小学、文山州实验小学共同体团队	金明华、杨琼英、刘永兴	跨区域共同体

人民教师媒介形象的建构和历史变迁

——基于《人民日报》(1946—2018年)报道分析

方增泉 祁雪晶 李 君

(一)研究背景

在2018年9月10日全国教育大会上,习近平总书记强调:“教师是人类灵魂的工程师,是人类文明的传承者,承载着传播知识、传播思想、传播真理、塑造灵魂、塑造生命、塑造新人的时代重任。”全党全社会要弘扬尊师重教的社会风尚,努力提高教师政治地位、社会地位、职业地位,让广大教师享有应有的社会声望,在教书育人岗位上为党和人民事业做出新的更大的贡献。此前,2018年2月发布的《中共中央国务院关于全面深化新时代教师队伍建设改革的意见》指出:“教师是教育发展的第一资源,是国家富强、民族振兴、人民幸福的重要基石。”指导意见明确了教师的重要地位,凸显了教师职业的公共属性,强化了教师承担国家使命和公共教育服务的职责。时代越是向前,知识和人才的重要性就越发突出,教育和教师的地位和作用就越发突显。教师形象是教师风貌、能力和素质的展现,体现了教育工作者的智慧与专业才能、品性和价值,也代表着国家教育事业的发展水平和社会文明的进步程度。

我国对教师形象的关注起源甚早,孔子的“学而不厌,诲人不倦”、孟子的“天降下民,作之君,作之师”、韩愈的“师者,所以传道、授业、解惑也”。每个人心目中都有自己好老师的形象,教师曾被形象地比喻为春蚕、红烛、铺路石、孺子牛、人梯、园丁等。习近平总书记指出,今天的学生就是未来实现中华民族伟大复兴中国梦的主力军,广大教师就是打造这支中华民族“梦之队”的筑梦人,这是对教师形象的新概括,是新时代对教师形象的角色重设。

媒体对中小学教师形象的建构不仅影响着社会大众对中小学教师的正确认知与评价,同时也影响着广大中小学教师的自我定义和对奋斗方向以及追求目标的确立。第一,媒介建构的教师形象,对学生以及社会各个方面来说都会产生积极的影响,促使人们产生对知识的尊重,产生对人民教师的理解、崇敬和爱戴。第二,媒介建构的教师形象,对教师认识自身也发挥着很重要的作用。这会对教师个体的自我认知以及心理和行为产生积极、广泛而深远的影响，对于人民教师良好新形象的塑造、崇高社会地位的确立等也会起到积极的促进作用。第三，教师形象是实现教育现代化的重要精神力量，是社会变迁下教育特征的显性体现，对于人们了解教育的本质具有重要意义。

《人民日报》作为中央级的国家媒体，覆盖面广、影响力大、公信力强，具有很强的权威性。本研究以中华人民共和国成立以来《人民日报》有关教师的报道为样本，使我们可以更好地了解教师形象的特点、变迁，也有助于我们更加权威全面地研究教师形象，同时发挥主流媒体记录社会、引领社会舆论的职能。

(二)研究设计

1. 研究对象与研究问题

本研究以《人民日报》作为研究对象，选择通过《人民日报》研究人民教师的媒介形象，原因有三：第一，《人民日报》作为中共中央机关报，作为党和人民的喉舌，它的报道视野更加宏观，同时公信力、权威性高，能够客观反映党报所塑造的（即官方认可的）教师形象；第二，《人民日报》成立较早，较为完整地收录了不同历史时期有关教师教育的相关报道，覆盖面广，样本量大；第三，《人民日报》数据库中的数据保存和录入比较完整，便于样本研究。

本研究通过分析《人民日报》中关于教师形象的相关报道，了解教师形象的建构与变迁，从而探讨《人民日报》对教师形象的建构方式。本研究试图回答如下两个问题：

(1)《人民日报》中关于教师的报道主题经历了怎样的历史性变化？

(2)《人民日报》建构了哪些教师形象？

2. 研究方法

本研究主要采用质化研究与量化分析相结合的方法，文本分析法是本研究的主要研究方法。研究工具主要使用NVIVO、八爪鱼、EXCEL等。

本研究利用《人民日报》数据库“人民数据”，先将正文中出现“教师”的文章抽选出来，在此基础上再将围绕教师的学习、生活、工作、评价、会议、政策文件等筛选出来作为研究对象的样本总量，之后利用随机等距抽样方法抽取样本，从而研究《人民日报》中关于教师形象的建构和变迁。

3. 样本选择

本研究选择了随机等距抽样的方法抽取样本，在具体抽样过程中，本研究分三步进行。

第一步：查询相关文章，挖掘研究数据。本研究以“教师”为关键词，在新版“人民日报图文数据库”中搜索正文中出现“教师”字样的新闻报道，搜索时间跨度为1945年6月1日至2018年6月1日。作者利用“八爪鱼”数据挖掘软件，将人民日报图文数据库相关报道的标题、刊发时间、刊发版面、摘要、关键词等进行数据挖掘，汇总在Excel表格当中。

第二步：筛选有效数据，删除无效文章。由于版面设计问题，《人民日报》中时常会出现同一篇文章在多版刊登的情况，从而导致同一文章在数据库中出现多次，此类情况作者在统计时算为一篇文章。此外，凡是不属于教师的学习、生活、工作、评价、会议、政策文件等范畴的新闻报道，一律删掉，最后得到有效报道6 619篇，作为样本总量。

第三步：制定抽样规则，进行数据抽样。本研究采用随机等距抽样的方法，首先将6 619篇有效数据进行编号，编号时采用日期正排序，即将1946年6月的数据编为1，2018年时间段内最新报道的数据编号为6 619。编号结束以后，利用Excel中的等距抽样工具，计划抽取661个样本，等距抽样的间距为10，即每隔10个号码抽取1个。

4. 类目建构

本研究共设置了以下基本类目对《人民日报》中的“教师”形象进行内容分析，包括：

(1)样本结构：对样本数据分布的时间等频数分析。

(2)报道标题：对样本数据的标题进行词频分析。

(3)报道体裁：媒体在报道时选择何种报道体裁，客观上反映了媒体在报道时所选择的报道框架，其中报道体裁包括消息、通讯、人物特稿、评论、来信、其他等。有关教师的回忆性散文、教师工作的会议纪要、国家领导有关教师教育工作的谈话摘要及全文报告等，均计入“其他”体裁分类中。

一、《人民日报》中样本的基本结构分析

(一)样本：透过样本频数看教师报道的历史变迁

研究《人民日报》中有关“教师”报道数量的历史变化，能够直观地反映不同历史阶段下，国家和社会层面对于教师的重视程度和关注的角度。本研究将661条关于教师的样本数据分别按照年份和月份进行了频数统计，其中，按年份统计是从1946年开始至2018年结束，共统计了样本数据中73年来对于教师报道的数量变

化；按月份统计则是按一年 12 个月份，统计了有关教师报道在每个月报道数量的分布。

1. 1946—2018 年，样本中关于教师报道的数量变化

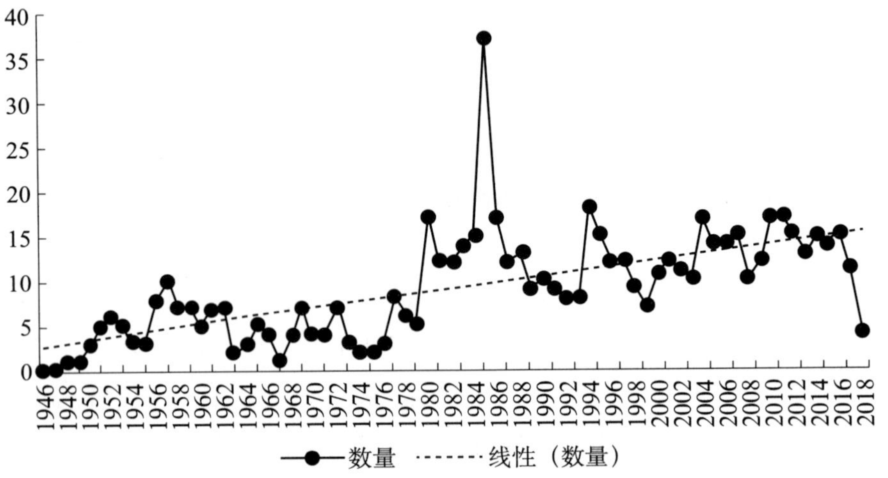

图 4－34　1946—2018 年教师报道数量变化

图 4－34 为 1946 年至 2018 年教师报道数量随着时间变化而呈现出的变化情况。由图可知，在 1946 年至 2018 年，随着时间的增加，教师相关报道的数量也在增加，整体呈现线性增长的趋势。其中，1985 年是 73 年来教师报道的绝对高峰期。分析其中原因，1985 年是我国建立教师节的第一年，国家首次将教师节作为国家节日，这意味着国家和社会层面对于教师的重视与关注正在形成。

对于 73 年间的教师报道数量，时间段层面的划分以 10 年为一个分析阶段。从 1946 年 6 月开始，分别是 1946—1955、1956—1965、1966—1975、1976—1985、1986—1995、1996—2005、2006—2015、2016—2018。（见表 4－11）

表 4－11　教师报道数量分析阶段划分

时间段	1946—1955	1956—1965	1966—1975	1976—1985	1986—1995	1996—2005	2006—2015	2016—2018
样本数量	27	61	38	129	119	115	142	30

分析图表可知，在 1946 年至 1955 年的十年间，国家正处于建立初期，关于教师的报道数量比较少，而在 1956 年至 1965 年的十年间，随着国家的发展，对于教

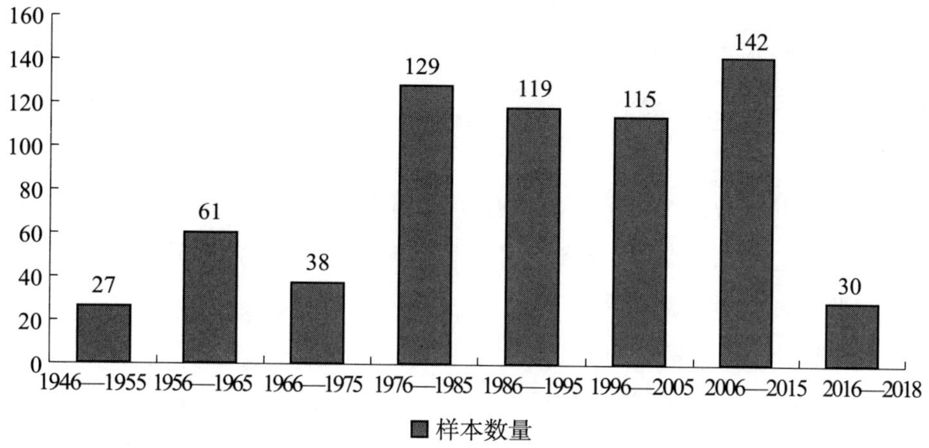

图 4-35 不同时间段样本数量分布

师的报道也在大幅增长，国家对于教师教育的重视程度明显加强。而在 1966 年至 1975 年期间，“文化大革命”对于国家教育的发展有着直观的负面影响，有关教师的报道减少至国家建立初期阶段的水平。从 1976 年开始，教师报道的整体数量突然飙升，并逐渐保持稳定，这表明我国的教育在 1976 年之后，尤其是改革开放之后开始逐渐恢复，并步入快速发展的轨道。

2. 在不同月份，教师报道数量分布不同

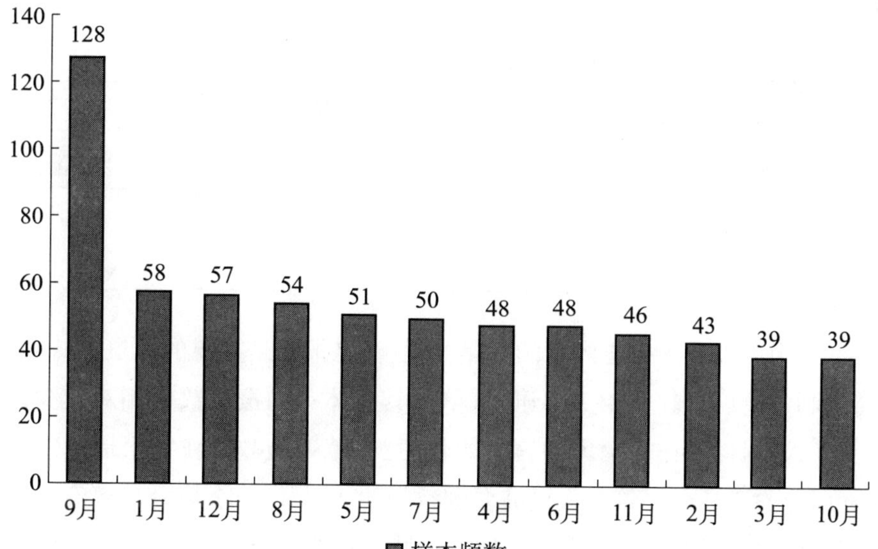

图 4-36 不同月份样本频数

表 4-12 不同月份样本频数

月份	1月	2月	3月	4月	5月	6月	7月	8月	9月	10月	11月	12月
样本频数	58	43	39	48	51	48	50	54	128	39	46	57

通过不同月份教师报道数量的变化可以明显看出，9 月份关于教师的报道最为集中，其次是 1 月、12 月、8 月和 5 月。整体看来，在 9 月份之外的其他月份中，有关教师报道的数量差距不大。

3. 不同年代，教师报道的体裁侧重不同

样本体裁的划分主要分为五类：消息、人物特稿、评论、通讯、来信、其他。之所以把人物特稿从通讯中单独拎出来，是因为这样便于分析模范典型教师的媒介形象。

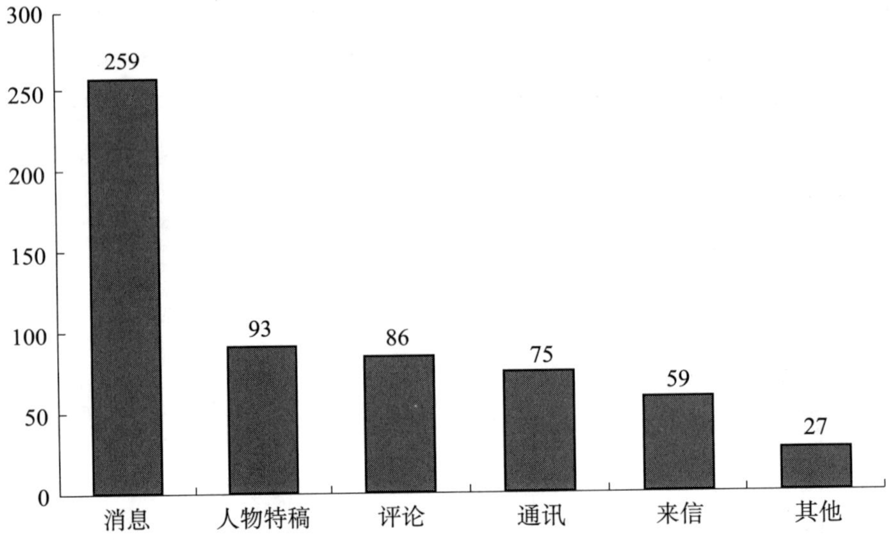

图 4-37 样本中不同体裁报道频数

从样本中可以看出报道体裁的数量变化，消息报道是首要的报道方式，其次是人物特稿和评论以及教师相关通讯，来信和其他体裁的报道数量相对较少。由此可以看出《人民日报》作为国家的官方媒体，把模范典型教师作为报道中的一大重点，旨在引导整个社会对符合人民需要的教师的认识和尊重，以及培养有益于社会发展的教师群体。评论数量同样不少则说明，《人民日报》作为首家对教师形象进行直接评判的党媒，为形成“好教师”的标准起到了积极的作用，并对教师形象的塑造也起到了价值层面和思想层面的引领作用。

表 4 - 13 不同时期报道体裁的数量变化

时间段	1946—1955	1956—1965	1966—1975	1976—1985	1986—1995	1996—2005	2006—2015	2016—2018	总体占比
消息	15	16	1	64	59	54	42	8	259
消息占比	55.56%	26.23%	2.70%	55.17%	60.82%	52.94%	32.31%	27.59%	43.24%
通讯	0	20	9	9	9	10	16	2	75
通讯占比	0.00%	32.79%	24.32%	7.76%	9.28%	9.80%	12.31%	6.90%	12.52%
人物特稿	0	6	2	18	10	13	35	9	93
人物特稿占比	0.00%	9.84%	5.41%	15.52%	10.31%	12.75%	26.92%	31.03%	15.53%
来信	9	11	7	9	12	7	4	0	59
来信占比	33.33%	18.03%	18.92%	7.76%	12.37%	6.86%	3.08%	0.00%	9.84%
评论	3	7	15	15	5	13	20	8	86
评论占比	11.11%	11.48%	40.54%	12.93%	5.15%	12.75%	15.38%	27.59%	14.36%
其他	0	1	3	1	2	5	13	2	27
其他占比	0.00%	1.64%	8.11%	0.86%	2.06%	4.90%	10.00%	6.90%	4.51%
	27	61	37	116	97	102	130	29	599

通过图表数据可以得出，尽管消息数量在整个历史时期居于首位，但在不同的时间阶段划分下，在教师报道的所有体裁占比中，消息占比整体处于下降趋势。消息所占的报道百分比在 1986 年至 1995 年达到最高值，1996 年之后逐渐下降。

人物特稿、评论所占的报道百分比在增加，这也进一步说明《人民日报》一直侧重于对模范典型教师进行报道。

来信的所占比重在不断减少，可以看出《人民日报》作为我国首家纸媒，起初一直重视与报纸的受众进行互动，进而了解群众的心意，倾听大众的呼声。1950 年 3 月《人民日报》开辟的"读者来信"成为《人民日报》与读者之间的"直通车"，"读者的来信……可以使我们的报纸丰富起来"。随着网络新媒体的崛起，《人民日报》的受众群体有所转移，报纸早已不是与受众互动交流的主要平台。

4. 报道形式的特点：文字报道为主，图片报道补充

整体上看，在教师报道中图片报道占比为 9.38%。从视觉层面上来说，图片报道能让受众在文字的基础上对教师形象有一个更加直观清晰的了解与认知。在后文分析中，我们对于样本标题以及正文的分析主要基于文字报道的样本之上。

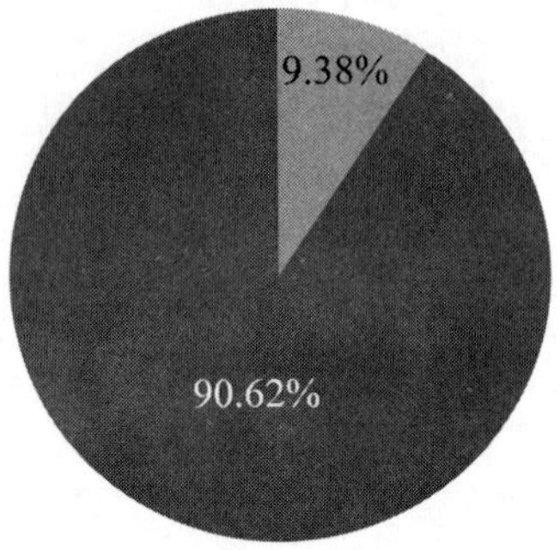

图 4-38　样本中的报道形式占比

二、报道标题中的教师形象

（一）透过样本标题频数看教师形象的时代主题变迁

标题对于新闻报道的主旨往往有着点明文章中心思想、交代文章写作情感等提纲挈领的作用。基于此，针对样本中的文字报道分析，我们首先从标题词频的变化进行分析。

表 4-14　1946 年至 2018 年教师有关报道的标题样本数据高频词汇

时间段	1946—1955	1956—1965	1966—1975	1976—1985	1986—1995	1996—2005	2006—2015	2015—2018
关键词	学习 改造 思想	人民 培养 学生	小学 公办 下放	知识分子 尊师重教 人民	优秀 青年 培训	师德 高校 住宅 工资	乡村 孩子 高校 人民	孩子 校长 科研

通过查找每个时段关键词在具体标题中的含义、语境，我们发现，教师的形象建构与时代主题的变化紧密相关，这同时也是教师地位时代变化的历史缩影，其间也经历过曲折，教师地位和形象出现过严重贬损的情况。本研究将以上不同历史时期关于教师报道的关键词分为六大阶段。

第一阶段（1946—1965）为人民教师阶段。关键词：改造、思想、人民。这一时段属于解放战争时期和中华人民共和国成立初期，国内无产阶级革命思想比较浓厚。此阶段《人民日报》关于教师的报道多反映对知识分子的思想改造，并且急于培养数以百万的人民教师——无产阶级的革命教师队伍。例如，《中共中原局发布指示，争取团结改造培养知识分子》《南开大学学生热烈欢迎教师改造思想》《在反贪污、反浪费、反官僚主义运动中认真开展教师思想改造的学习运动》《人民教师刘景昆》《加速培养又红又专的教师》《人民需要教师，教师无上光荣》《教育者必先受教育——访天津感光胶片厂的几位半工半教的教师》等。

图 4-39 第一阶段(1946—1965)教师报道关键词分析

第二阶段(1966—1975)为工农教师阶段。关键词：小学、公办、贫下中农。中华人民共和国成立初期，公办小学下放，教师向贫下中农学习，尤其是“文化大革命”期间教师的威信降低、地位下降，教师的实践能力受到极大否定。同时，这期间贫下中农作为无产阶级革命队伍的主要力量，具有较强的革命和生产能力。知识分子被称为“臭老九”，到农村接受贫下中农再教育；另一方面，贫下中农也登上讲台，讲授实践技能。例如，《教学改革的关键是清除教师头脑中的资产阶级教育思想》《建立一支革命化的教师队伍》《关于公办小学下放到大队来办的讨论，用毛泽东思想培养教师队伍》《无产阶级教师队伍的一支生力军，工农兵教师是一支最有生气的革命力量》《民办教师要参加生产劳动》《认真做好对教师的再教育工作》。

图 4-40　第二阶段(1966—1975)教师报道关键词分析

第三阶段(1976—1985)人民教师的知识分子身份“回归”。关键词:知识分子、尊师重教、人民。“文化大革命”之后,国家教育逐渐恢复,全社会大力发展经济,创新与科技成为社会发展的主要任务。基于此,教师的地位再次得到肯定和认同,尊师重教成为我国步入现代化的一个关键性口号,争做光荣的人民教师成为社会倡导的主流。例如,《是脑力劳动者,还是“臭老九”?》《落实党的知识分子政策要抓紧抓细》《学校党委要善于依靠专家教授》《都要尊敬人民教师》《重视科教事业尊重教师科学家》《采取措施改善教师工作生活条件》《开展多种形式的尊师重教活动(人民教师,无上光荣)》。

第四阶段(1986—1995)教师社会地位提升。关键词:优秀、青年、培训。这一时期仍然是尊师重教的发展期,重点是培养青年教师,培训农村教师,稳定和优化师资队伍。政府和社会通过对优秀教师进行表彰、培养青年教师,来进一步稳定教师队伍,提升师资质量,尤其是对农村教师开展大范围培训,在优化师资队伍的同时,也体现了国家对于教育均衡的关注和侧重。1994 年 1 月 1 日,我国开始实施《中华人民共和国教师法》,其中第三条规定“教师是履行教育教学职责的专业人员”,明确了教师是履行教育教学职责的专业人员,承担着教书育人、培养社会主义事业建设者和接班人、提高民族素质的使命。教师应当忠诚于人民的教育事业。

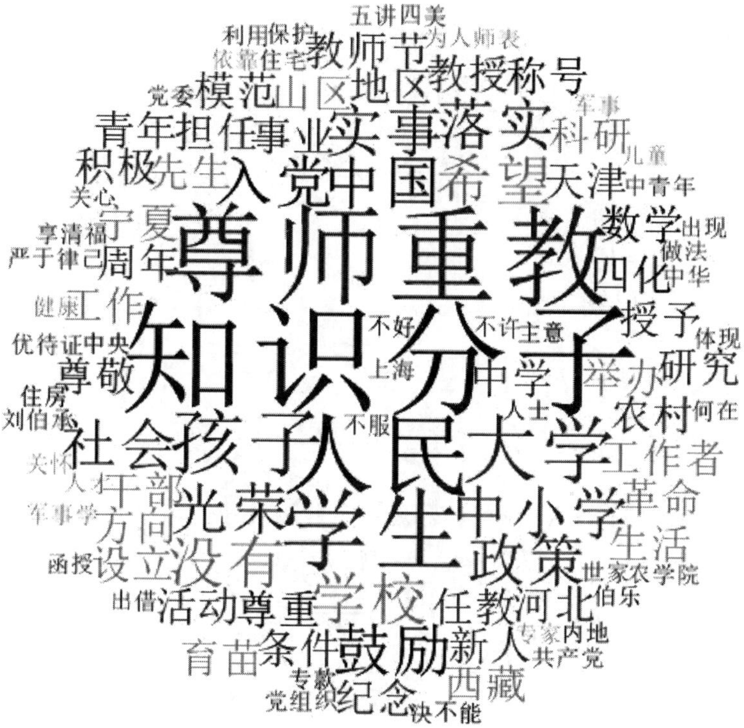

图 4 - 41　第三阶段(1976—1985)教师报道关键词分析

1995 年，我国又建立了教师资格证书制度。这些都为提高教师专业化程度提供了保障。教师职业经历了从兼职到专职再到专业的过程，这是不断提高我国教师教育质量、提高教师专业化水平的一种必然趋势。教师的法定专业地位提升了教师的社会地位，这一阶段《人民日报》的相关报道侧重教师社会地位的提升。提供教师基本生活保障，提升教师待遇也日益成为社会热点。例如，《从民办教师中选招二十万公办教师》《上海一批中青年教授脱颖而出》《江阴为农村培训音乐教师》《我国今年表彰十万教师》《稳定农村中学教师，防止大量外流改行》《重教必先尊师》《雷洁琼会见优秀教师代表》《北京高校教师住宅小区奠基》《把教师住房作为突出问题加以解决》等。

第五阶段(1996—2005)注重强化教师专业地位。关键词：尊重教师、师德、住宅。这一时期，随着尊师重教氛围的不断深入，教师专业化也在不断发展和强化，逐步得到社会的理解和认可。2001 年，我国在《国务院关于基础教育改革与发展的决定》中第一次以“教师教育”代替了“师范教育”这一概念。用“教师教育”代替“师范教育”不仅是一种概念的变化，更蕴含着观念的更新和制度的变革。“教师教

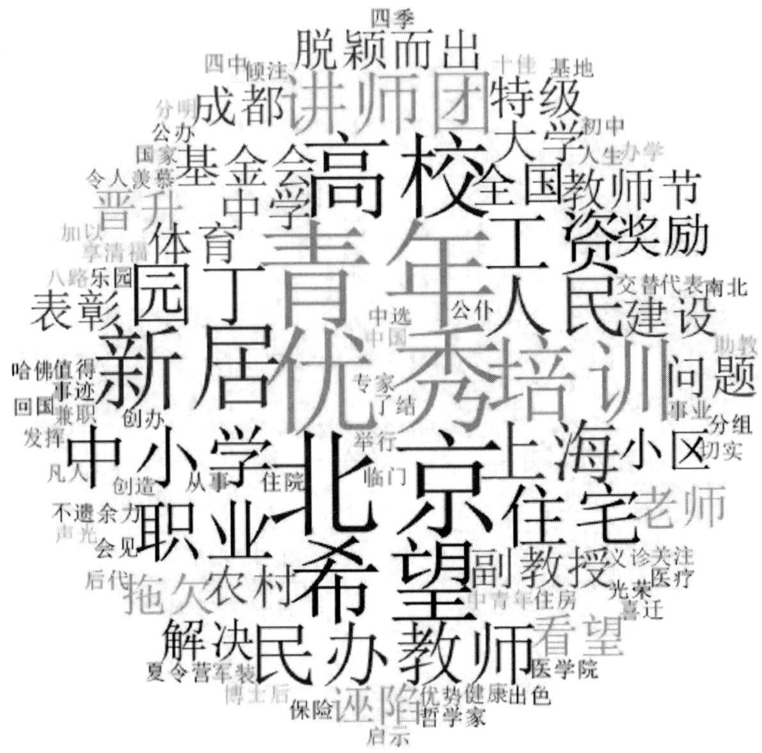

图 4-42　第四阶段(1986—1995)教师报道关键词分析

育”相对于“师范教育”来说，具有专业性、开放性、多元性和终身性的特征，这也是从“师范教育”向“教师教育”转向的必然趋势。同时社会上也出现了个别殴打辱骂学生，甚至教师性侵学生的负面新闻，报道对教师师德的强调，也在展现着教师队伍的进一步优化，以及更进一步的专业性督造。另一方面，提高教师待遇，强化教师师德也是社会和教育界一直关注的热点话题。例如，《讲政治铸师魂靠管理严师德》《教师，你适应素质教育的要求么》《改进和完善教师奖励制度》《教师理当文明施教，体罚学生法律不容》《晋中解决农村教师工资拖欠问题》《五莲教师享受“科研津贴”》。

第六阶段(2006 年至今)教师形象崇高化。关键词：孩子、科研、乡村。这一阶段尊师重教进一步发展，教师形象被不断崇高化，教师被形容为人类文明的传承者、社会上最受尊敬的职业、无愧于党和人民的人类灵魂工程师，甘当人梯，甘当铺路石。2014 年 9 月 9 日，习近平总书记在同北京师范大学师生代表座谈时强调：“全国广大教师要做有理想信念、有道德情操、有扎实知识、有仁爱之心的好老师，为发展具有中国特色、世界水平的现代教育，培养社会主义事业建设者

图 4-43 第五阶段(1996—2005)教师报道关键词分析

和接班人做出更大贡献。”习近平总书记提出:“今天的学生就是未来实现中华民族伟大复兴中国梦的主力军,广大教师就是打造这支中华民族‘梦之队’的筑梦人。”2016 年 9 月 9 日,习近平总书记在视察北京八中时强调:“教师要做四个引路人,即做学生锤炼品格的引路人,做学生学习知识的引路人,做学生创新思维的引路人,做学生奉献祖国的引路人。”这一时期,教育质量和公平问题得到社会广泛关注,教育发展表现的地区不均衡现象日益明显,关注乡村教师,重视乡村教育,成为这一时期国家教育改革发展的重点,《人民日报》对于乡村师生的报道也日益增加。“一切为了孩子”是乡村教师的精神写照,也是我们提倡的广大教师的普遍追求。与此同时,在关注高校科研、学术的同时,高校教师的师德师风也成为社会关注的侧重点。

(二)始终贯穿教师形象报道的核心主题是“人民”

在样本标题的文本分析中,除了对不同阶段的词频进行分析之外,对于整个历史时期的词频分析也非常重要。如果说,在不同时间段的划分中,教

图 4-44　第六阶段(2006 年至今)教师报道关键词分析

师报道标题的词频变化属于教师形象历史变迁的一部分，那么整个样本标题词频的结果则体现出在 1946 年至 2018 年“人民”是教师形象报道中的核心主题。

本研究通过对样本中教师报道标题的整体词频变化进行分析，得出前三个高频词分别是教育、教学、人民。“人民”是贯穿整个教师报道的核心关键词。“人民”的参考点显示有“为人民教育事业热诚服务”“培养百万人民教师”“可敬的人民教师”“人民需要教师，教师无上光荣”“人民教师”等。结合不同阶段教师报道中关键词词频的变化可知，“人民教师”始终是我国教师形象建构中不变的核心词，这是由我国社会主义教育事业的本质属性决定的。人民教师突出了教师所担负的国家责任、政治责任、社会责任和教育责任，即教师来自人民，始终为人民服务，心系人民、服务人民，始终立德树人，教书育人，为中国特色社会主义培养建设者和接班人。

三、报道议题中的教师形象

(一)议题设置分析

本研究在对具体文本进行分析的基础上，在661篇样本中划分出以下25个报道议题：教师住房，教师工资，教师权益，教师纪念，教师思想，教师奖励、表彰与慰问，教师支教，中青年教师，师德师风，科研成果，师资力量，教学改革，教师培训，工农再教育，尊师重教，教师职责，教师政策、法规与指示，教师编制，革命教师，反击右倾翻案，教师花絮，生产教学，教师健康，教师入党，教师支教。

第一，师德师风议题占据首要位置，主要包括模范教师、教师为人师表的品质与道德要求等报道。其中不仅有正面的形象，如安贫乐教、甘于奉献、严于律己、孜孜以求等，也有学术不端、殴打辱骂学生等负面形象。当然在《人民日报》有关师德师风的报道中，主要以正面形象为主，政令指示以及部分负面报道为辅。例如，《老教授何定杰》《教学四十年——记丘宗岳教授诲人不倦的事迹》《他们为培养一代新人在辛勤劳动》《吴良镛：不负凌云万丈才（足音）》《茉莉花开（张丽莉同志先进事迹报告会发言摘编）》等，主要是以模范教师的教学工作经历，来展现人民教师的优秀职业道德和高尚的为师品格。另一方面，也有《教师要做学生的表率》《中小学教师职业道德要求》《为人师者当自重》《讲政治铸师魂，靠管理严师德》《对学术不端行为“零容忍”》等报道，通过评论或者政策公告等形式，对教师的师德师风做出要求。

第二，教师政策、法规与指示是报道中的重要议题，样本数高达35。它与教师职责的区别在于，前者是国家或者政府各级层面对教师教育做出的规定或者要求，而后者是个人或者社会层面对教师教育的观点评论。教师政策、法规与指示的相关报道包括《实事求是落实党的知识分子政策》《采取措施改善教师工作生活条件》《改进和完善教师奖励制度》《我国将全面实施教师资格制度》《全面贯彻落实党的教育方针，努力把我国基础教育越办越好》等。教师职责议题中只有5个样本，样本数量相对较少，如《鼓励教师到教学第一线讲课》《大学的课堂与教师的使命》等。

第三，尊师重教议题，主要指以“尊师重教”为明确核心观点展开报道的文章，这和提供教师住房、补发教师工资、会见表彰优秀教师等侧面反映的“尊师重教”有着明显不同。例如，《重视科教事业尊重教师科学家》《开展多种形式的尊师重教活动（人民教师，无上光荣）》《让尊师重教成为社会风尚》。当然，国家领导人以“尊师重教”为主题的发言也被划分在这一类议题中。例如，《教师肩负着光荣的历史重任——李先念给全国教师写信祝贺教师节》中提到“教师工作应该成为社会上最受人尊敬和最值得羡慕的职业之一”。

第四，教师权益议题，主要指有关教师的诉求、心声或者遭遇到的不公正待遇等报道。例如，《湖南湘乡一起殴打教师案结案》《倾听乡村教师的心愿（教育视界）》《教师也希望宽松的环境》。这类议题主要反映了社会生活中教师权益的亟待保护、教师在工作生活中的急切要求等。

革命教师议题是在特定历史时期出现的一类教师报道，数量不多。例如，1950年刊发的《沪大学教师三千人示威，决心保卫世界和平制止美帝侵略以爱国的实际行动回击美帝侮辱》，以及 1976 年刊发的《不许扭转知识分子前进的方向》，都是特殊时期有关教师活动和地位的报道。

生产教学议题中的相关报道数量较少，例如 1958 年刊发的《教育必须结合生产》，以及 1965 年刊发的《教育者必先受教育——访天津感光胶片厂的几位半工半教的教师》，这些报道对教师提出了教学结合生产、结合实际的要求。

工农再教育议题主要是关于教师必须接受贫下中农、工人等再次教育，教师下放到农村学习的相关报道。例如，《贫下中农登上讲台学校面貌焕然一新》《永远做贫下中农的小学生，关于公办小学下放到大队来办的讨论》《认真做好对教师的再教育工作》《虚心接受工农群众的再教育》《陕甘农村办起大批五·七学校》等，这些报道主要出现在 1965 年至 1976 年。

教师花絮主要是指教师工作之外的一些私人生活报道，如文字报道中的《三十八年后的婚纱照》，讲述了一对恩爱老教师结婚多年后补拍婚纱照的浪漫故事，图片报道中包括教师摄影作品展、教师书法比赛等。

中青年教师作为国家教育的骨干力量，一直得到国家的重视和鼓励。作为议题，主要包括《人民日报》中围绕中青年教师的科研、职称等进行的报道，体现了国家对青年知识分子的重视。例如，《希望党组织更多地关心中青年知识分子（纪念中国共产党成立 60 周年）》《安庆选拔中青年教师担任学校领导》《我国高等院校一批青年教师获得霍英东教育基金会奖励》《中青年教师成为高校主力军》《5 年时间成长为北京大学最年轻的教授之一，北大化学生物学系教授陈鹏——我们这一代的爱国表达》等。

通过对 661 个样本报道进行分析，我们总结出的议题设置分布如表 4 - 15 所示。

表 4－15 教师报道的议题设置分布

议题属性	师德师风	教师奖励、表彰与慰问	教师政策、法规与指示	教学改革	教师思想	教师权益	师资力量
样本数量	283	57	36	34	32	26	24
议题属性	教师住房	工农再教育	尊师重教	教师培训	中青年教师	师范教育	—
样本数量	23	19	19	19	13	10	—
议题属性	教师工资	教师编制	教师支教	科研成果	教师纪念	教师健康	—
样本数量	9	8	8	7	6	6	—
议题属性	生产教学	教师职责	教师花絮	反击右倾翻案	教师入党	革命教师	—
样本数量	6	5	4	2	3	2	—

(二)树立教师模范典型是《人民日报》师德师风议题建构的主要方式

通过议题设置分布图表我们可以看出,《人民日报》对教师形象的建构主要通过有关师德师风的报道,教师的奖励、表彰与慰问,教师政策、法规与指示三个方面来进行。在位居首位的师德师风有关报道中,人物特稿作为主要体裁占有 92 篇,具体体裁分布如图 4－45 所示。

表 4－16 报道体裁分布

体裁	人物特稿	消息	通讯	评论	来信	其他
数量	92	48	32	28	20	17
占比	38.82%	20.25%	13.50%	11.81%	8.44%	7.17%

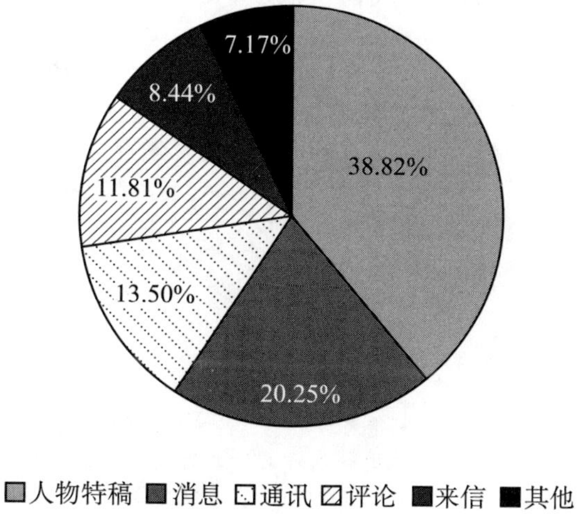

图 4－45 报道体裁分布

由图表可知，《人民日报》在教师形象的师德师风议题报道中，侧重于通过人物特稿树立模范教师典型。同时，消息和通讯也是构建教师师德师风议题的主要报道体裁。

（三）《人民日报》中教师形象的构建路径：自上而下的政府主导

教师奖励、表彰与慰问和教师政策、法规与政策指令这两个方面也是《人民日报》对教师形象进行报道的重要议题，两者都属于自上而下的国家及各级政府的宏观层面做出的对教师教学工作、生活作风等方面的引导行为。教师奖励、表彰与慰问的相关报道，主要是国家、社会等对优秀教师的奖励，比如国家领导对教师代表的会见、表彰等报道的集合；教师政策、法规与政策指令报道是针对教师教育颁布的政策、重要讲话等的诠释，比如教师资格证制度的实施、教师法的颁布等。这从侧面说明，在《人民日报》教师形象构建中，自上而下的政府发挥着重要的主导作用。

四、透过典型认识教师形象类型

人物特稿作为模范典型人物的主要报道方式，在展现教师群体师德师风的同时，也是我们感知具体的人民教师形象的重要形式。换句话理解，对教师师德师风的模范化报道，就是在塑造具体的教师形象。师德师风的不同层面构建了不同的教师形象类型。这里，我们把 93 篇人物特稿作为整体进行文本分析。

通过文本搜索可知，在 93 篇人物特稿中，文本关键词与材料来源（报道数量）如表 4－17 所示。

表 4－17　文本关键词与材料来源（报道数量）统计

文本关键词	材料来源数	参考点举例
坚守　坚持	37	就是这样一位残疾人，却坚守在这个贫穷山村； 教育事业的坚守，他用 51 岁的生命，诠释了； 在上课以前，还坚持在组内进行预讲； 没有间断过教学工作，年年坚持开课； 每天驾船早接晚送，长期坚持，学生越来越多；
关爱　关心 爱护	24	要像孩子的妈妈一样关心学生； 他重视人才、关心学生； 对学生无私的关爱让他的生命有了分量； 但依然关心着学校，爱护着孩子们；

续表

文本关键词	材料来源数	参考点举例
奉献 献身	11	把自己的一生忠诚奉献给社会主义祖国的科学事业; 蜡烛,把所有的光和热都奉献给海南岛的孩子; 无悔无怨地奉献着自己的青春和心血; 他们的品格及献身精神将成为一种力量;
科研 研究 钻研	48	这两个人,一个研究了多少年化学; 最新的成就,他特别想钻研一下苏联的理论化学; 从此,更加勤奋地钻研中国的古代文学; 经他反复研究后,终于把原因找到了; 熊运厚同志积极支持科研工作,热情关心科研人员,勤勤恳恳,平等待人;
创新 开创 创造	23	在语文教育上有不少创新的地方; 学校管理改革开创了一个好的范例; 由于他对热爆炸理论创造性的研究; 被学术界公认为最有创造性的科学专家; 一位杰出的教师,一位富有创新精神、充满爱心的教育工作者;

根据文本搜索结果,我们可以把教师类型分为四大类:奉献型、关爱型、科研型和创新型。

表 4-18 教师类型的划分

教师类型	文本关键词
奉献型教师	坚守 坚持 奉献 献身
关爱型教师	关爱 关心 爱护
科研型教师	科研 研究 钻研
创新型教师	创新 开创 创造

另一方面,我们通过对特稿文本进行词频分析,形成词汇云,如图 4-46 所示。

根据图 4-46 可知,在关于典型模范教师的报道中,教师形象表现在以下品质中:勤勤恳恳、精益求精、一丝不苟、呕心沥血、事无巨细、一如既往、因材施教、十年如一日、踏踏实实、严于律己、翻山越岭、孜孜不倦、不辞辛劳等。报道的典型人物包括:舍己救人、无私奉献的殷雪梅、张丽莉;心灵唤醒许多心灵、细致入微关爱学生的石利颖;献身科研、服务社会的李保国;几十年如一日、矢志创新的刘景昆、于漪。这些方面比较全面地呈现了各类教师的整体形象。

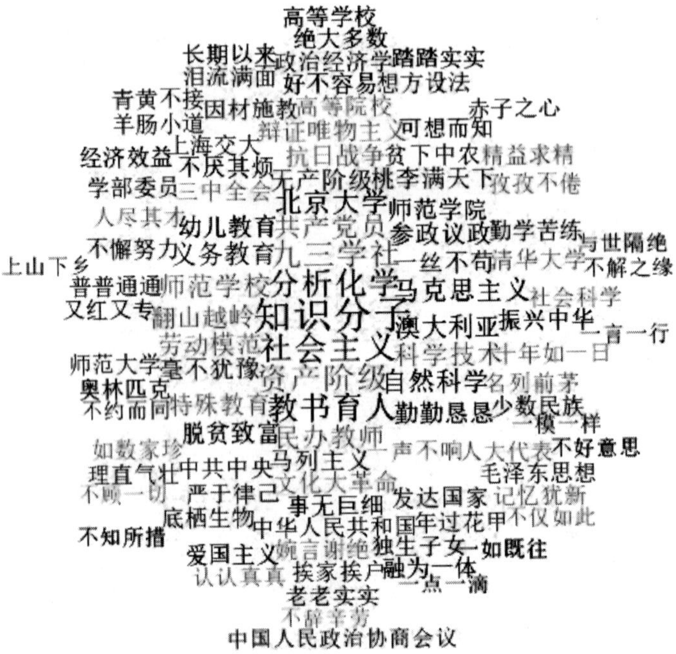

图 4－46　报道文本分析词云图

五、结论和建议

（一）结论

1. 尊师重教：教师形象报道的主旨

这里所说的尊师重教是广义层面的，我们可以把它作为一项国家教育战略去理解。不仅包括上述“尊师重教”的议题设置，也包括国家立法等侧面角度体现的国家教育政策。

整体来看，由于中华人民共和国成立初期稳固无产阶级政权的需要，以及政治动荡等因素的影响，在 1946 年至 1976 年，一些中小学教师受到了极不公正的对待，知识分子和教师没有获得应有的尊重，教师的尊严和地位受到了践踏。这一时期，尊师重教的缺失也给国家经济文化的发展带来了明显的负面影响。1976 年之后，尤其是随着国家的改革开放，以及现代化经济和科技文化发展的迫切需要，知识分子的作用被重新肯定，并且受到社会的重用和尊重。尊师重教逐渐成为现代化社会发展中不可缺少的响亮口号。

尊师重教作为国家教育事业发展的中心主旨，从具体样本分析来说，具体表现在以下三个方面。

第一，教师报道数量彰显尊师重教。1976 年之后，尤其是 20 世纪 80 年代之后，教师报道的样本数量稳定增加，并且整体呈上升趋势。

第二，设立教师节体现尊师重教。1985 年，第六届全国人大常委会第九次会议通过了国务院关于设立教师节的议案，并一直延续至今。并且 9 月份是每年产生教师报道数量最多的月份。

第三，国家政令、立法层面体现尊师重教。每次教师节、春节等重大节日前后，都会有国家领导人对教师进行慰问，同时对于著名教育学者的诞辰等重要时间点，也会有国家教育主管部门领导表示祝贺。

通过样本筛选，教师报道样本中有关国家政策、指示、领导人发言或慰问等事项的报道数量为 46 篇，具体如《分组审议教师法草案》《把教师节当成尊师节隆重庆祝》《李铁映康克清看望教师》《纪念陶行知诞辰一百一十周年座谈会在京举行》《习近平会见庆祝第三十个教师节暨全国教育系统先进集体和先进个人表彰大会受表彰代表》等。

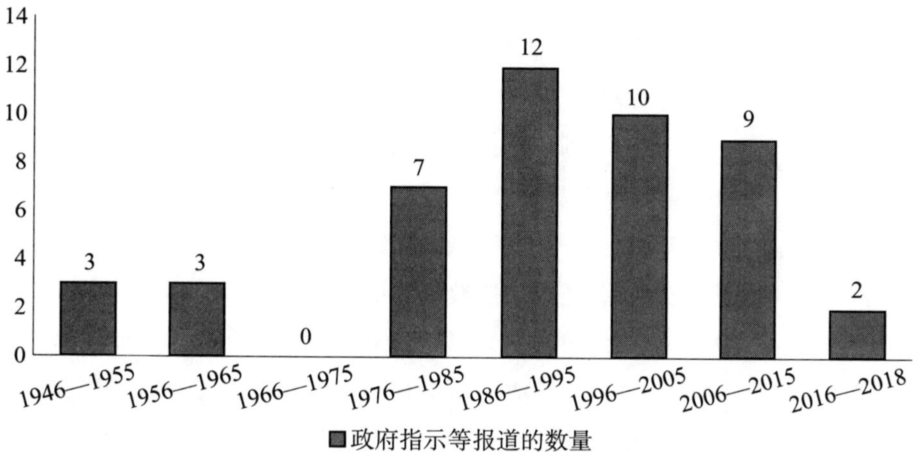

图 4－47 不同时间段政策指示等数量

由图 4－47 可知，在不同时间段教师报道中有关国家政策、指示、领导人发言或慰问等的数量分布有所变化。1966 年至 1975 年，样本中没有与教师政令相关的报道；1976 年以后，有关教师的政策指示的数量呈现相对稳定地整体性增长。

2. 从教师隐喻看教师形象的变迁

教师隐喻不仅能够反映不同时期的教师形象，而且体现了社会对教师这一职业的期望和教师自身的工作实践。通常，我们所说的“园丁”“红烛”“灵魂的工程师”等就是所谓的教师隐喻。它们既体现了教师所具有的师德品质，也展现了教师的社会地位，以及社会乃至整个国家对教师职责和角色的期望。

通过对样本的梳理分析，我们可以看到《人民日报》中教师隐喻包括：人民教师、又红又专的教师、资产阶级知识分子、春蚕、红烛、铺路石、孺子牛、人梯、园丁、灵魂工程师、筑梦人、引路人等。

所谓的“人民教师”形象是相对于人民群众而言的，这一称谓在样本中的出现时间最早可以判定为1948年。《中共中原局发布指示，争取团结改造培养知识分子》一文中提出：“知识分子尤其是教师，他们多半是地主、富农、资产阶级与小资产阶级的家庭出身，长期地受资产阶级教育的熏染，他们的大多数虽然倾向革命或有倾向革命的可能，但一般都存在轻视工农、脱离群众的观点。因此，要使他们能够‘为人民服务’‘与工农结合’，从事各种艰巨的建设工作，就非进行必要的宣传解释工作与思想改造工作不可。”以上可以被认为是“人民教师”称谓的文件来源，而且这一概念提出的主要目的在于打倒反动派、建设新中国。1951年《稳定和发展小学教育，培养百万人民教师》的报道，明确提出了人民教师的形象比喻，同时还对人民教师的职责标准做了描述：“新中国的每个人民教师都应当认真地学习马克思列宁主义，努力使自己成为一个马克思主义者。”我们由此可以看出，当时的“人民教师”语境具有比较浓厚的政治色彩，对教师的思想有着改造的要求。需要强调的是，这一称谓一直在之后关于教师形象的报道中延续，但其概念不断适应时代的变化，并被赋予不同的内涵与价值要求。

“又红又专的教师”形象是产生于特殊历史时期的教师隐喻。20世纪50年代，由于“三反”“五反”政治运动的开展，教师的地位和工作都受到了一定程度的影响。一些学者教师开展的教育教学活动被视为带有“资产阶级色彩”，脱离劳苦大众，于是，“教师要多向工农兵学习”成为运动口号。1958年，《人民日报》刊登出一位教师接受贫下中农再教育后的心得体会《红在农中，专在农中》，提出了“又红又专”一词，表示自己革命思想的坚定。《加速培养又红又专的教师》是于1959年《人民日报》发出的社论，提出要大力发展又红又专的工人阶级的教师队伍。这也算是对又红又专教师隐喻的官方正名。

“资产阶级知识分子”形象虽然在中华人民共和国成立初期就已存在，之所以把它作为一个教师隐喻，是因为在“文革”期间的多数新闻报道中，出现了混淆“资产阶级知识分子”和“人民教师”的情况，把一些致力于人民教育的教育工作者统称为“资产阶级知识分子”，甚至是“资产阶级学阀”“臭老九”“白专”等，并且这些名词被广泛使用。例如，1966年报道的《打倒资产阶级学阀统治》，1977年报道的《是脑力劳动者，还是“臭老九”》。资产阶级知识分子成了这一时期教师的代名词，这是不尊重教师、践踏教师尊严、贬低教师地位的体现。

春蚕、红烛、铺路石、园丁、人类灵魂工程师等是改革开放以后被广泛使用的教师隐喻。典型的形象隐喻是“春蚕到死丝方尽,蜡炬成灰泪始干”。在 20 世纪 80 年代,作为奖励优秀教师或者其他有突出贡献的教师的“红烛奖”“园丁奖”大量出现。这一方面是尊师重教的要求和体现,另一方面也是国家恢复生产建设之后,对于教师职责、角色的一种期盼。1976 年至 1995 年的样本中,园丁、尊师重教等词汇高频次出现。例如,《穿军装的园丁》中对退伍军人的教师形象的报道,以及《老园丁的乐园》中对老教师的住房福利的报道。在这里,园丁作为教师的隐喻,已经成为一种共识。

筑梦人是习近平总书记提出的教师隐喻。筑梦人这一教师形象的隐喻,是在新时代中华民族伟大复兴中国梦的重大战略思想指引下对教师地位和责任使命的新概括。筑梦人形象有别于传统的奉献型教师形象,更注重师生之间的交互关系。习近平总书记指出,今天的学生被称为未来实现中华民族伟大复兴中国梦的主力军,教师作为立教之本、兴教之源,承担着让每个孩子健康成长、办好让人民满意教育的重任,广大教师就是打造这支中华民族“梦之队”的筑梦人。引路人形象则是筑梦人形象在师生关系方面的具体体现和要求。

“四有好老师”从实现“两个一百年”和中华民族伟大复兴中国梦的战略高度,深刻阐释了“筑梦人”的基本素质和标准。“四有好老师”体现了新时代教师在传授学生知识、启迪学生智慧的同时,更有着培育学生德行、涵养、品格的特点,同时担负着实现中华民族复兴和中国梦的历史责任。这是对教师的职责和使命的新概括,是对教师形象的新表述,对于造就党和人民满意的高素质专业化创新型教师队伍具有重要推动作用。例如,2016 年报道的《习近平在北京市八一学校考察时强调全面贯彻落实党的教育方针,努力把我国基础教育越办越好》一文中指出,广大教师要做学生锤炼品格的引路人,做学生学习知识的引路人,做学生创新思维的引路人,做学生奉献祖国的引路人。“四个引路人”理念,从教师与学生的交互关系角度,强化了“引路人”的教师形象。2018 年作为社论刊登的《打造中华民族“梦之队”的筑梦人(砥砺奋进的五年)——党的十八大以来全面加强教师队伍建设综述》指出,广大教师是打造这支中华民族“梦之队”的筑梦人。

(二)教师形象报道中的不足

1. 教师形象报道呈现片面化

从《人民日报》中教师报道的议题设置可知,25 个报道议题几乎全是关于教师的职责,例如:师德师风,科研成果,师资力量,教学改革,教师培训,教师职责,教师政策、法规与指示,教师编制,教师支教,等等。这些议题多是展现教师教书育人应有的一面,而缺少同样作为一个普通人的教师的兴趣、爱好、生活追求、为人处世等更加亲切、真实、接地气的一面。虽然教师花絮、教师健康等能够展现教师日常生活的一面,但不够接地气,而且数量偏少,不能全方位、立体化地呈现教师人性化的形象。

2. 教师形象塑造神圣化

从典型模范教师中呈现的四种教师类型来看,不论是奉献型、关爱型还是科研型、创新型,都不断使教师形象崇高化,例如:坚守"天梯"小学 21 年的李桂林陆建芬夫妇;淡泊名利、甘于奉献、敢为人先的先进教师黄大年;扶贫不辍 11 年,让农民增收 10 倍,和农民打成一片,扎根山村写论文的浙江大学农业与生物技术学院教授汪自强;危急关头用生命保护学生的最美教师张丽莉。他们都是教师中不平凡的代表,是教育工作者中的极少数。但同时,这中间不可避免地出现了教师形象神圣化的问题。例如只求奉献不求回报、鞠躬尽瘁死而后已、大公无私舍己救人等,导致社会公众对教师形象的认识不断崇高化,形成了高度的期待和道德认同,教师"神圣化"的道德形象开始演化为一种潜在的社会事实,成为社会大众潜意识中对教师道德形象的评价标准,成为公众对教师评价的重要甚至唯一标准。相对于教师队伍来说,这些形象虽然极具榜样力量,但作为一个行业形象,教师形象的神圣化脱离了教师作为一种职业的专业化、社会化需求。这个"神圣化"的道德形象与现实社会环境相割裂,导致教师形象出现了认同差异,使得社会大众对教师职业"可望而不可即"。

3. 教师形象建构的思想政治要求过于宏观

中国教师形象的建构自古以来就与政治责任、国家责任紧密相连,中国古代社会普遍将教师视为道德家,其道德身份和教育身份高度融为一体。在儒家思想的影响下,士大夫的德行操守被看作是影响国家政治命脉最重要的因素。近现代以来,教师形象的职业化、专业化、社会化使教师形象逐渐多元化。尤其是改革开放以来,尊师重教成为一种社会风尚,教师形象被不断崇高化,对教师的政治要求和道德要求也不断被拔高。《人民日报》作为国家级党媒,对教师形象的报道持续不断,凸显了整个社会尊师重教的氛围。作为政府喉舌的《人民日报》建构着整个社会尊师重教的教师文化,当下"四有好老师"是对教师形象的标准要求,其中"有理想信念"是对教师思想政治方面的首要要求,教师必须自觉做中国特色社会主义的坚定信仰者和忠实实践者,忠诚于党和人民的教育事业,自觉把党的教育方针贯彻到教学管理的工作全过程中,同时用自己的行动倡导社会主义核心价值观。对于教师而言,如何坚定理想信念,发挥价值引领作用,需要进一步细化和具体化。

(三)建构教师媒介形象的政策建议

习近平总书记在全国教育大会上强调:"建设社会主义现代化强国,对教师队伍建设提出新的更高要求，也对全党全社会尊师重教提出新的更高要求。人民教师无上光荣，每个教师都要珍惜这份光荣，爱惜这份职业，严格要求自己，不断完善自己。做老师就要执着于教书育人，有热爱教育的定力、淡泊名利的坚守。”按照这一教师队伍建设目标和要求，结合当前新媒体发展形势，报纸在塑造新时代教师媒介形象的过程中亟待改进的工作主要有以下四点。

(1)深入生活，呈现立体化教师形象。在政策文件精神、庆祝活动、典型性报道的同时，报纸关注教师的实际生活，尤其是作为普通人的喜怒哀乐和工作生活诉求，只有立体化呈现教师形象，我们才能对教师形象有更深层次的认知和感受。比如，教师在教书育人之外，也可能会有其他爱好，或者勇于追求爱情，有着不一样的家庭生活、亲情经历、工作压力等。例如，2016 年 4 月 22 日《人民日报》整版关注青年教师的真实压力。报道了教师的工作细节和花絮，甚至一些感人的细节，展现了教师在工作之外的普通人的特点和人生追求，以及他们内心的矛盾，这才是立体化呈现教师形象的关键。

(2)深入实际，突出教师职业专业化、个性化特点。优秀先进教师典型毕竟只是教师队伍中的一部分，我们在看到金字塔顶端“高大上”的榜样的同时，来自千千万万个普通教师的作用和力量，更能促进我们对于教师形象的认知和自身职业形象的建构，尤其是许许多多的普通教师在教学改革、师生关系等方面的新特点、新动态，更加丰富了教师的职业化形象和职业精神，凝聚了社会的正能量，引领和促进了社会的全面进步。

(3)深入互动，发挥教师、学生、家长等在媒介形象塑造方面的主动性和主体性。新媒体环境下更注重双向互动，发挥受众的主体性，因此报纸要拓宽视野，转化角度，重视反映学生、教师、社会群体等心目中的教师专业化形象。《人民日报》以往对于教师形象的报道，更多的是告诉受众教师形象是什么样，教师形象应该怎么样，而不是反映或者倾听人们心中的教师形象是怎样、人们想要什么样的教师形象。报纸只有深入了解教师的自我认知、学生对教师的评价、社会对教师的期待，才能多角度塑造教师的完整形象。

(4)深入一线，增加叙事化的报道，将宏观层面的筑梦人形象具体化、形象化，讲好中国教师故事。报纸应发挥在教师价值引领、教师核心素养等方面的塑造作用，聚焦筑梦人形象，对做党和人民满意的“四有好老师”，即“有理想信念，有道德情操，有扎实学识，有仁爱之心”四个层面，以教师成长发展的视角，以富有人情味的方式，采用多种题材和表现形式，进行深入、持续、全方位的教师形象建构，增强报道的感染力、说服力，营造尊师重教的良好氛围。

第五章　舆情观察：现阶段职务犯罪的现状、特征与预防

北京师范大学新闻传播学院
喻国明

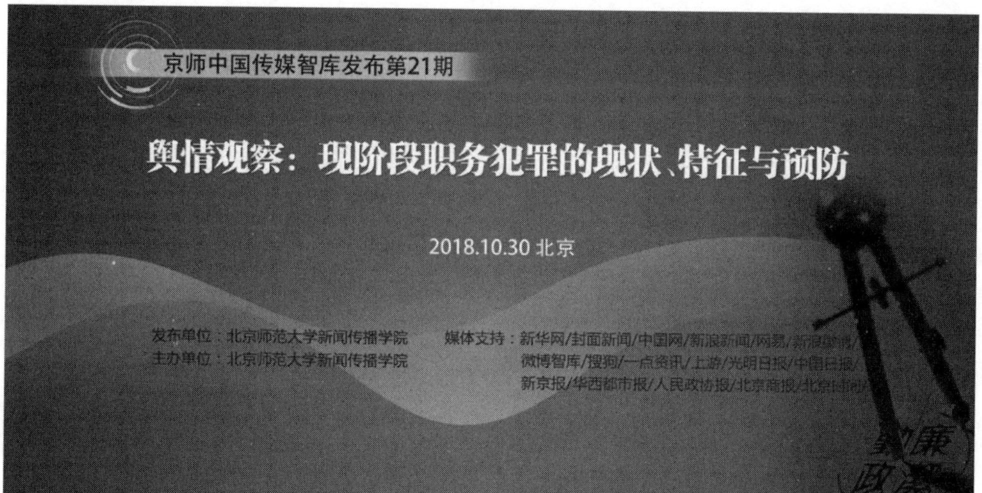

一、研究背景及数据来源

(一)研究背景

本文为课题《职务犯罪智能评估、预防关键技术研究》的研究成果，其重点在于收集适当规模的能反映腐败犯罪规律与特点的过程数据与结果数据，并借助技术手段通过对过程数据与结果数据进行分析、集合与深度解读，归纳、总结出具有引领和示范作用的发现与甄别腐败分子与评估腐败态势、识别和预警腐败风险，以及预防腐败发生的方法、模型与技术措施。

新媒体和自媒体的迅猛发展，拓展了预防职务腐败的传播渠道。自下而上的社会反腐机制，即受众本位的反腐思路，成为传统的自上而下的国家本位、传播者本位的互补渠道。“防范于未然”已经成为遏制职务腐败的重要方面。整个社会需要营造反腐倡廉的舆论氛围，从态度及行为取向上筑牢遏制腐败的坚固防线。

因此，有必要开展子课题“反腐传播对策体系”专项研究，从“自上而下”的传播与“自下而上”的传播两条渠道出发构建“反腐传播”新机制。一方面，结合新形势下的新问题，判断社会各领域中职务腐败热点舆情事件易发生的领域和环节；另一方面，建立信息库，对于典型网络反腐事件进行分类管理，分析其特点、规律、时间序列的表现特征，科学预测变化趋势，建立预警机制，为反腐决策提供有效参考。该课题经由两个基本话语场域的比较，替代单向度评估的扁平化趋势，构建综合性的“反腐传播”的评价体系，进而建立“反腐传播”由点到面、逻辑一致的对策框架，对预防职业腐败决策有所助益。

(二)研究范围

根据最高人民检察院的定义，职务犯罪指国家机关、国有公司、企业事业单位、人民团体工作人员利用已有职权贪污、贿赂、徇私舞弊、滥用职权、玩忽职守，侵犯公民人身权利、民主权利，破坏国家对公务活动的规章规范，依照刑法应当予以刑事处罚的犯罪，包括《刑法》规定的“贪污贿赂罪”“渎职罪”和国家机关工作人员利用职权实施的侵犯公民人身权利、民主权利犯罪。

(三)关键词界定

本文选择“职务犯罪”的关键词包括“腐败犯罪”“职务犯罪”“腐败信息”“腐败案例”“腐败案件”“腐败线索”。

本项目中，“职务犯罪”限定为以下 10 个法定罪名：受贿罪、行贿罪、单位行贿罪、对单位行贿罪、非国家工作人员受贿罪、贪污罪、职务侵占罪、挪用资金、私分国有资产罪、滥用职权罪。

“贿赂犯罪”“行贿档案信息”限定为以下 5 个法定罪名：受贿罪、行贿罪、单位行贿罪、对单位行贿罪、非国家工作人员受贿罪。

“行贿犯罪”限定为以下 3 个法定罪名：行贿罪、单位行贿罪、对单位行贿罪。

（四）数据来源

本文的数据来源主要有以下几个方面：一是新闻网站及网友跟帖，主要是重点商业门户网站及其客户端；二是新浪微博数据，包括认证账号和草根账号；三是微信公众号；四是论坛。相关数据来源及总量如下图所示。

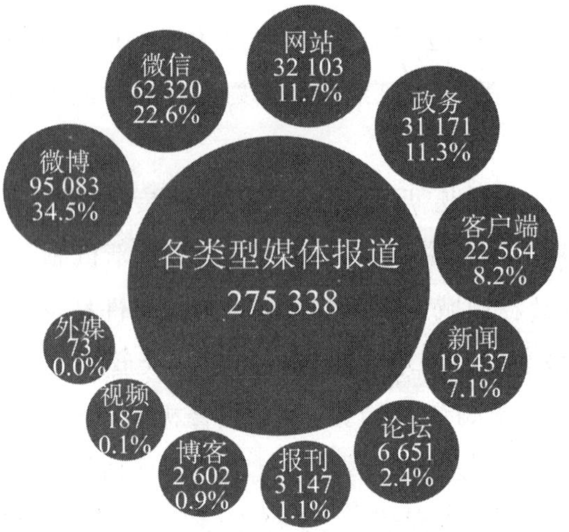

图 5-1　媒体报道数据来源

（五）时间范围

数据抓取的时间范围为 2017 年 1 月 1 日至 2018 年 8 月 1 日。经过以上数据的抓取，我们对所有案例进行消重聚合，通过后期人工筛选，总计得出的职务犯罪案例共 1 244 个，并对以上案例进行属性的变量。

二、重点地区与重点领域

（一）地区分布：东南沿海与东北地区是高发区

本课题根据抓取的职务犯罪案例的发生地域进行统计，可以得出，职务犯罪案例发生的整体分布趋势是沿海地区发生职务犯罪的数量相对较高：一方面因为沿海地区经济相对发达，发生职务犯罪和经济活动的概率较高；另一方面在于抓取的数据主要是网络数据，与各个省份互联网的普及率存在一定的正相关关系。发生数量比较高的十个省级行政单位依次是浙江、北京、山东、广东、河南、江苏、河北、湖北、福建、辽宁。

（二）重点领域

1. 涉及领域：工程建设领域是重灾区

本课题将所有抓取的案例按照其所涉及的领域进行分类，经过初步统计，相关结果如图 5－2 所示。

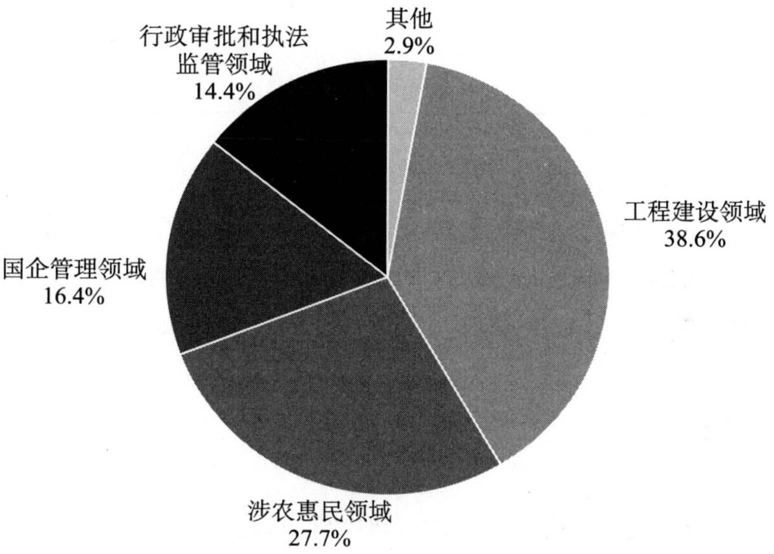

图 5－2　职务犯罪案件涉及的领域分布

从图 5－2 可以看出，抓取的案例职务犯罪涉及的领域主要集中在工程建设领域（38.6％）、涉农惠民领域（27.7％）、国企管理领域（16.4％）、行政审批和执法监管领域（14.4％）等。在工程建设领域方面，除物资采购、资金拨付、招投标等关键环节外，项目的立项审批、土地出让、征地补偿、移民拆迁等阶段也都是滋生贪污贿赂犯罪的高风险点。

2. 涉及行业：医疗和金融行业是多发行业

本课题对案例所涉及的行业进行归类，相关统计结果如图 5－3 所示。

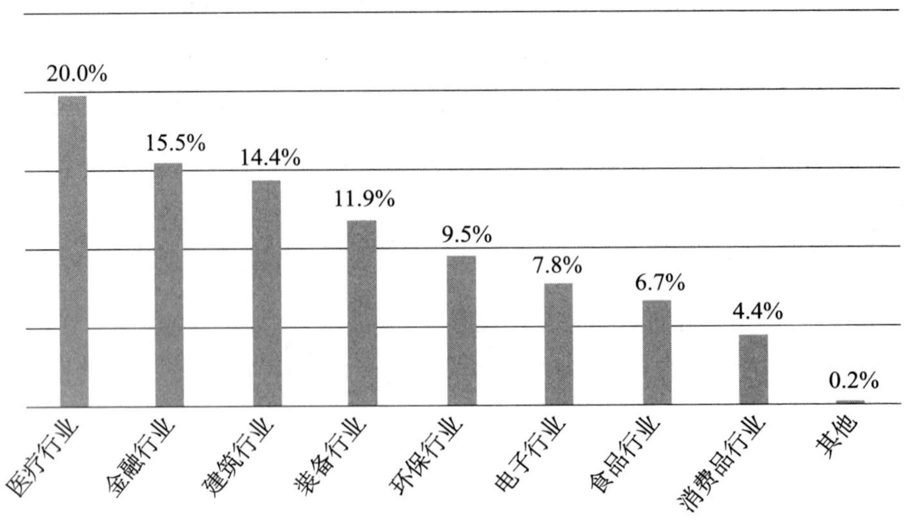

图 5－3　职务犯罪案件涉及的行业分布

从图 5－3 可以看出，职务犯罪主要涉及的行业依次是医疗行业、金融行业、建筑行业、装备行业、环保行业等，可以看出医疗行业作为涉及民众健康较多的民生领域，其所占比例较高，其次是金融行业。这两个高发行业的职务犯罪形势比较严重，二者都涉及民生与经济安全领域，反腐形势依然十分严峻。

三、职务犯罪的特征

本部分内容的主要作用是发现、甄别腐败犯罪人群以及预测、预警腐败风险，并为提出预防措施和方法夯实基础。相关结果如下所述。

（一）主体特征

1. 性别特征：男性是主要犯罪群体

本课题对以上职务犯罪案例中的主体进行社会身份的相关统计，结果如图 5－4所示。

从图 5－4 犯罪主体的男女比例情况可以看出男性占绝大部分（89.3％），该数据与其他犯罪类型相比，女性犯罪率明显偏低。在职务犯罪中，男性犯罪较多，这是由于在目前社会中，职务犯罪多与职务层级及经济权力等的掌控相关，在政经领域男性数量占有绝对统治地位，随着女性地位的崛起及女性角色在政治、经济等领域的强化，该数据也将慢慢发生变化。

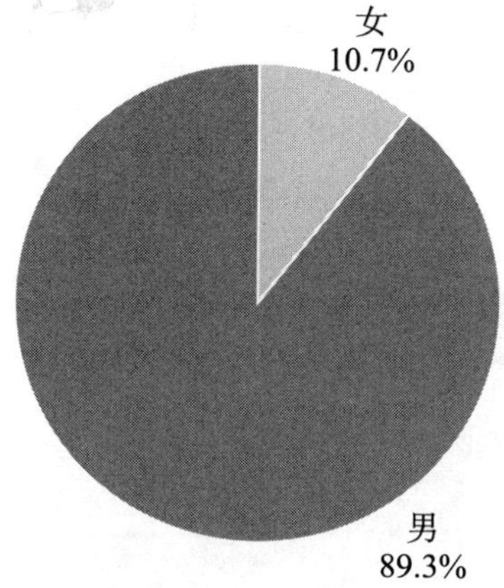

图 5-4　职务犯罪案件主体性别特征

而单独将女性职务犯罪案例进行分析，女性职务犯罪集中于财务会计人员，以贪污公款为主，主要为国企出纳与会计人员、银行营业员、医院收银员等相关职业，都是利用职务之便以侵吞、窃取、骗取等手段非法占有国家和公司财产。

2. 年龄特征：平均年龄 46.9 岁，“60 后”居多

本课题将所收集的职务犯罪案例进行分析，去除职务犯罪及未显示年龄的案件后，共得到 2 813 个案件主体，出生年代分布情况如图 5-5 所示。犯罪主体的出生年代以 1960 年到 1969 年为主，这与职务犯罪的特点相关联。在职务犯罪中，更多是掌握社会权力及社会资源的人有可能成为职务犯罪相关案件的主体，这与其他犯罪类型有所不同。从年龄结构方面也可以进行一定的解读，年龄基本成正态分布，35 岁至 60 岁之间基本上是犯职务犯罪的高峰期，不起诉案件的主体基本也与职务犯罪保持类似的年龄结构特点。

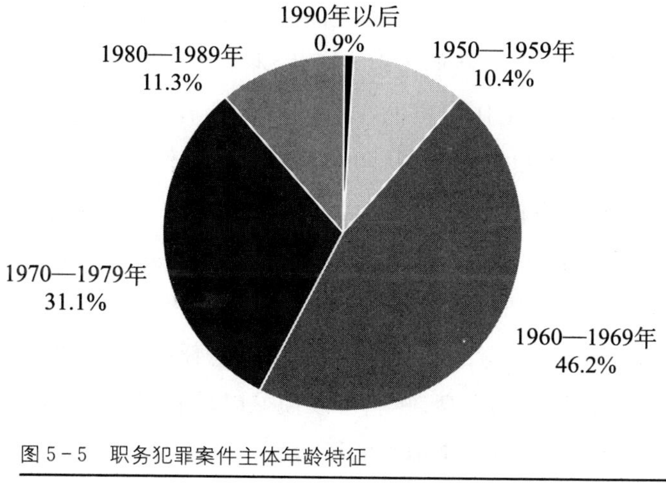

图 5-5　职务犯罪案件主体年龄特征

本课题将犯罪人员的年龄段进行细化统计，相关结果如图 5 - 6 所示。

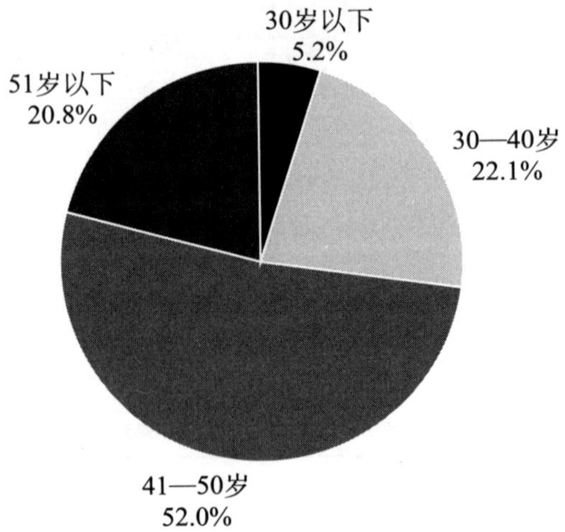

图 5 - 6　职务犯罪案件主体年龄段统计

本课题根据相关案例进行均值计算，涉案人员的平均年龄为 46.9 岁。从图 5 - 6中不难看出，41 岁至 50 岁年龄阶段中犯职务犯罪的人数最多，“一把手”“天花板”干部职务犯罪严重，接近已侦办总人数的一半。根据案件分析，这一阶段的涉案人员基本上都是各单位的“一把手”，这一部分人群掌握权力后抱着“有捞则捞”“过期作废”的心态，把党纪国法抛于脑后，进行暗箱操作、权钱交易的勾当，捞取非法利益。从案件中还可以看出，这一部分人群还存在着“天花板”干部现象，即一些领导干部做到一定官阶后，因为年龄等原因不再有升迁的机会，但是又掉不下去。导致部分“天花板”干部趁还在位还有职权疯狂敛财，晚节不保，掉入腐败黑洞。

3. 学历分布：本科和大专人群比例最高

从涉案主体的学历来看，我们可以发现本科及大专学历占比最高，二者占比超过 40%，这与大部分国家工作人员的学历层次较高有关。在统计中发现，除了行贿类犯罪的主体及作为共同犯罪中从犯地位的国家工作人员的辅助人员学历可能较低之外，职务犯罪的主体总体上表现为学历层次较高，硕博士的比例已经高达 30%。这说明大多数犯罪主体具有大专及以上学历，职务犯罪呈智能化趋势发展，初中以下文化程度职务犯罪人以行贿罪为主。

这些人在作案时，往往考虑缜密，具有很高的隐蔽性，反侦查能力强，对法律较熟悉。随着干部选拔标准的提高，我们可以预见以后的职务犯罪将更趋智能化，这给打击职务犯罪的办案人员带来很大的压力。

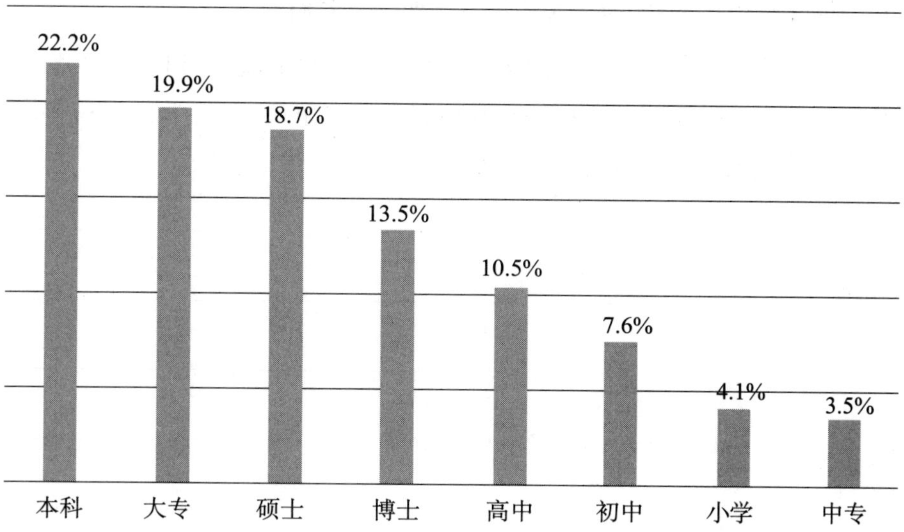

图 5-7 职务犯罪案件主体学历分布

4. 行政级别：省部级和乡镇科级是重点人群

从图 5-8 中可以看出，涉案主体的行政级别呈现哑铃型结构，既有“老虎”又有“苍蝇”，其中行政级别在省部级以上的占比过半，这些涉案人员动辄主管一个行业或一个地区，因此涉及范围广、危害度较高，科级及以下的约占四分之一，两个层级双高，说明既要继续加大针对高层的反腐力度，又要对近年来基层职务犯罪的蔓延趋势有所警醒。

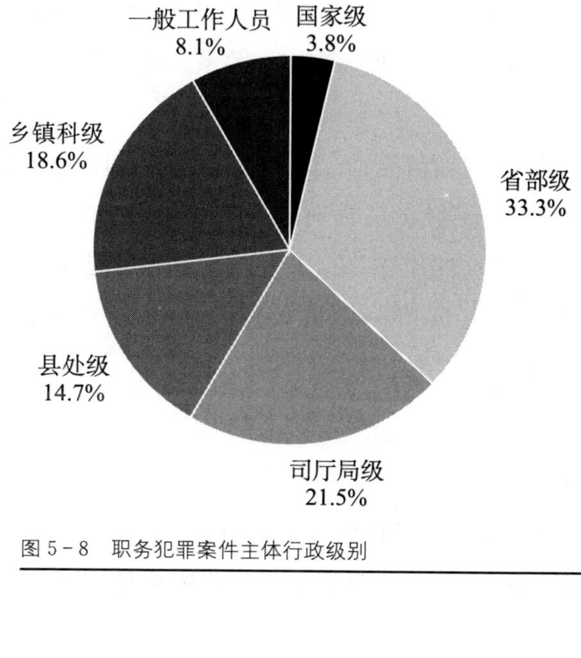

图 5-8 职务犯罪案件主体行政级别

（二）涉案组织特征：国家机关和国有企业是高发组织

本课题对这些涉及职务犯罪的案例进行涉案单位的统计分析，将涉案单位按照主体特征分为国家机关、国有企业、其他国有事业单位、公立学校、公立医院、自治组织和其他组织（主要是私企、外资等）。

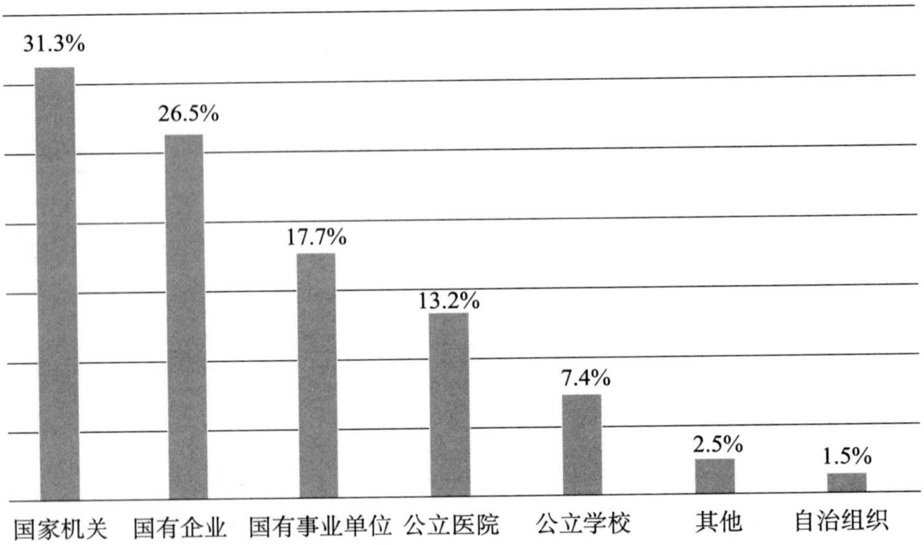

图 5-9 职务犯罪案件涉案单位统计

从涉案单位组织的性质来看，职务犯罪主要集中在国家机关和国有企业之中，国家机关成为贪污贿赂犯罪的重灾区，这本身与公权力涉及范围过大有很大关系，也与近年来党中央反腐力度不断加大有密切关系。此外所涉及的是一些公立医院和学校，学校中又以高校为主。

其他组织主要是一些私营企业，其中存在财务会计人员监守自盗等问题。参照北京师范大学中国企业家犯罪预防研究中心发布的《企业家腐败犯罪报告》，2014 年至 2017 年这四年中，在国有企业的腐败犯罪中，企业主要负责人占 57.6%，财务负责人占 9.9%，党群负责人占 3.7%；在民营企业的腐败犯罪中，企业主要负责人占 56.8%，销售采购负责人占 7.7%，财务负责人占 6.2%。

（三）行为特征

1. 行为方式：贪污罪和受贿罪是主体

从图 5-10 可以看出，职务犯罪的主要方式依次是贪污罪、受贿罪、挪用资金

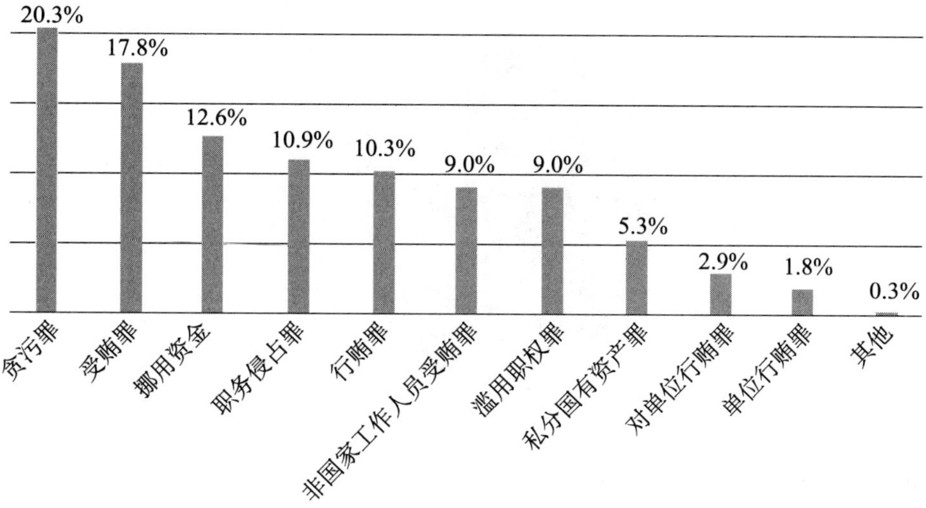

图 5-10 职务犯罪的主要方式

和职务侵占罪，这些都是主动的公权力寻租行为，说明目前公权私用的约束机制还有待完善。由于滥用职权罪具有隐蔽性的特点，其案发率相对比较少。以非自然人为主体的单位或者组织涉案情况相对较少，主要是因为组织行为不具备显著性，其次是由于案例的起诉对象是组织，相关机构很难进行有效的立案处理。此外，李辉在《贪污受贿案涉案金额的结构性特征》一文中，通过对 2014 年至 2015 年司法判决文书中的数据研究发现，受贿案件涉案金额的平均水平要高于贪污案，贪污案的平均金额为 223 181.8 元，中位数为40 000 元，而受贿案的平均金额为 438 367.9 元，中位数为 89 000 元，受贿案的平均金额几乎为贪污案的两倍。

2. 行为对象：上级领导和政府部门的公权力化身为主导

本课题对收集到的案例进行统计，剔除在新闻报道中未出现行为对象的案例，相关结果如图 5-11 所示。

从图 5-11 可以看出，在筛选后的职务犯罪案例中，职务犯罪的主要行为对象分为上级领导、政府部门、一般工作人员、相关联企业和外资企业。尤其是上级领导个体是犯罪行为的主要对象，这正说明“吏治”的严峻性。另外比较突出的特点是一般工作人员的所占比例也较高，占到了总体的 15.1%，这说明既要打“大老虎”更要打“小苍蝇”的必要性。

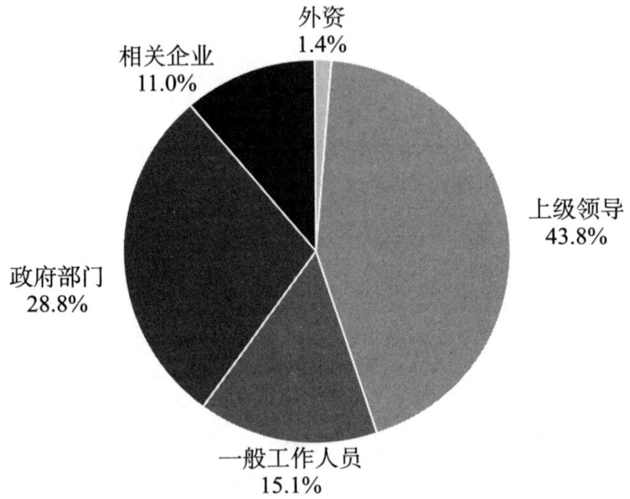

图 5－11　职务犯罪的行为对象

(四)后果特征

1. 涉案金额：平均每案 864.4 万元

首先本课题对抓取的案例进行涉案金额统计，剔除部分没有涉案金额的案例，可以得出平均每案贪腐金额约 864.4 万元。为了方便呈现不同涉案类型的涉案金额的多少，本课题对不同类型案例的涉案金额进行了分析，相关结果如图 5－12 所示。

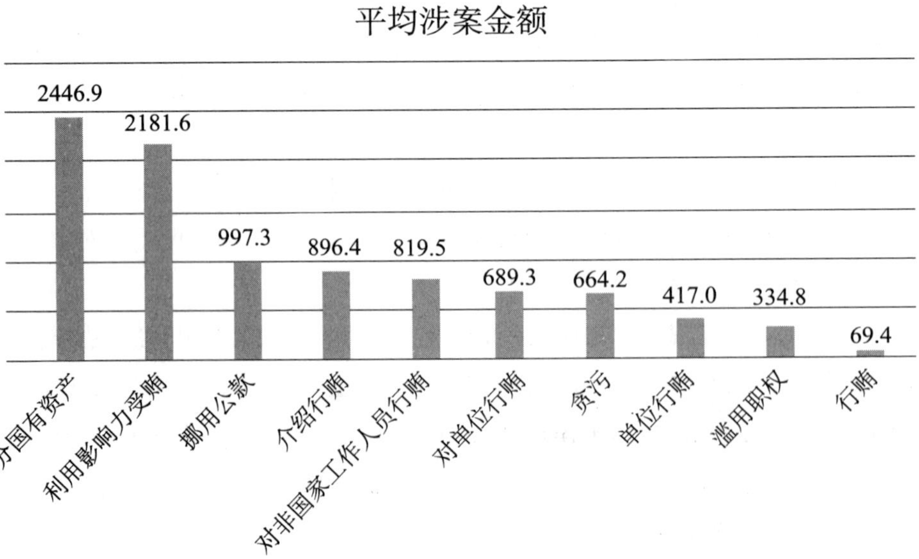

图 5－12　职务犯罪的平均涉案金额

通过图 5－12 可以看出，涉案金额比较高的几类案件依次是私分国有资产、利用影响力受贿、挪用公款等。这些案件的涉案金额动辄在 1 000 万元以上。需要说明的是贪污案件的涉案数额不大，大约在 664.2 万元，但其案件数量相对较多。综合来看，职务犯罪的涉案数额相对较高，尤其是贪腐类案件，大部分存在贪污罪、受贿罪、职务侵占罪、私分国有资产罪、内幕交易罪及诈骗等贪腐案件。这些都是未来需要加强防控的领域，因为其破坏力大、影响范围广。

（五）时间特征

1. 节假日分布：春节和中秋节等传统节日是高发期

在职务犯罪时间分布的统计中，由于职务犯罪很多是日积月累完成整个犯罪过程的，并且在很多信息的传播中多是对其宣判的新闻报道，很难准确捕捉到其具体受贿的时间节点，本课题只能通过案件宣判的日期来进行反推，因为每个案件的诉讼期相差不多，为了方便直观呈现结果，本课题将全年的节假日分为元旦、春节、清明节、劳动节、端午节、中秋节、国庆节等，将案件宣判的日期在以上几个节日前后 30 天内都归在该节日内，相关统计结果如图 5－13 所示。

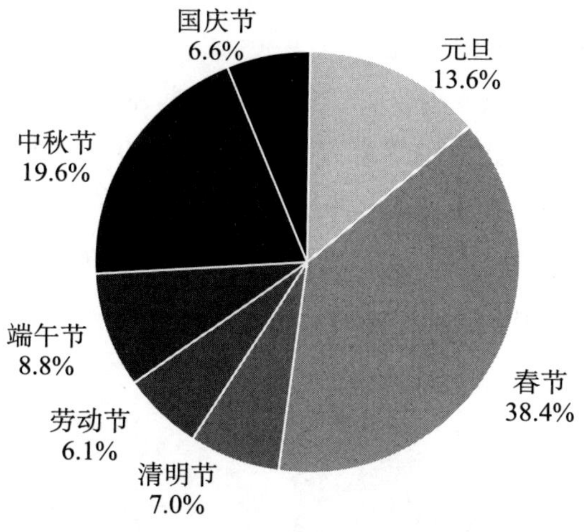

图 5－13　职务犯罪的时间统计

从图 5－13 可以看出，比较容易产生职务犯罪的节日主要集中在春节和中秋节这两个大的节日，占比超过了一半以上。从节日的类型来说，主要属于中国传统节日，说明了中国传统文化中送礼的思维是多么根深蒂固，未来需要加强中国传统节假日的职务犯罪的反腐预警，争取防患于未然。

2. 季节分布：春季是高发期

从图 5－14 可以看出，四个季节的职务犯罪数占比总体分布相对均衡，相对来说,春季最多,因为春季是春节所在的节假日。其次是秋季,主要是中秋节在秋季。之后是冬季和夏季,其中最少的是夏季。这仍然说明春节是职务犯罪的高发期。

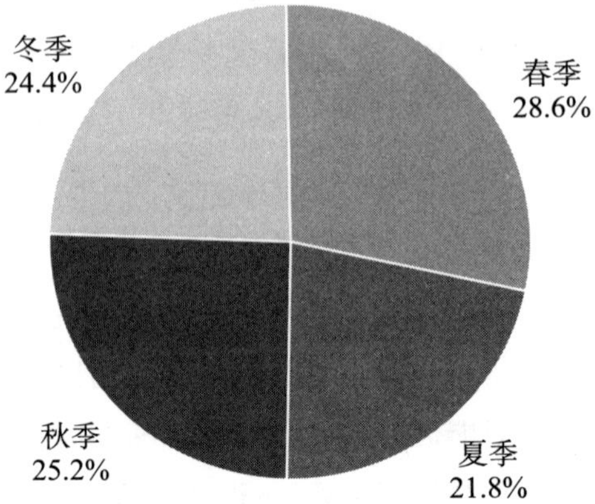

图 5-14 职务犯罪的季节统计

(六)案发特征

1. 共同犯罪:非共同犯罪为主

由数据可知,大部分职务犯罪属于非共同犯罪,本课题从案件是否为共同犯罪的角度进行分析,可发现共同犯罪率是 17.3%。在职务犯罪的共同犯罪中,从犯存在较大可能不被起诉,本课题从案件统计中发现,显示为共同犯罪的,多为从犯。而共同犯罪的主犯,除了在个别犯罪类型,例如玩忽职守、滥用职权中存疑不起诉外,在相对不起诉过程中,主犯较难被作不起诉处理。

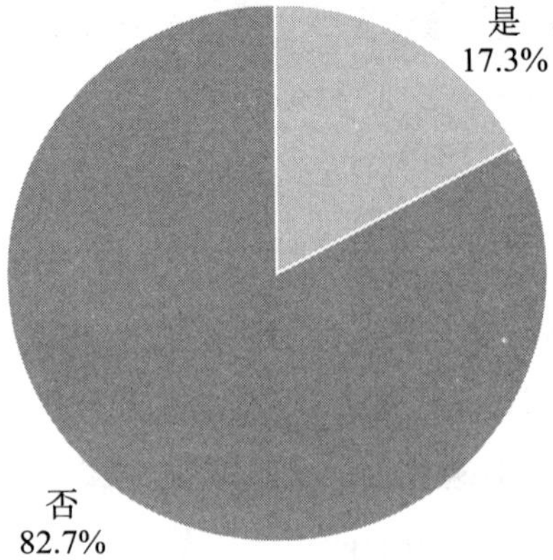

图 5-15 职务犯罪中共同犯罪占比

2. 案发原因：上级机关督查和纪委移送为主

本课题对职务犯罪的案发原因等进行研究，剔除没有报道或者公布的案发原因，相关统计结果如图 5－16 所示。

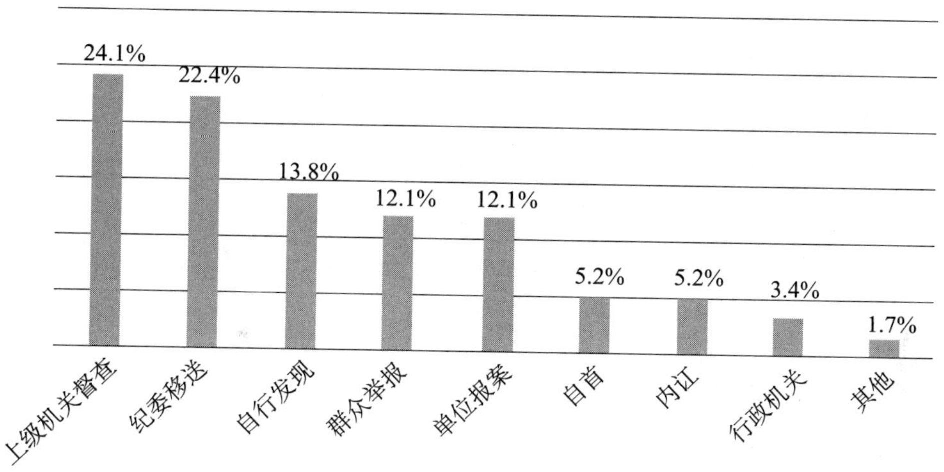

图 5－16 职务犯罪的案发原因

从图 5－16 可以看出，目前职务犯罪的案发原因主要是上级机关督察和纪委移送，立案线索来源单一化，群众及被害单位举报所占比例不高，投案自首的较少。从这个角度可以看出我国职务犯罪的侦查模式，是以行政指导司法，大多数的职务犯罪进入司法层面时，都经过了前置程序，如双规、单位内部处理等。而群众举报等民意表达渠道相对不够畅通，这种自上而下的监督模式再加上内部消化的家丑不可外扬的处理方式，并不利于职务犯罪的侦查，未来必须通过顶层设计才能实现真正的全民反腐和形成腐败无处遁形的高压模式。

（七）行为原因：婚外情和不良嗜好是诱因

不同的案发模式及犯罪动机对有效预防职务犯罪具有前置性的价值，因此本课题将职务犯罪的行为原因划分为个人挥霍、婚外情、不良嗜好（赌博、吸毒及特殊癖好）、为职务晋升、为亲友谋利、为单位利益、其他等多种原因，相关统计结果如图 5－17 所示。

从图 5－17 可以看出，在职务犯罪的行为原因中，婚外情是第一位，占到总体的 31.2%，即三分之一左右的职务犯罪是基于婚外情而引发的，色与财是一对相依相存的关系。其次是不良嗜好，比如赌博、吸毒，甚至对玉石、兰花等的爱好，占到了五分之一。之后是为了职务晋升，个人挥霍的所占比例为 16% 左右，所以职务犯罪需要从官员自身找问题，而不是寻求客观原因或者环境因素。

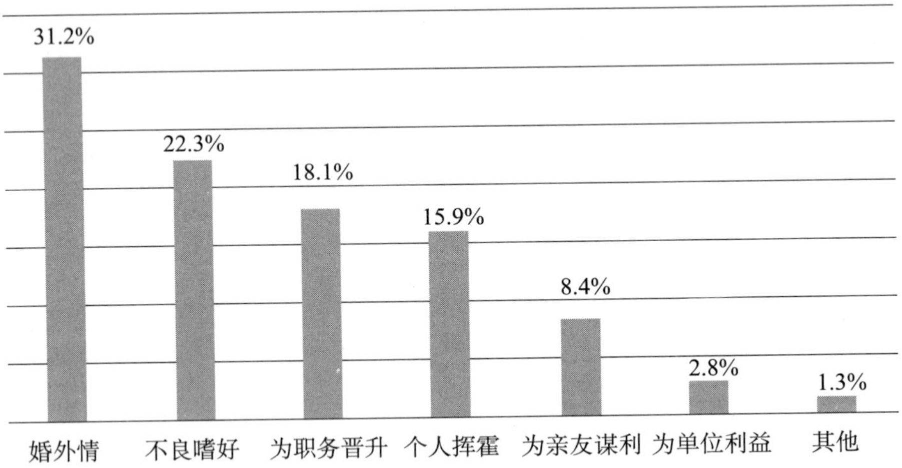

图 5-17　职务犯罪的行为原因

(八)犯罪潜伏期

1. 发案潜伏期:平均潜伏期为 8.7 年

发案潜伏期是从初次作案到案件发生时的间隔时间,一般新闻报道中很少涉及具体时间节点。本课题经过筛选剔除,再回到案例本身进行搜索与确认,大致找到了 453 个案例,相关案例的统计数据如图 5-18 所示。

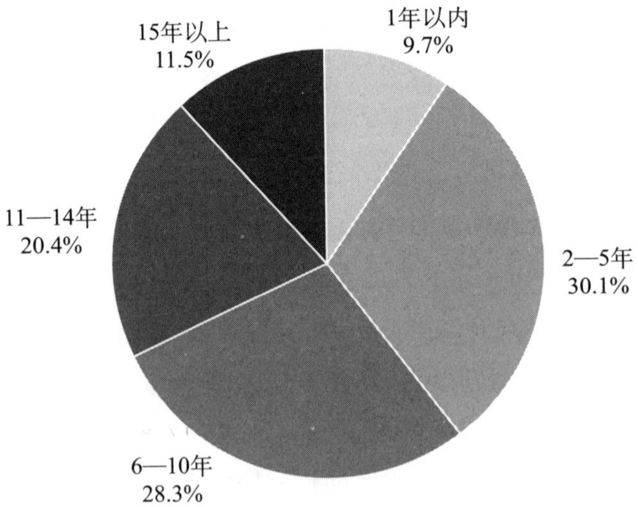

图 5-18　职务犯罪的发案潜伏期

从图 5-18 可以看出,每个案例的发案潜伏期平均在 8.7 年,潜伏期时间较长,说明整体来看,职务犯罪的约束机制不是很完善,未来发现职务腐败犯罪的机制还需进一步改善。大多数的发案潜伏期在2—14年，"1年以内"等短时间内的很少，仅为9.7%，15年以上的也较少，因为官员的从政生命周期一般也仅仅十几年，大多数集中在2—5年和6—10年的时间段，一般经历了刚上任时的勤政爱民，之后不断松懈，降低对自己的要求而腐化堕落，这说明对长期任职某个岗位的官员更要完善督查机制，建立保险丝机制，以免产生官员因长期不升迁而思想懈怠等问题。

2. 平均羁押时间为83.2天

因为很多职务犯罪的案发确切时间很难在新闻报道或者网友爆料中被确认，因此很多案例很难准确地获知其羁押时间，能够准确知道其双规时间和宣判时间的主要是中央上层的一些职务犯罪案例。本课题经过筛选仅有126个案例符合本项研究的入选标准，经过测算，平均每个职务犯罪案例的羁押时间为83.2天，接近于三个月的时间。其中，行贿受贿犯罪、贪污犯罪的羁押时间较长，玩忽职守、滥用职权等渎职类犯罪的羁押时间比其他类型犯罪的羁押时间短。出现上述情况，主要是因为行贿受贿及贪污犯罪与自身犯罪特点相关，行贿受贿犯罪与贪污犯罪在侦查过程中，比较依赖突破口供、固定供述、取得证言等形式进行，因此羁押可以隔离犯罪嫌疑人，减少串供的可能性，并可以在相对可控的空间及带有惩罚性的羁押过程中，增加犯罪嫌疑人供述的能动性。玩忽职守与滥用职权犯罪等渎职类犯罪，基本上与职权相关性更大，造成的结果在侦查甚至立案前已经固化为客观事实，另外还有大量的外围证据可以收集，并不以犯罪嫌疑人的辩解而产生变化，大部分也不存在串供的可能性，对口供的依赖性也较弱。因此，通过羁押取得的效果与作用并不大，在数据上显示该类犯罪羁押率及平均羁押的时间往往较短。

(九)刑罚适用:10—14年和5—9年是主要量刑

本课题对已经公开宣判的案例中所适用的惩处类别进行分类统计，相关结果如图5-19所示。

从图5-19可以看出，在做出宣判的职务犯罪案件中，判处死刑的比例相对最低，仅为0.7%；判处死刑缓期二年执行的占比7.5%；判处无期徒刑的占比14.3%；判处有期徒刑15年以上的(含15年)占比17.8%；判处有期徒刑10年以上(含10年)不足15年的占比26.7%；判处有期徒刑5年以上(含5年)不满10年的占比24.3%；判处有期徒刑5年以下的占比3.9%；判处免于刑事处分的占比1.2%；判处有期徒刑缓期执行的占比3.5%。

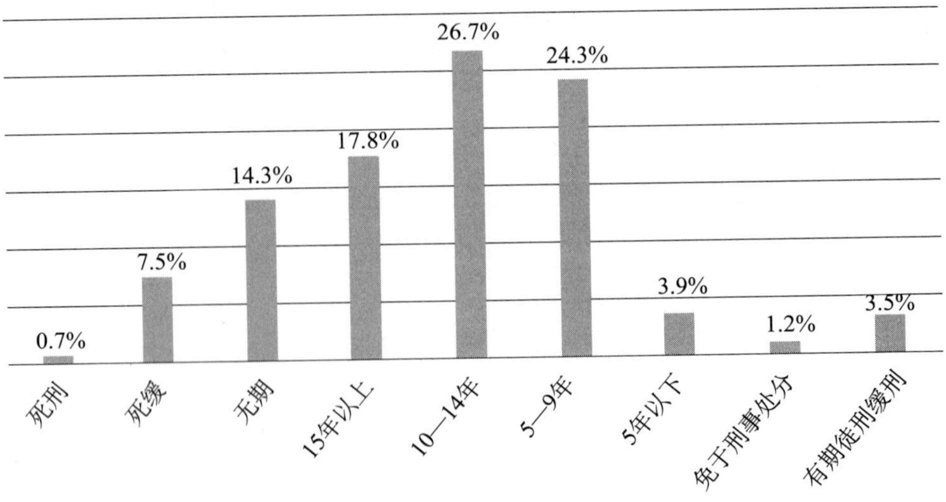

图 5-19　职务犯罪的惩处类别及分布

四、总结与对策

（一）职务犯罪相关舆情的关键特征总结

首先，医疗、金融、建筑、环保行业是职务犯罪案件涉及的重点行业部门。在工程建设领域方面，除物资采购、资金拨付、招投标等关键环节外，项目的立项审批、土地出让、征地补偿、移民拆迁等方面也都是滋生贪污贿赂犯罪的高风险点。在之后的研究中，可以进一步对于医疗、金融、建筑、环保这四个领域做专门分析，并将腐败案件四大领域的案件数量与地域分布、主体特征、行为特征、涉案金额等因素做交叉分析，进一步得出相关结论。

其次，反腐败既要"打老虎"也要"打苍蝇"。从职务犯罪案件的数量上来看，涉案主体的行政级别呈现哑铃结构，既有"老虎"也有"苍蝇"，其中省部级占比33.3%，而乡镇科级占比为18.6%。此外，从职务犯罪案件涉及的金额来看，李辉(2018)基于公开判决文书数据的研究发现，随着行政级别的提高，腐败金额的中位数也逐渐升高，即官员的行政级别越高，权力越大，其所能支配的资源和财富也越多，一旦发生腐败案件相应的涉案金额平均来说也会越高，村委会级别的腐败案件平均涉案金额相对较小，在领导和一般工作人员之间也有一定差异。因此日常所说的"小官巨贪"，在大样本中仅为个别现象。

最后，在宣判的职务犯罪案件中，判处死刑的比例低，仅为0.7%。可见，我国对职务犯罪的刑罚处分主要是在一个相对比重居中的程度，死刑等极刑的比例不高，因为“法律的震慑力，源于承担犯罪后果的必然性，而非承担犯罪后果的严重性”。北京师范大学中国企业家犯罪预防研究中心发布的《企业家腐败犯罪报告》也认为，“虽然近年来党和国家惩治腐败犯罪的力度加大，但这种力度的加大主要体现在查处发现的力度而非判刑的力度之上，这种现象表明我国目前的高压反腐，其重点在发现腐败而非利用严刑峻法压制腐败”。此外，缓刑与免于处罚的比例较少，大多数是在5—20年之间的处罚，总体量刑的力度居中，不重不轻，这是我国宽严相济的刑事政策在司法实践中的体现。

（二）职务犯罪预防的对策建议：基于舆情分析的特征

首先，营造职务腐败案件“零容忍”的舆论氛围。在我国不断推进反腐的进程中，特别是在党的十八大以后，我们党明确提出了“零容忍”的反腐败战略。习近平总书记在十八届中央纪委三次会议上特别强调，“反腐败的高压态势必须继续保持，坚持以零容忍的态度惩治腐败”。党的十八届六中全会也明确指出“要坚持有腐必反、有贪必肃，坚持无禁区、全覆盖、零容忍，党内绝不允许有腐败分子藏身之地”。十九大报告中也多次对此进行强调，展示了党和政府坚定的反腐决心。注重职务犯罪行为的预防，完善监督机制，“防范于未然”已经成为遏制职务腐败的重要方面。

其次，明确媒体在预防职务犯罪中的重要作用。媒体报道与舆论监督是预防职务犯罪的重要环节，是政府审计的辅助手段。傅樵主要研究了政府审计、媒体关注与腐败治理的关系，他认为：一方面，专业优秀的媒体往往可以利用其掌握的资源敏锐地发现贪腐事件，并通过调查报道了解腐败案件的脉络，再通过传统主流媒体和网络披露以引起社会公众和政府相关部门与审计机关的关注，网络社群的曝光也可能成为追查腐败案件的线索。另一方面，舆论压力可以起到预警作用，提倡清廉风气，形成反腐的社会舆论氛围，也可警示尚处于摇篮中的其他职务犯罪行为。

最后，明确职务犯罪舆情监测的重要意义。腐败犯罪治理难度大，反腐败在政策理念与政策运行中必须坚持“惩防并举、注重预防”。虽然事后打击具有重要意义，但事前预防具有更高的价值。职务犯罪舆情监测，通过海量腐败案件信息与举报线索的智能梳理和甄别，提取职务犯罪社会关系网络特征，使用源信息的整合和分析进一步区分行贿主客体网络关系，综合判决文书数据、电子卷宗数据、媒体报道数据与网络舆情数据，进行职务犯罪行为聚类与趋势分析，精确呈现职务犯罪主客体、腐败行为、案件特征等，从而构建反腐决策模型，开展职务犯罪预防辅助与预警评估工作。

附录 国家重点研发计划重点专项项目实施方案

一、课题总体任务

（一）项目简介

项目《职务犯罪智能评估、预防关键技术研究》（项目编号：2017YFC0804000）由北京师范大学牵头，为国家重点研发计划重点专项项目。

项目包括四个子课题：课题一，犯罪社会关系网络分析技术研究；课题二，反腐案例特征发现与腐败案件发展态势预判研究；课题三，反腐信息评估与举报线索研判技术研究；课题四，反腐防控决策模型与评估系统研究。喻国明教授主持课题四《反腐防控决策模型与评估系统研究》，主要研究建立“反腐传播对策体系”新范式。

（二）研究总体目标

本课题围绕海量信息条件下制约纪检监察机关侦查、打击、预防腐败犯罪的办案效率的共性关键瓶颈技术问题，通过针对腐败犯罪线索智能甄别、犯罪目标对象识别、腐败案件发展态势推演与预判、腐败案件防控决策及评估等方面进行基础理论研究、共性技术攻关、系统集成开发和应用示范，到项目结题时，初步形成符合我国国情并与国际接轨的腐败风险评估与预防指标体系，在犯罪线索评估研判、犯罪对象智能识别、重点案件模拟推演、腐败案件防控决策与评估等方面取得重要成果，使我国打击和预防腐败的技术支撑更为坚实，在腐败惩治领域侦查、预警和防控相关关键技术水平上有明显提升。

（三）研究具体目标

第一，针对网络空间中海量多源异构腐败案件举报线索的碎片化、社会化、即时性等特点，本课题研究跨媒体多源异构反腐信息网络数据动态智能收集、犯罪防控知识库的构建、举报线索深层语义检测和真伪评估等技术和方法，研制开发覆盖国内外主要反腐信源的腐败案件线索发现与评估辅助决策系统，实现海量腐败案件信息与举报线索的智能梳理和甄别，为纪检机关进行高效案件线索综合分析研判提供有力的技术保障。

第二，以贿赂犯罪为主的职务犯罪社会关系网络具有多层级、动态时变、结构复杂等特性，相关线索数据具有多源、异构、动态、噪声多、时序性强等特性。本课题拟突破一般平面网络，立体建模动态演化的职务犯罪社会关系网络，结合线索网络，以多粒度学习框架和大数据智能计算思想为指导，构建职务犯罪社会关系量化体系，提取职务犯罪社会关系网络特征，研究职务犯罪社会关系网络建模、分析和挖掘方法，揭示职务犯罪社会关系网络的运行机制和演化规律，提出犯罪目标智能识别模型和多粒度证据链模型，研发职务犯罪社会关系网络的多粒度分析方法与软件原型系统、贿赂犯罪互联网数据取证原型系统和贿赂犯罪社会关系网络多粒度可视化原型系统，为职务犯罪辅助预防和侦察提供理论与技术支撑，解决以贿赂犯罪为主的职务犯罪"社会关系链发现和涉案目标对象智能识别"关键技术瓶颈问题。

第三，围绕腐败案件调查侦办的实战需求，本课题研究海量多模态反腐案例特征自动发现和学习的方法，构建基于社会关系、证据链条和举报信息融合的案件推理模型，突破腐败案件可视化模拟推演技术，研制开发多维多模腐败案件模拟推演系统，实现对当前案件的模拟推演，提供侦查方向、减少不必要的侦查行动、节约侦查成本，显著提升纪检机关腐败案件查办效率和质量。

第四，本课题基于检察机关行贿档案系统，构建反腐防控决策模型，研究现阶段我国腐败犯罪的事实特征与发生机理，结合我国反腐败的政策及法律规定，借鉴国际社会反腐败经验，提出我国腐败犯罪的风险评估与主动防控的对策措施体系，并在有关单位推广应用，促进国家、社会腐败犯罪预防和治理能力的提升。

（四）项目主要研究内容

纪检监察机关不断完善民意调查、信息监测等机制，建立健全信件、电话、网络、短信"四位一体"的综合举报平台，充分发挥新媒体等信息平台作用，使反腐案件线索来源获得极大丰富，另外，大数据为反腐案件的侦破提供了有力支持。但举报信息的可信性、腐败案件的可预测性、犯罪预防的可控性等方面处于一种数据无序状态，主要体现在反腐信息举报线索甄别的复杂性、贿赂犯罪对象社会关系链的隐蔽性、腐败案件发展态势的不确定性，历史案例信息尚未得到深层次应用。为更好地发挥大数据与人工智能技术在反腐实战中的作用，结合项目指南中的要求，本项目拟通过"研究基于多源信息的职务犯罪社会关系网络分析技术"以解决犯罪社会关系链及目标对象识别问题，"研究海量多样反腐案例的特征发现和分析方法"，以解决腐败案件发展态势推演与预判问题，"研究反腐信息动态智能抓取、自动甄别评估技术"以解决举报线索自动甄别问题，"研发基于行贿档案信息的反腐防控决策模型"以解决腐败案件防控决策及评估问题。针对此四项关键技术的瓶颈问题，本项目拟开展的主要研究包括以下几方面。

【子课题一】职务犯罪社会关系网络分析技术研究。本课题围绕贿赂犯罪主体，利用电信、金融、财务、社交媒体等多源数据，针对职务犯罪社会关系网络具备动态、连续、立体的特点，利用多粒度、多层级的职务犯罪社会网络特征，对节点逐级展开构建细化关系子网，再结合职务犯罪社会网络特征中的时序分量建立演化序列，构建动态演化的职务犯罪多粒度社会关系网络，支持全方位犯罪主体社会关系查询与分析。本课题结合职务犯罪多粒度社会关系网络的数值特征和拓扑特征，综合运用深度神经网络、强化学习、单例学习、超限学习和集成学习，研究犯罪节点、链条和集簇的识别方法，构建目标对象识别的辅助决策模型，为职务犯罪侦查、预防提供相关技术支撑。

【子课题二】反腐案例特征发现与腐败案件发展态势预判研究。本课题通过对纪检监察机关历史案件的非结构化文本进行语义分析，从海量多样反腐案例中挖掘深层次语义特征，基于特定犯罪行为通常由特定行为和事件序列构成的假设，采用集成多维分析方法和序列模式挖掘技术，针对不同腐败案件类别分别进行特征序列模式挖掘，并构建可变维度犯罪嫌疑行为序列特征库。本课题研究具备时序特性的职务犯罪社会关系网络、举报线索网络的拓扑演化规律，分析不同粒度层次上犯罪线索链、社会关系链及犯罪证据链之间的拓扑结构与相互作用机制，实现融合线索链、社会关系链及犯罪证据链的案件“推理网络”，并采用基于群体智能的网络路径规划算法，在推理网络和线索网络上进行快速寻径，进行要案的时空推演，建立腐败案件发展态势预测和模拟推演模型，实现对腐败案件的发展趋势预测以及可视化模拟推演，为职务犯罪侦查、预防提供技术支撑。

【子课题三】反腐信息评估与举报线索研判技术研究。本课题围绕反腐线索主体，利用控申部门的多源异构举报线索数据、行贿犯罪档案数据以及案例库中的线索内容数据，构建反腐语义知识库，为反腐线索的收集以及举报线索的综合研判和辅助决策提供先验知识。本课题采用实时混合索引技术对海量数据进行实时检测，自动探测和识别网络信息中的反腐举报信息，动态抓取特定领域、人群的举报线索信息，全方位补充完善相关线索信息。本课题利用深度学习技术和计算语言模型，研究多模式模糊匹配过滤和动态自学习过滤方法，实现多源异构举报线索的真实性、置信度智能评估，以及反腐信息自动甄别。本课题通过反腐线索智能化整合，实现多源异构举报线索的综合研判和辅助决策。

【子课题四】反腐防控决策模型与评估系统研究。本课题研究构建具有通用型和量化特性的反腐防控理论模型，适应纪检、监察、检察等不同业务类型的反腐防控决策，并结合职务犯罪的特征模型及知识库，形成贿赂犯罪风险的量化分析模型。本课题基于行贿档案，结合电子卷宗、案件信息、案例数据等多源信息，通过行贿犯罪行为聚类与趋势分析、行贿犯罪手段识别、行贿主客体分析，构建反腐防控决策模型。本课题研发行贿档案综合管理与评估系统，辅助贿赂犯罪预防策略精准制定。

（五）研究的三个共性问题

首先，揭示腐败案件中多源线索在线特征发现与研判机理。针对多维度多模态腐败案件中多源线索的碎片化、低质等特性，本课题拟采用深度学习、在线挖掘与协同学习等方法对案件的语义信息进行多维度关联建模，实现案件潜层特征的自动发现。在此基础上，本课题通过腐败案件中时序的关联特征，挖掘案件演化的时间特性，构建融合时序特征的线索网络模型，进而构建融合时序特征的腐败案件发展态势推演模型。

其次，探索职务犯罪社会网络与线索网络交互融合规律。本课题基于传播学和社会学的社会网络分析原理，研究举报人与被举报人之间社会关系挖掘方法，发现潜在的社会关系链，并通过研究社会网络的动力学特性，研究职务犯罪社交网络的结构共性特性。在此基础上，本课题研究基于概率图模型的社交网络与线索网络交互融合方法，实现关系链与线索链的互相印证和融合，从而实现针对腐败案件举报线索研判及目标对象识别的辅助决策模型。

最后，构建面向职务犯罪防控的辅助决策与评估交互模型。反腐的关键在于犯罪预防，在建立系统的、完整的、动态的行贿档案信息系统基础上，本课题通过构建融合交互行为和不同职务犯罪等属性的情景感知模型，提出基于群体智能的社会、线索网络路径规划算法；通过设计基于上下文和焦点视图的路径可视化方法，实现在社会网络和线索网络上进行快速寻径；利用元学习理论，研究需求适配的模型与作用机理，解决寻径的动态优化问题，研究基于置信度评估理论的评估模型。

二、四个子课题之间的逻辑关系

课题一主要解决网络空间中海量反腐信息的收集与举报信息真伪自动甄别问题。本课题通过将海量举报信息进行自动处理，赋予每条举报信息置信度水平，表明综合研判举报的可信程度，为开展进一步的反腐调查奠定坚实基础。课题一还通过对网络空间的海量数据进行语义分析挖掘，提炼面向反腐领域的反腐语义库，进一步构建职务犯罪知识库，为案件的推演提供先验知识。

课题二从多源异构数据中提炼基于概率图的职务犯罪社会关系网络，同时结合课题三生成的案件推理网络中的证据链和线索链，解决对犯罪对象进行辅助识别的问题。同时，课题二的职务犯罪社会关系网络可为课题三对碎片化证据信息和举报信息融合生成案件推理线索网络提供分析框架。

课题三将课题一标记为有置信度水平的举报信息、职务犯罪知识库，让其和课题二梳理的职务犯罪社会关系网络进行概率融合，生成案件推理网络模型，从而实现计算特定案件的概率分布。在此基础上基于极大似然估计，课题三通过多约束优化寻径算法，进而解决要案的模拟推演和态势预判问题，同时，新发案件中发现的新的案件特征可用于对职务犯罪知识库进行更新强化。

课题四基于检察机关的行贿档案信息，构建反腐防控决策模型，并提出针对国有企业贿赂行为的贿赂犯罪预防与评估标准。此外，北京师范大学作为项目（课题四）的牵头单位，负责组织实施“职务犯罪智能评估与预防”综合应用示范来全面验证项目的研究成果，其中课题一、二、三在各自课题应用示范的基础上，整合凝练相关研究成果，并与课题四的相关成果进行集成，开展综合应用示范。项目负责人及总体组全面参与综合应用示范的组织和管理。

四个子课题之间的逻辑关系如图 5 - 20 所示。

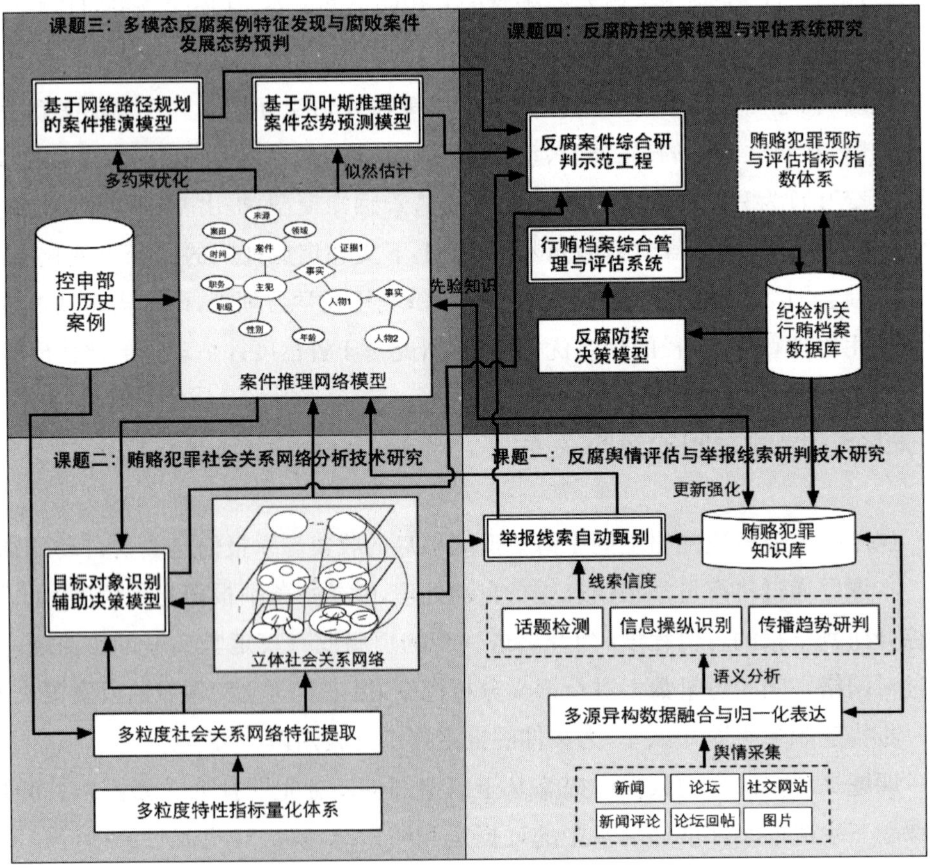

图 5 - 20　四个子课题之间的逻辑关系

三、课题四的具体任务

课题四的名称为《反腐防控决策模型与评估系统研究》。腐败犯罪治理难度大，反腐败在政策理念与政策运行中必须坚持“惩防并举，注重预防”。虽然事后打击具有重要价值，但事前预防具有更高的价值追求，而且控制效率也更高，如何有效识别腐败犯罪风险并及时采取主动干预措施，减少腐败的发生概率及现实危害方是治本之策。本课题主要研究构建基于行贿档案信息的反腐防控决策模型，集成开发基于行贿档案的贿赂犯罪防控综合管理平台系统，并提出相应的犯罪侦查、评估、预防等技术的标准和规范体系。

本课题将研究内容分解为以下几个专题：

（一）反腐传播对策体系研究（承担子课题重点研究范畴）

第一，本课题对反腐舆情数据进行挖掘，主要研究建立“反腐传播对策体系”新范式。基于传播学和舆论学的研究方法与经验，本课题通过外网和内网两类信息库进行数据挖掘，并基于内外网信息库数据分析与情感标注，建立反腐防控“知—信—行”（KAP）模型，并构建反腐传播从点到面、逻辑一致的对策机制创新，积极引导反腐案件相关舆情，为反腐决策提供有效参考。

第二，建立传播对策体系。具体来说，首先在“知”的层面，即公众对是与非、善与恶的认知。习总书记说过“预防职务犯罪出生产力”，必须将法制意识、廉洁意识内化于公众的素质之中，加强公众的思想道德教育，提高公众对于腐败严重性的认识。其次在“信”的层面，即态度层面，公众对于腐败与否的内心衡量、对腐败行为的容忍度如何，反映出行为人的价值取向。本课题通过“解释是与非、评估重要性与可信度、结合因素做决定、自我效能调节”四个维度，形成态度量表。最后在“行”的层面，即民众自律与他律的行为选择，行为模式可以分为“行为启动（培育）阶段、行为转变或增强阶段、行为维持阶段”这三个行为阶段，每个阶段都会受到动机因素、条件因素、调节因素和制约因素的综合影响。整个社会需要营造反腐倡廉的舆论氛围，我们要从态度、行为取向上筑牢遏制腐败的坚固防线。

1. 子课题研究目标

新媒体和自媒体的迅猛发展，拓展了预防职务腐败的传播新渠道。自下而上的社会反腐机制，即受众本位的反腐思路，成为传统的自上而下的国家本位、传播者本位的互补渠道。“防范于未然”已经成为遏制职务腐败的重要方面。因此，开展“反腐传播”对策体系研究，我们需要从“自上而下”的传播与“自下而上”的传播两条渠道出发构建“反腐传播”新机制，一方面，结合新形势下的新问题，判断社会各领域中职务腐败热点舆情事件易发生的领域和环节；另一方面，建立信息库，对于典型网络反腐事件进行分类管理，分析其特点、规律、时间序列的表现特征，科学预测变化趋势，建立预警机制，为反腐决策提供有效参考。

本课题从外网和内网两类信息库进行数据挖掘，健全“反腐传播”新评价体系，进一步推进预防职务腐败研究的进展，了解群众对于反腐倡廉的认知、态度、行为，即“知—信—行”（KAP）模式，判断公众关注的反腐热点议题、重点领域，为更好地开展预防职务腐败提供判断与决策依据。

2. 子课题研究技术路线

第一，构建“自上而下”场域的“反腐传播”评价子体系。

具体来说，本课题对于“外网”，即主流新闻媒体预防职务腐败相关报道的内容分析，选择经由渠道价值评测的媒体平台，将指标细化为报道总量、报道领域、报道主体、情感倾向、网络搜索量等三级指标，通过加权计算，进行文本研究。此外，本课题对于主流媒体预防职务腐败相关报道的时间序列上的演变进行分析，探讨哪些是热点议题以及议题舆情的演变过程，构建媒体反腐事件的基本传播常模。

第二，构建“自下而上”场域的“反腐传播”评价子体系，探讨网民的认知、态度和行为。

表 5-1 （拟）“自上而下”场域的“反腐传播”评价子体系

<table>
<tr><th>名称</th><th>架构</th><th>一级指标</th><th>二级指标</th><th>三级指标</th></tr>
<tr><td rowspan="11">反腐传播对策体系研究</td><td rowspan="11">“自上而下”</td><td rowspan="11">媒体效果评测</td><td rowspan="4">平台价值评测</td><td>粉丝量</td></tr>
<tr><td>阅读/浏览量</td></tr>
<tr><td>活跃度</td></tr>
<tr><td>黏性</td></tr>
<tr><td rowspan="5">反腐报道内容分析</td><td>报道总量</td></tr>
<tr><td>报道领域</td></tr>
<tr><td>报道主体</td></tr>
<tr><td>情感倾向</td></tr>
<tr><td>网络搜索量</td></tr>
<tr><td rowspan="2">反腐报道时间序列分析</td><td>同类型热点议题演变分布时间</td></tr>
<tr><td>单个热点议题舆情发酵过程</td></tr>
</table>

具体来说，本课题通过抓取微博、微信的相关数据，运用“主题模型”建构，从海量数据中抽取隐藏构念、获取潜在关联。这样，既可以将公众网络平台的文本进行

"分类"，即按照公众话题类别进行区分；又可以进行"分层"，即实现热点事件话题传播语义网中的意见领袖、搬运工、助燃者等结构性角色的判别；还可以实现"分极"，即在网络中对于公众的情感极性进行分类标注，进而结合其他方法，解读与预测公众在职务反腐舆情事件中的认知、态度和行为。

表5－2　(拟)"自下而上"场域的"反腐传播"评价子体系

<table>
<tr><th>名称</th><th>架构</th><th>一级指标</th><th>二级指标</th><th>三级指标</th></tr>
<tr><td rowspan="13">反腐传播对策体系研究</td><td rowspan="13">"自下而上"</td><td rowspan="13">受众"知—信—行"分析</td><td rowspan="3">微博、微信内容分析</td><td>分类:话题类别</td></tr>
<tr><td>分层:网络分工</td></tr>
<tr><td>分极:情感判别</td></tr>
<tr><td rowspan="2">知:认知渠道</td><td>主动寻求</td></tr>
<tr><td>被动接触</td></tr>
<tr><td rowspan="4">信:态度量表</td><td>解释</td></tr>
<tr><td>评估</td></tr>
<tr><td>决定</td></tr>
<tr><td>调节</td></tr>
<tr><td rowspan="3">行:行为模式</td><td>行为启动或培育</td></tr>
<tr><td>行为转变或增强</td></tr>
<tr><td>行为维持阶段</td></tr>
</table>

第三，"自下而上"子场域中网民"知—信—行"模型构建。

首先在"知"的层面，即公众对是与非、善与恶的认知，需将法制意识、廉洁意识内化于公众的素质之中，加强公众的思想道德教育，提高公众对于腐败严重性的认识。其次在"信"的层面，即态度层面，公众对于腐败与否的内心衡量、对腐败行为的容忍度如何，反映出行为人的价值取向。本课题通过"解释是与非、评估重要性与可信度、结合因素做决定、自我效能调节"四个维度，形成态度量表。最后在"行"的层面，即民众自律与他律的行为选择，行为模式可以分为"行为启动(培育)阶段、行为转变或增强阶段、行为维持阶段"这三个行为阶段，每个阶段都会受到动机因素、条件因素、调节因素和制约因素的综合影响。

本课题结合两方面子体系的研究，经由两个基本话语场域的比较，从而替代单向度评估的扁平化趋势，构建综合性的"反腐传播"的评价体系，进而建立"反腐传播"从点到面、逻辑一致的对策框架，以期对预防职业腐败决策有所助益。

(二)腐败犯罪的风险评估

该部分重点研究公共组织和非公经济组织腐败犯罪的风险评估问题，分析公共组织和非公经济组织贿赂犯罪的现状与原因，在此基础上研究腐败犯罪的风险评估标准，包括腐败犯罪的总体风险、风险分布领域、具体风险点及风险程度等。

（三）腐败犯罪的防控理念

该部分将针对公共组织、非公经济组织腐败犯罪的风险状况，结合社会发展和犯罪治理的需要，确立腐败犯罪的法律防控理念、政策和原则。

（四）腐败犯罪的防控对策

该部分将立足于腐败犯罪的风险评估，依据腐败犯罪防控的基本理念、政策和原则，建立公共组织腐败预防体系，强化公共组织反腐败的流程管理和内部调查、监督机制建设；并以反贿赂合规计划为中心，完善合规管理信息系统，开展公共组织合规管理评价；构建和完善我国非公经济组织腐败犯罪预防措施体系；制定防控腐败犯罪的具体法律对策，包括立法对策和司法对策两个方面。

（五）基于行贿档案信息的反腐防控决策模型

职务犯罪日益呈现隐蔽性和科技依附程度增加的特点，如何通过充分挖掘和利用行贿犯罪档案库的信息，实现对犯罪趋势的分析、研判和预测，更进一步完善反腐防控决策模型是本课题研究的重点。本研究将在多源异构数据整合处理技术的基础之上，更进一步地通过对行贿犯罪档案库的结构化数据处理结果，在对档案库数据结果进行优化的基础上，对职务犯罪的特征和趋势进行聚类与研判，进而通过多源信息的整合和分析进一步区分行贿主客体网络关系，最后通过贝叶斯决策树模型，在归纳规则的基础上，对新数据进行分析，从而有针对性地预防和制止职务犯罪行为的发生。

（六）反腐防控决策可视化展示

本课题研究大规模反腐防控数据的可视化方法，在对行贿档案数据进行分析挖掘的基础上，利用支持信息可视化的人机交互界面，最大限度地将计算机的分析能力和决策者的认知能力进行融合，帮助决策者发现和理解大规模反腐防控数据中潜在的规律与特征。本课题对反腐防控决策模型进行可视化分析，研究交互式的模型展示和决策结果可视化分析方法。

本课题研究提出行贿档案数据的可视化模型，按照档案类型发现数据中的重要特征，并发现不同特征之间的关系，为数据可视化提供基础。本课题具体拟研究行贿档案数据中时间、空间、行贿受贿金额、行贿受贿人物及关系等关键特征的提取方法，作为可视化分析的重要数据基础，构建多维度可交互的行贿档案数据可视化方案，基于成熟的可视化工具开发可视化系统。系统提供基于时空可视化方法对行贿数据中的时间、空间知识进行可视化，基于网络可视化方法对人物行贿关系进行可视化等功能。根据行贿数据的特点，系统自动选择与组合可视化工具，生成行贿数据多维度、多粒度的可视化结果。系统针对反腐防控决策模型的特点，对模型的输入、决策过程和输出进行可视化分析，具体来说，对模型输入的数据按照数据元组、数据属性进行可视化分析；对决策模型结构、参数进行可视化分析，并提供可交互的参数调整功能；对模型输出结果按照防控级别进行可视化分析。